Amor e Justiça em Lévinas

Coleção Estudos
Dirigida por J. Guinsburg

Equipe de realização – Coordenação de texto: Luiz Henrique Soares, Elen Durando; Edição de texto: Adriano C.A. e Sousa; Revisão: Marcio Honorio de Godoy; Sobrecapa: Sergio Kon; Produção: Ricardo W. Neves, Sergio Kon e Lia N. Marques.

Nilo Ribeiro Júnior
Diogo Villas Bôas Aguiar
Gregory Rial
Felipe Rodolfo de Carvalho
(orgs.)

AMOR E JUSTIÇA EM LÉVINAS

cip-Brasil. Catalogação-na-Fonte
Sindicato Nacional dos Editores de Livros, rj

A54
    Amor e justiça em Lévinas / organizadores Nilo Ribeiro Júnior ... [et al.]. - 1. ed. - São Paulo : Perspectiva, 2018.
    256 p. ; 22 cm. (Estudos)

    Inclui bibliografia
    ISBN 978-85-273-1136-6

    1. Lévinas, Emmanuel, 1906-1995. 2. Filosofia francesa. 3. Outro (Filosofia). 4. Ética. I. Ribeiro Júnior, Nilo. II. Série.

18-52658   CDD: 194
                                                    CDU: 17(44)

Vanessa Mafra Xavier Salgado - Bibliotecária - crb-7/6644
20/09/2018   24/09/2018

1ª edição

Direitos reservados à
EDITORA PERSPECTIVA LTDA.

Av. Brigadeiro Luís Antônio, 3025
01401-000 São Paulo sp Brasil
Telefax: (011) 3885-8388
www.editoraperspectiva.com.br

2018

Sumário

Apresentação IX

1. A Interpretação Ética de Trabalhos Literários: Uma Leitura Literal dos Escritos Éticos de Lévinas – *Hanoch Ben-Pazi* 1
2. Amor, Justiça, Perdão – *Gérard Bensussan* 15
3. Dignidade Humana e Ordem Jurídica do Desejo – *Felipe Rodolfo de Carvalho* 27
4. Uma Perspectiva Levinasiana Sobre Estado de Exceção e Invisibilidades – *Álvaro Ricardo de Souza Cruz e Guilherme Ferreira Silva* 43
5. O Liberalismo Como Tragédia no Pensamento de Lévinas – *Pablo Dreizik* 55
6. Da Solidão Trágica ao Convívio Com os Filhos dos Homens: Ipseidade e Amor– *Marcelo Fabri* 61
7. É Preciso Começar de Novo: Entre a Sabedoria do Amor e o Amor à Sabedoria – *André Brayner de Farias* . 75

8. Fenomenologia da Corporeidade em Lévinas – *Silvestre Grzibowski* 87

9. À Escuta do Rosto nas Imagens: Aproximações Entre Lévinas, Butler e Didi-Huberman – *Ângela Cristina Salgueiro Marques e Frederico da Cruz Vieira* 99

10. Amor e Justiça em Lévinas – *Leonardo Meirelles Ribeiro* 115

11. A Imanência e a Transcendência em Lévinas e Dostoiévski – *Thomas Newman*...................131

12. Direito, Direitos Humanos e Alteridade a Partir da Ética de Lévinas – *João Batista Moreira Pinto* 143

13. "O Eu, dos Pés à Cabeça, Até a Medula dos Ossos, É Vulnerabilidade": A Sensibilidade Como Paradigma Ético em Lévinas – *Luciano Santos* 155

14. Lévinas e o Sentido do Amor: Questões de uma Palavra Ética – *Sandro Cozza Sayão* 177

15. Da Ética do Prisioneiro à Ética do Sobrevivente – *François-David Sebbah* 189

16. O Infinito do Direito à Justiça – *José Tadeu Batista de Souza*...................................... 203

17. Lévinas e a Resposta Ética à Violência Biopolítica: Por uma Crítica da Razão Idolátrica – *Ricardo Timm de Souza*...................................... 217

Bibliografia...231

Apresentação

Durante o XVII Encontro da Associação Nacional de Pós-Graduação em Filosofia (Anpof), em Aracaju, outubro de 2017, fomos instigados a retomar os eventos bianuais do Grupo de Trabalho Lévinas para fomentar e fortalecer o fórum brasileiro com estudos e debates sobre o pensamento do grande filósofo franco-lituano.

A nova coordenação do GT, gestão 2016-2018, sob a direção do professor Nilo Ribeiro Júnior, constituiu uma equipe de estudantes e pesquisadores a fim de traduzir e concretizar esse desejo gestado naquele congresso. Imbuídos desse espírito, procuramos conceber o III Seminário Internacional Emmanuel Lévinas focado no binômio "Amor e Justiça". Tratava-se de privilegiar o pensamento da alteridade e sua interface com tantos outros campos do saber nos quais o rosto e o terceiro do próximo deixassem de ser relegados a segundo plano, à sombra do eu ou da sociedade de indivíduos, reabilitando a paradoxal subjetividade fora do sujeito, fora de si.

Cabe notar que a terceira edição do seminário é inseparável do caminho já percorrido pelas instâncias de recepção ao pensamento de Lévinas no Brasil. Somos todos herdeiros e continuadores da primorosa dedicação de tantos mestres e professores que nos precederam. Nossos colegas deram o melhor de si para a formação do Cebel em 1999 e a subsequente criação do GT-Lévinas da Anpof. Este último, já desde 2002, se reúne periodicamente durante os encontros nacionais visando a divulgar e aprofundar o pensamento levinasiano na academia filosófica brasileira. Além disso, há de se manter viva na memória as duas edições anteriores do seminário "Emmanuel Lévinas": a primeira, ocorrida em 2006, na Universidade de Caxias do Sul, teve o intuito de celebrar o centenário de nascimento do autor; a segunda, realizada no Instituto de Filosofia Pe. Bertier (IFIBE), em Passo Fundo, no Rio Grande do Sul, em 2007, debruçou-se sobre o tema "Lévinas e a Educação: Desafios dos Direitos Humanos".

Tendo, portanto, presente nossa trajetória e as profícuas intervenções de renomados colegas do cenário nacional e internacional durante a terceira edição do seminário, propomos este *Amor e Justiça em Emmanuel Lévinas*, organizado pela coordenação do GT-Lévinas. Mais ainda, aproveitamos o momento para manifestar nossa imensa gratidão: ao comitê organizador; à Capes e à Fapemig, agências públicas de fomento à pesquisa que financiaram o evento; à Faculdade Jesuíta de Filosofia e Teologia e à Escola Superior de Direito Dom Helder Câmara, instituições anfitriãs.

O título do livro reforça a ideia que foi a tônica maior do seminário. A saber, a de que o binômio amor e justiça em Lévinas se distancia tanto do caráter abstrato ou de conceitos vazios assim como abandona a óptica do indivíduo e da justiça pensada em função dele. Amor e justiça, segundo Lévinas, brotam da interpelação do rosto e da proximidade do próximo e do próximo do outro. Amor e justiça não existem sem o apelo ético, sem o mandamento do rosto de outrem que vem de alhures. Amor e Justiça se encarnam nas instituições, na sociedade, com suas tramas de corpos, na intriga da substituição e da maternidade ética, nas culturas, no Estado, na política e no direito.

Ao propor este livro, especialmente preparado para aqueles que seguem a trilha do pensamento levinasiano ou dos que desejam se aproximar da filosofia da alteridade, temos a convicção de que o leitor poderá contar com a sensibilidade dos autores para a questão da transdisciplinaridade ultrapassando os horizontes da filosofia reflexiva a ponto de poder inspirar outros campos do conhecimento, como o direito, a psicanálise, a literatura, a teologia, a antropologia cultural, a sociologia, a bioética e também a ecologia. Da mesma forma, partilhamos do sentimento de que as temáticas da alteridade, vivamente abordadas pelos autores, auxiliam a repensar novas práticas de inclusão social graças à incidência da óptica levianasiana no corpo e na carnalidade. Pois permitem acolher as diferenças, especialmente o estrangeiro, o apátrida, as minorias e os rostos humanos mais vulneráveis, de todos os que atravessam nossos campos e nossas ruas, avenidas, grandes centros urbanos e favelas. Enfim, rostos que no (inter)peles ou no corpo-a-corpo não permitem que nossas construções filosóficas se calquem em belas paisagens sem que estejam habitadas pela carnalidade do amor e da justiça do outro homem.

Associado aos motivos de caráter ético evocados anteriormente, desponta a dimensão culturalista sugerida pela obra. Ao reconhecer a intangibilidade e a força de um rosto humano, cuja carne e sensibilidade não nos deixam ilesos ou imunes ao seu contato, resulta que a "sabedoria do outro" chega ao leitor como um veemente apelo à recepção da alteridade, um olhar que inclui as culturas, as línguas, as etnias, os povos e nações ameríndias e afro-brasileiras, asiáticas e árabes. Essas foram tratadas até pouco tempo como subalternas e periféricas se comparadas com a colonização do saber proveniente da geografia e da geopolítica civilizatória eurocêntrica. Assim, este livro propugna uma revisão no ponto de partida da filosofia que se pratica em nossas terras latino-americanas, uma crítica à matriz única e monocolor do pensamento filosófico. Afinal, muitas dessas alteridades humanas e culturais foram ignoradas, esquecidas e mesmo banidas da história em nome de um universalismo cultural que não contemplava o cosmopolitismo ao qual aquelas evocam, anunciam e se oferecem como porvir para a humanidade do outro. Nesses termos, a humanidade da paz calcada no direito do outro passa inexoravelmente pela revisão do pensamento ético-político-jurídico legitimado pela visão de contrato social e apoiado na guerra de todos contra todos.

Por último, gostaríamos de convidar os leitores a integrar as ações e iniciativas do Cebel e do GT-Lévinas contribuindo, segundo as possibilidades de cada um, para a amplificação do pensamento levinasiano, de modo a alargar e ultrapassar as fronteiras das universidades brasileiras. Almejamos, ainda, que a leitura desta obra suscite no coração das pessoas o desejo de colaborar e criar uma rede com troca de experiências, estudos e saberes que favoreça, efetivamente, a construção de um mundo (im)possível segundo a proximidade da alteridade, desafiados por "imprevistos da história" nos quais os rostos do *outro* tendem a ser esquecidos e ameaçados por tantas catástrofes naturais, políticas, éticas e religiosas que comprometem a esperança num mundo justo e pacificado.

*Os organizadores**

---

* Nilo Ribeiro Júnior, professor junto ao Departamento de Filosofia da Faculdade Jesuíta de Filosofia e Teologia de Belo Horizonte; Diogo Villas Bôas Aguiar, doutorando em Filosofia junto à Universidade de Santa Maria; Gregory Rial, mestre em Filosofia pela Faculdade Jesuíta de Filosofia e Teologia; Felipe Rodolfo de Carvalho, doutor em Filosofia e Teoria Geral do Direito pela Universidade de São Paulo (USP).

1. A Interpretação Ética de Trabalhos Literários

uma leitura literal dos escritos éticos de Lévinas

*Hanoch Ben-Pazi**

VERDADEIRO COMO SÓ A FICÇÃO PODE SER[1]

Uma história que é... verdadeira como só a ficção consegue ser – assim Lévinas descreveu a bastante lida narrativa de Zvi Kolitz, *Yossel Rakover Dirige-se a Deus*. E desse ângulo singular, tratando-a como verdadeira ficção, aproxima-se, analisa a história e ensina a partir dela, ou se preferir, concede uma validade adicional à sua proposta de um caminho para a ética por meio do ateísmo.

À primeira vista, parece-nos uma simples e familiar descrição do poder da literatura de provocar ou suscitar o pensamento filosófico. Não obstante, gostaria de sugerir que considerássemos essa observação como o ponto inicial para uma descrição muito mais complexa da relação entre ética e literatura no pensamento de Lévinas. O caminho nos conduz ao longo de duas trilhas que se interceptam, as quais podem, até mesmo, se

---

* Professor do Departamento de Filosofia Judaica da Universidade Bar-Ilan, em Tel-Aviv. Tradução de Gregory Rial.
[1] E. Lévinas, *Difficult Freedom*, p. 142. *Difícil Libertad*, p. 189.

encontrar no fim. Num primeiro momento, precisamos pensar sobre o sentido da literatura na visão de Lévinas. Em outras palavras, pensar sobre a significância ética da literatura e a complexidade ética que acompanha quaisquer discussões da arte. Em seguida, precisamos considerar os aspectos literários presentes nos próprios escritos levinasianos. A grande quantidade de atenção dedicada à inquirição filosófica, e às vezes ao modo da expressão filosófica, isto é, ao contexto das escolas de pensamento, estilos de retórica, imagens etc., pode deixar de lado a possibilidade de pensar sobre os escritos de Lévinas a partir de uma perspectiva literária e artística.

ÉTICA E ESTÉTICA: "A SERVA E SUA MESTRA"

Para tornar mais nítido meu foco, gostaria de dirigir nosso olhar para a tensão entre ética e estética, de um modo que o próprio Lévinas poderia não endossar. Permitam-me examinar um debate acadêmico entre estudiosos da literatura, que presenciei recentemente sobre o tema de *Lolita*, de Nabokov[2]. Esse romance, que se tornou uma das influências clássicas do século xx, é eticamente muito problemático. Ou, de modo mais preciso, a repulsa moral que provoca no leitor é inteiramente clara. De um lado do debate, estão os que argumentam que a escolha dos estudiosos para lidar com certo livro é o que determina sua significância e importância. Uma escolha do professor para apresentar tal livro a seus alunos é uma demonstração a eles de que tal livro é digno de uma discussão significativa.

Por exemplo, foi assim que Jacques Derrida descreveu a significância da atenção a um livro, mesmo quando você o critica. No seu diálogo com Elizabeth Roudinesco, Derrida insiste que seu apreço pela tradição está presente mesmo nos seus textos mais agressivos, que parecem ser uma expressão de completa divergência, uma vez que a própria escolha dos textos que deseja

---

2 A polêmica em torno do livro do escritor russo-americano Vladímir Nabokov se deve porque o célebre romance, publicado em 1955, trata de um tema controverso: o protagonista e narrador, um professor universitário chamado Humbert Humbert, de meia-idade, está obcecado por Dolores Hanze, de doze anos, com quem se envolve sexualmente depois de se tornar seu padrasto. Lolita é o apelido de Dolores para os mais próximos. (N. da T.)

abordar reflete uma espécie de anuência e apreciação: "existe sempre um momento quando, com toda sinceridade, eu declaro minha admiração, minha dívida, minha gratidão – bem como a necessidade de ser fiel ao patrimônio com o objetivo de reinterpretá-lo e reafirmá-lo sem fim... Nunca falo do que não admiro"[3].

Precisamos, então, assumir a responsabilidade por escolher os textos literários que apresentamos a nossos alunos e à comunidade estudantil. Ao submetermos um determinado livro à pesquisa e inquirição literária, nós o estabelecemos como parte de um particular *corpus* literário que determina padrões para o que é bom e apropriado, ou que pode ser considerado digno do título "humanidades" e que, por conseguinte, pode ser pensado como humano e moral.

A outra posição nesse debate argumenta que a escolha, por um ou mais estudiosos, de lidar com um livro em particular não é meramente estética, mas é orientada pela consciência ética, no sentido de que está dentro do poder da literatura permitir a uma pessoa dedicar-se a questões morais em um espaço seguro, numa espécie de laboratório moral. Mesmo quando se trata de um livro que conta uma história de imoralidade, ele torna isso possível para seus leitores para que seja exposta as profundas questões morais e para deliberar sobre elas em um caminho apropriado e controlado.

Se assim o desejássemos, diríamos que seria o dilema no ensinamento da *Bíblia*, com tudo de bom e de mal que ela contém, com a variedade das possibilidades de interpretação e de estudo que emergem dela. Como pode uma pessoa lidar com os dilemas morais que surgem das injunções bíblicas em relação às "sete nações" que são destruídas, ou às leis que regem o tratamento aos escravos, se não de uma maneira literária e textual? Encontramos a lei bíblica da "cidade do refúgio" e tentamos evitá-la, como se disséssemos "essa é uma discussão da qual não temos parte". A pessoa culpada de homicídio involuntário é exilada para uma das cidades de refúgio, onde permanece até a morte do sumo sacerdote em Jerusalém. De que nos interessa a lei bíblica do sacerdócio? É uma lei que, por sua própria definição, consiste em discriminar e distinguir entre uma pessoa e

---

3 J. Derrida; E. Roudinesco, *De Que Amanhã... Diálogo*, p. 5.

outra, e cria uma desigualdade atrelada à sua posição diante do Absoluto, diante de Deus. E talvez o dilema mais famoso seja como se relacionar com a lei bíblica de Talião, "olho por olho, dente por dente" etc.

A meu ver, a maioria de vocês percebeu que não escolhi meus exemplos de passagens morais ou imorais da *Bíblia* de minha própria sensibilidade, mas, ao contrário, destaquei especificamente textos que Lévinas aborda, por meio dos quais escolheu enfrentar as questões éticas. Talvez se possa dizer que a interpretação de Lévinas dessas passagens são leituras literais das fontes judaicas, e também uma interpretação ética para os textos literários.

A INTERPRETAÇÃO ÉTICA DA ARTE E DA LITERATURA

O lugar de Lévinas na história da hermenêutica é um assunto que explorei em profundidade em um livro dedicado ao tema. Era relevante demonstrar naquele livro o que se refere à significância ética do próprio ato da intepretação. Ou seja, o fato de o intérprete estar face a um texto de uma pessoa e face aos potenciais leitores de sua interpretação, ou ao potencial público de sua fala, tem um significado ético. E quando o intérprete está ciente de ser não só alguém que lê um texto para sua própria fruição, mas também o que se submete a uma responsabilidade moral para com o escritor e o leitor, ele tem de aceitar sobre si mesmo a significação ética de sua interpretação. A expressão que escolhi usar para isto é "traição leal" – um tipo de "infidelidade fiel" –, que significa admitir um tipo particular de infidelidade com o texto que é uma expressão da fidelidade a ele. Todos conhecemos esses momentos de indecisão, de lidar com opções imperfeitas, no que diz respeito ao projeto de tradução de uma obra e outras empreitadas desse tipo.

É óbvio que, no início de qualquer discussão literária, deve ser feita referência ao artigo bem conhecido de Lévinas sobre a arte, "A Realidade e Sua Sombra"[4]. Esse artigo que, sem dúvida,

---

4 Cf. E. Lévinas, La Réalité et son ombre, *Les Imprévus de l'histoire*.

é o texto fundador no que concerne à arte – o egocentrismo na arte, o engano na arte –, é também aquele no qual Lévinas aborda o aspecto fascinante da natureza sedutora da arte e sua especial habilidade para expressar coisas difíceis de serem expressas noutros meios.

A segunda fonte em que gostaria de me deter é o livro de Lévinas sobre seu grande amigo Maurice Blanchot, com quem tinha uma dívida moral que jamais poderia ser quitada. Num sentido complexo, muitas das ideias que examinei aqui são abordadas por Lévinas naquele livro e também se referem aos livros de Blanchot e sua literatura. (Existem duas brilhantes discussões que não posso me abster de discutir: o mestre e o servo, e ateísmo).

MEDO DE APRISIONAMENTO AO TEXTO: O EXEMPLO DA ARTE

Lévinas não quer separar a questão estética da ética, mas sim dizer que as ferramentas que nos permitem fazer juízos artísticos são refinadas por meio da deliberação ética. Estamos falando do ato de criação como um ato egocêntrico, ou que "a entrada na caverna (platônica)" seja um processo de enrijecimento ou assassinato de algo, ou, alternativamente, do ato de criação como um processo que tem lugar entre uma pessoa e outra, uma atividade de diálogo e inspiração.

A interpretação coloca-se em relação com o ato criativo, tendo alguma responsabilidade para com o artista criativo, seja vivo ou morto, que pode nascer de uma interpretação dada ao trabalho do artista. A grande saída de Lévinas da possibilidade de dizer qualquer ou todas as coisas na interpretação (pela natureza ética de seu empreendimento filosófico, que impõe limites) foi criada a partir da profunda concepção de que o ato de interpretação tem lugar no domínio das relações humanas e, portanto, corre num âmbito ético. Portanto, o ato da criação artística e o ato da interpretação, inclusive a interpretação da arte, incluem a responsabilidade outorgada ao sujeito pela interpretação dada às suas palavras. Para Lévinas, o sujeito não pode alegar licença artística ou dizer "Eu estava apenas interpretando" (apenas explicando o que existe no trabalho de arte). Ele tem responsabilidade por sua interpretação.

A DIMENSÃO VIVA E A DIMENSÃO MORTA DO ATO ARTÍSTICO

Lévinas está preocupado quanto à dimensão do enrijecimento (ou endurecimento) da arte, porque o processo criativo traz algo da vida para um estado "enrijecido". A arte de fato enrijece o vigor da realidade na obra de arte? Se Lévinas tem interesses no poder da escrita para estabelecer permanentemente a declaração viva dentro de uma declaração sem vida, então, sem dúvida, tem interesses no poder da arte, que é capaz de libertar a pessoa viva sob uma forma, atrás de uma máscara. Lévinas se interessa, ou melhor, se preocupa que a obra de arte não tenha um futuro vivo, mas talvez seu próprio presente já não esteja vivo... "O artista não conseguiu infundir [a obra] com a vida, como aconteceu com o Pigmalião mítico. A 'vida' da estátua é sem vida, meramente como aspiração, uma espécie de caricatura do real e palpável." A literatura, afirma Lévinas, é uma forma de falsificação, um tipo de ilusão e, portanto, antiética. Ademais, a arte procura ser um encantamento da realidade, um tipo de mágica[5]. A arte pode alcançar e manter uma dimensão transcendental através de meios estéticos? A arte não cria a máscara que esconde a responsabilidade dos artistas? Em que medida a arte preserva a vida e em que medida ela a aprisiona na forma material?

A expressão que Lévinas escolhe para descrever a arte é como uma "sombra", como no título intrigante de "La Realité et son ombre". Parece que Lévinas desenha essa metáfora a partir do mito da caverna: uma alegoria, ele diz nesse artigo, "é um ambíguo comércio com a realidade na qual a realidade não se refere a si mesma, mas à sua reflexão, à sua sombra [...] Uma imagem, pode-se dizer, é uma alegoria do ser"[6]. Se procuramos descrever a linguagem ética original como encontro face

---

5   R. Eaglestone, *Ethical Criticism*, p. 98-125.
6   E. Lévinas, *Les Imprévus de l'histoire*, p. 116.

a face, sem representação, a linguagem da arte – e, por conseguinte, da literatura – é construída fora da ética, fora da voz e da revelação do outro humano. A estética cria a representação da realidade e, portanto, a esconde. Além disso, ela esconde também a voz do outro.

Parece que a preocupação mais profunda de Lévinas não é quanto à arte ou à literatura em si, mas quanto à obra de arte pela obra de arte, quanto à dimensão egocêntrica no processo de criação da obra de arte. Ele afirma em "La realité et son ombre" que "há algo de perverso, egoísta e covarde no prazer artístico"[7]. O juízo ético do qual Lévinas fala não está conectado ao produto gerado pelo ato artístico, mas sim ao modo criativo da ação. Não pretende considerar a obra em si mesma, mas tal qual o pensamento sartreano, que prefere avaliar uma obra de arte unicamente pela sua contribuição à sociedade. Lévinas pretende examinar o poder da arte de acordo com o seu grau de comprometimento com a realidade palpável e com a vida. Assim, também queremos avaliar o lugar da interpretação diante da arte, que extrai seu vigor da ética. A preocupação é com o aprisionamento à linguagem estética e com a sombra que a arte lança, uma sombra que pode ocultar a realidade e o compromisso atribuído ao indivíduo naquela realidade – essas preocupações nos permitem entender melhor o significado da interpretação. É próprio do poder da arte esconder, mas também revelar e referir ao não dito dentro do dito. A arte pode despertar um eco e um novo enunciado dentro do coração e olhos de um observador cuidadoso.

O PODER INSPIRADOR DA ARTE COMO "MAIS ATUAL QUE O ATUAL"

Apesar do que foi dito, existe um lado das afirmações de Lévinas que considera as duas faces da arte e, em última análise, reconhece também seu poder ético. Então, por exemplo, Lévinas chama uma obra de arte de "mais atual que o atual". Uma obra de arte, ele afirma, pode expressar algo além do que se diz sobre

---

[7] Ibidem, p. 125.

a realidade[8]. Ao fazê-lo, Lévinas continua com a ambivalência de Platão com relação à arte. A arte tem o poder para criar uma emoção que é um caminho particular de saída e superação do presente. Quando Lévinas apresenta um exemplo destas ideias de vitalidade, essência, eco e expressão, ele retorna ao tema da arte. Mesmo com a dificuldade do exemplo, gostaria de voltar a atenção para o sentido/significado vivo e morto que restringe e desperta a vida, contido na linguagem artística:

> A essência e a temporalidade ressoam nela [na ontologia ocidental] como poesia e canto. E a procura de novas formas da qual depende toda a arte mantém despertos os verbos em todo lugar, a ponto de voltarem a ser substantivos [...]. Na música, os sons ressoam; no poema, os vocábulos, matéria do que é dito, já não se apagam diante daquilo que evocam, mas cantam os seus poderes evocadores e as suas formas de evocar, as suas etimologias.[9]

A OBRA DE ARTE SUSCITA A INSPIRAÇÃO: O EXEMPLO DO VIOLONCELO

Se nos parece que a linguagem, e com certeza, a das artes plásticas, é aprisionadora e constrangedora, colocando as coisas dentro de conceitos e de estruturas fixas, endurecendo o dizer no dito, Lévinas reconhece que isso é verdade, mas não para toda imagem. A linguagem afirma e fixa em um lugar e, concomitantemente, inclui a medida do *desdito*, do *non-dit* (não dito). Ela inclui o elemento da inspiração também. A metáfora de um instrumento musical e sua execução permite-nos sentir essa ideia de tensão entre as dimensões da fixidez e da vida. O instrumento musical compõe-se de um material definido e é restrito à sua materialidade, mas quando alguém o toca, também facilita uma nova abertura à música e à interpretação. Tal metáfora volta-se para um sentido muito concreto que descreve as Escrituras Sagradas como um instrumento musical. Devemos então perguntar se as Escrituras Sagradas são um caso especial em relação a outros escritos inspirados: "o

---

8 Aqui, podemos encontrar uma similaridade entre a posição levinasiana e a atitude de Platão com relação à arte.
9 E. Lévinas, *De Outro Modo Que Ser ou Para lá da Essência*, p. 61-62.

violoncelo é violoncelo na sonoridade que vibra nessas cordas e nessa madeira, mesmo se de imediato ela recai em notas – em identidades que de novo se alojam em gamas no seu lugar natural, do agudo ao grave, segundo tons diferentes. A essência do violoncelo – modalidade da *essência* – temporaliza-se assim na obra"[10].

O ATEÍSMO DA LITERATURA

Então aqui chegamos à próxima parada desta jornada: a questão do ateísmo. A Literatura, como disse Lévinas, transforma o comprometimento religioso, seja porque ela oferece um mundo metafísico que não é "o mundo porvir" ou "o mundo da divindade", seja porque internamente ela é fruto da criatividade humana. Essa é a possibilidade mais profunda que a cultura humana oferece para fazer uma pessoa pensar além de si mesma, para ser mais plenamente humana. E como Maimônides colocou na sua descrição da era messiânica, "de acordo com a habilidade humana".

Essa compreensão profunda de que a literatura é, na sua essência, ateia não é mero detalhe, porque exige pesar sobre o sentido antirreligioso da literatura. Culturalmente – e esse não é meu campo de conhecimento e pesquisa – parece-me que alguém pode descrever isso em termos de "grupos literários" em oposição às "leituras da *Torá*" etc.

Mas para Lévinas o sentido ateu da literatura é também o segredo da sua força ética, porque no caminho para o verdadeiro monoteísmo, para o sentido ético do monoteísmo, existe uma parada necessária na questão da ausência de Deus. A tentativa de compreender Deus em termos éticos é inteiramente vinculada à competência de uma pessoa para abandonar a dimensão entusiástica religiosa, o segredo de sua magia, desistindo da presença divina como solução que nega a responsabilidade pessoal por culpabilizar Deus. Ou, se quisermos, para retomar uma linguagem que usamos há pouco, de se tornar responsável por ser um servo de um mestre que a humanidade define, em

---

10 Ibidem, p. 62.

muitos sentidos. Essa parada no ateísmo demanda que a pessoa esteja pronta para carregar-se de responsabilidade moral. A literatura exige que uma pessoa faça isso, que pense sobre suas ações em termos morais. Talvez isso também exija a uma pessoa entender, à medida do possível, o significado moral de suas criações, seus atos, suas interpretações. A inspiração não é a fonte do esconderijo da responsabilidade, seja ela uma inspiração divina ou literária.

E talvez seja precisamente esse infinito poder da literatura – na qual não há Deus – que lhe outorgue um significado moral, no fim do dia, a Deus. Permitam-me, por favor, a indulgência de oferecer uma pequena *midrasch* de minha parte. O famoso verso "ame seu próximo (ou: seu companheiro humano) como a si mesmo, e reverencie o seu Deus; Eu sou Adonai" tem sido objeto de uma série de interpretações. Muitos dos comentadores, por exemplo, Leibowitz, colocaram no fim do verso as palavras "Eu sou Adonai [o Senhor]", como se fosse a explicação do que veio antes. Gostaria agora de propor uma leitura completamente oposta: o sentido de Deus como mestre do ser humano depende de sua prontidão de assumir a grandeza ética primeiro, independentemente de Deus.

VIVENDO NA CIDADE DO REFÚGIO: LEMBRAR E ESQUECER A RESPONSABILIDADE

O conceito de "refúgio", ou "cidade do refúgio", ganhou um importante significado político nos tempos modernos, quando os que procuram asilo são pessoas perseguidas por motivos políticos em busca de um abrigo seguro para si mesmas. Nos termos do século XXI, refúgio e a busca pelo refúgio são algumas das ferramentas jurídicas internacionalmente reconhecidas destinadas aos emigrados de países em dificuldades ou emigrados do Terceiro Mundo para o Primeiro Mundo, especialmente para a Europa e alguns países das Américas. Em geral, hoje não nos preocupamos com aqueles que buscam refúgio com base em ter cometido uma infração penal, como homicídio ou roubo, mas sim com base em sua oposição ao regime ou por outras razões políticas.

O tratamento esperado dos países e lugares para onde migram estas pessoas é aceitação, proteção e defesa. Como se sabe, hoje isso é um dos problemas globais mais complexos, porque uma das preocupações dos países e cidades de refúgio é que elas percam suas identidades e características culturais, ao mesmo tempo que existe uma obrigação moral e social de acolher os refugiados.

Quanto mais amplamente examinamos essa imagem, mais o problema da migração e da busca de refúgio pode ser visto como uma questão complexa. Basta mencionar o aquecimento global, que provocou a seca e a fome em vários países, como grandes faixas da África.

Cabe também mencionar as questões políticas das revoluções sociais, guerras civis, que levam angústia e perseguição para muitos civis, alguns dos quais optam por sair de sua terra natal. E, claro, é preciso ter em conta o importante contributo dos imigrantes para a economia do seu país de refúgio, como a demanda por trabalhadores nos países desenvolvidos da Europa.

O discurso bíblico sobre o refúgio está circunscrito a dois contextos apenas. O primeiro é o escravo fugitivo, sobre o qual o *Deuteronômio* (23: 16) diz: "Quando um escravo fugir do seu amo e se refugiar em tua casa, não o entregues ao seu amo." Entre as leis bíblicas que tratam da escravidão, essa pode ser a mais clara de todas, em contraste com as leis de servidão do mundo antigo. É verdade que esse versículo não constitui uma exigência e ordem de garantir asilo a um escravo fugitivo. Não obstante, o verso contém, pelo menos, uma diretriz clara para respeitar sua liberdade e não transformá-lo em seu dono. Quem desejar pode identificar aqui uma das leis bíblicas inseridas na cláusula "foste escravo nas terras do Egito".

O segundo contexto é o do homicida, a quem a lei bíblica exige que se providencie proteger dos parentes da vítima sedentos de vingança de sangue. Eis uma parte do esforço bíblico de limitar o direito à vingança e diminuir os atos de violência.

Como vimos, o contexto no qual Lévinas introduz o discurso sobre as cidades do refúgio na sua lição talmúdica está conectado ao segundo contexto que mencionei anteriormente – ao do homicida. Na prática, porém, pede e nos exige repensar o sentido do refúgio e das cidades de refúgio. De maneira literária, ele permite insistir, sem entrar numa lei religiosa, numa tomada de responsabilidade por pessoas perseguidas onde quer que estejam, e pela violência em que elas não tiveram nenhum papel ativo. Em termos morais, pode-se ver aí *uma resposta à* questão sobre a responsabilidade incumbida aos países que recebem refugiados, para que vejam a si mesmos como responsáveis pelas difíceis situações que fizerem estas pessoas saírem de suas terras de origem. Não é de generosidade nem de gentileza que os sistemas de acolhida dos imigrantes necessitam, mas de uma responsabilidade ativa pelas tragédias que produziram os refugiados devido às lacunas econômicas e sociais entre as diferentes nações.

AS CIDADES DE REFÚGIO E NÓS MESMOS

Qual o sentido ético e literal desse texto sobre as cidades hagádicas – as cidades do refúgio? Os assassinatos, cometidos sem a vontade do assassino, não ocorreram de outras maneiras senão pelo machado que escapuliu da alça e caiu na cabeça de um transeunte? Na sociedade ocidental – livre e civilizada, mas sem igualdade e sem uma justiça social rigorosa – seria absurdo perguntar se as vantagens disponíveis para os ricos em relação aos pobres – e todos são ricos em relação a alguém no Ocidente –, se essas vantagens, uma coisa que leva a outra, não são a causa, em algum lugar, da agonia de alguém? Não há, em algum lugar do mundo, guerras e carnificinas que resultam dessas vantagens? Sem nós outros, habitantes de nossas capitais – capitais certamente sem igualdade, mas protegidas e ricas –, sem nós outros desejariam prejudicar alguém? O vingador ou o redentor de sangue "com coração inflamado" não nos esconde, sob a forma de raiva das pessoas, do espírito de revolta ou mesmo de delinquência em nossos subúrbios, resultado do desequilíbrio social em que nos colocamos?

As cidades nas quais vivemos e a proteção que, legitimamente, por conta de nossa inocência subjetiva, encontramos em nossa sociedade liberal (mesmo se encontramos menos que antes), contra tantas ameaças de vingança dos que não temem nem Deus nem o homem, contra tantas forças exaltadas; não é, de fato, essa proteção, a proteção de uma meia inocência ou uma meia culpa, que é inocência, mas, no entanto, também culpa – isso não faz com que nossas cidades sejam cidades de refúgio ou cidades de exilados? E enquanto é necessária a defesa contra a barbaridade do sangue quente, contra os perigosos estados da mente e ameaças de desordem, será que a civilização – nossa brilhante e humanista civilização greco-romana, nossa sábia civilização – não é um pouco hipócrita, muito insensível à ira irracional do vingador sanguíneo e incapaz de restaurar o equilíbrio? Podem perguntar se a espiritualidade ainda está bem desperta, a espiritualidade expressa na forma como vivemos, em nossas intenções corretas, em nossos atos de boa vontade e na atenção que devotamos ao real.

Talvez seja exatamente esse o poder da literatura, e talvez seja assim que podemos responder, em vez de Lévinas, que isso é "verdadeiro como somente a ficção pode ser verdadeira".

2. Amor, Justiça, Perdão

Gérard Bensussan*

Gostaria de começar descrevendo *uma topografia*, a contiguidade de territórios que se limitam, se excluem, mas, por isso mesmo, se tocam: o amor de um lado, a justiça do outro; entre os dois, uma fronteira, um muro, talvez uma *no man's land* (terra de niguém). Inspiro-me aqui na descrição levinasiana da heterogeneidade fundamental da proximidade ética e da justiça para todos, seja do face a face, do dois, por um lado e, por outro, da esfera política ou societal em que atua a multiplicidade dos cidadãos. Não retornarei aqui aos próprios conteúdos da ética levinasiana, que são de muitas maneiras opostos ao amor – é um outro assunto. O que retenho e que me parece extraordinariamente precioso é *uma topologia da assimetria* radicalmente extrapolítica: aquilo que vale em uma relação a dois não poderia reger um conjunto modulado de relações múltiplas e vice-versa, sob pena de uma confusão perigosa, até mesmo de um desastre terrível.

Em uma relação a dois – "ética" segundo Lévinas, "amorosa" no que proponho aqui –, em que se invertem afetos e

---

* Professor de Filosofia na Universidade Marc-Bloch de Estrasburgo. Tradução de Diogo Villas Bôas Aguiar.

sensibilidade, comprometem-se necessariamente uma desproporção, um intervalo, uma espécie de deiscência necessária, se podemos dizer, que Lévinas tematizou fortemente como assimetria. O outro diante de mim, em sua singularidade extrema, não poderia sem dúvida intercambiar-se, ele é insubstituível. É como um "buraco no mundo" único, como diria Sartre. É ele, é ela, é porque é ele, é porque é ela – e nenhum outro poderia substituí-lo, o que constituiria, propriamente falando, e de uma maneira evidente, um escândalo insuportável para um e para outro. A relação que assim se produz evidentemente não é universalizável, não mais que ela poderia dar lugar a uma reciprocação. Ela é exclusiva e excludente. O amor é uma espécie de separatismo, de dissidência, frente ao mundo comum: "o amor é sempre uma questão entre duas pessoas, ele só conhece o Eu e o Tu, ele desconhece a rua"[1]. Os apaixonados vivem escondidos, isto é, eles se mantêm fora do mundo que poderia significar sua infelicidade se ele irrompesse no duo.

A "lei" do amor é que "ele jamais conheceu uma lei", como canta Carmen de Bizet. Não poderíamos exigir que ele fosse "justo", ou seja, igual, simétrico e sem fazer distinção da pessoa! Não se poderia fazer-lhe uma reinvindicação política cidadã. "O amor para todos" não teria de modo estrito nenhum sentido, pois o amor não depende de uma autorização (ou simplesmente de uma negativa), mas ele está inteiramente sujeito aos caprichos de um encontro, de um acaso imprevisível, de um acontecimento anterior a toda justiça, a toda igualdade, a todo contrato. Não podemos, é claro, fazer do amor um dever ou uma regra imperativa que se imporia a todos sem condição. Mesmo quando se pretende poder organizá-lo ou inscrevê-lo em um programa, como o fazem os sites de encontro, por exemplo, só se consegue organizar as condições de emergência ou de possibilidade ou favorecer-lhe o nascimento, que permanece imprevisível, pois sujeito à uma espécie de subjetivação selvagem e arriscada.

Se a justiça é fundamentalmente estrangeira à toda relação dual, e em particular à relação amorosa, ou amante, ela não se deixa expulsar, longe disso. "É preciso a justiça", como martela

1 F. Rosenzweig, *L'Étoile de la rédemption*, p. 288.

Lévinas: sua "necessidade" não é da ordem prescritiva e ela não designa mais uma necessidade lógica ou ontológica. Ela é necessária, a justiça, porque ela está sempre aí como uma solicitação irreprimível. Envolvendo e implicando, consequentemente, o duo, todos os outros, aqueles que Lévinas chama de terceiros, clamam justiça uma vez que são excluídos de uma relação em que sou tomado e em que eles não têm nem jamais terão parte: eu não os "amo", eu não posso "amar" todos os outros, isso seria uma traição pura e simples do amor que me envolve e me mantém. Mas eles clamam justiça, eles clamam que é "necessário" justiça para eles – e não somente o amor para mim e para o amado(a). Assim, eles colocam em questão esse amor mesmo que é o meu. Eu não estou, portanto, jamais quite com a busca da justiça porque amo e/ou sou amado. Jamais terminei com os outros do outro, todos aqueles que o cercam mais ou menos espectralmente. Mas, uma vez apreendido pela justiça que se reivindica e, de alguma maneira, arranca-me do duo apaixonado e me joga "na rua", preciso mudar de paradigma, deixar minhas referências, reencontrar algo como uma regra comum. Pois a justiça generaliza, faz equivaler direitos e deveres, exige uma reciprocidade, inicia uma igualdade, compara e compensa. Ela não tem nenhuma importância para o amor. "Eu não te amo, portanto te trato injustamente", seria uma afirmação de uma violência extraordinária, na boca de um juiz, por exemplo. Um ser justo que valesse apenas para aqueles que amamos não seria justo. Ser justo deve também valer para aquele que não amamos, e mesmo para seus adversários – é em função disso que se mede a justiça, ao passo que *o amor ama*, um ponto é tudo, é um acontecimento que não tem nenhuma necessidade de *justificação*. A justiça se organiza, ademais, em torno de um princípio de permutabilidade estrita das pessoas: qualquer um deve poder inscrever-se como qualquer outro sem que se possa jamais aceitar as singularidades, as distinções, ou ainda aquilo que permanece irredutível à regra: trata-se, ao contrário, de reduzir à dita regra tudo o que pretende ser exceção.

O amor é, ao contrário, essa exceção continuada. Indiquei que ele só é possível como direção ou como visada de um ou de uma só, não de todos. O amor por todos só pode entender--se de maneira limitadora ou negativa, isto é, enquanto ele se apresenta já como um afeto social ou um sentimento racional, como diz Kant do respeito, seja como amor ao próximo ou amor de benevolência, para fins justiciais, e não mais como amor "patológico", ou seja, aquilo que se desempenha no dual da relação de face a face (e é desse amor deliberada e logicamente banido por Kant da esfera da moral que se trata aqui, em sua heterogeneidade à justiça ou à política).

Compreende-se sem dificuldade que essas duas lógicas, ou melhor, essas duas *linguagens*, amor e justiça, não poderiam comunicar-se, isto é, encontrar um espaço tornado comum por uma partilha. A língua do dom infinito e a língua da equivalência regrada não podem entender-se, e entre elas o quiproquó seria incessante. Não vejamos aí um mal – mas, sem dúvida, um problema, uma dificuldade, o que não é a mesma coisa.

O mal, na ocorrência, corre o risco de sair o contrário da *hybris*, da mistura inconsiderada dos dois registros, das duas esferas, das duas línguas. Nada seria mais desastroso do que impor o amor da lei, que convém simplesmente respeitar, e não a legalização contratual do amor. O primeiro caso resulta em um fanatismo político generalizado; o segundo, na interdição do amor sob o pretexto de sua natureza "patológica". Ambos são, de fato, impraticáveis, a não ser que, repito, ao custo de uma violência insuportável.

A reciprocidade, a igualdade, uma certa circularidade harmoniosa, marcam não apenas o registro político da justiça, em que são imperativamente requeridos, mas sem dúvida também o exercício da filosofia – o que é o sinal, como desconfiara Lévinas, de uma origem comum, grega, da política e da ontologia. A dialética é certamente o procedimento bimilenar em que se inscreve a produção de um mesmo a partir do dilaceramento e das paixões empregadas. Ela efetua a superação última dos contrários, das oposições, dos aparentemente irreconciliáveis. Isso não é apenas verdadeiro para a dialética especulativa hegeliana que é o apogeu, mas vale, por exemplo, para o pensamento husserliano da intropatia ou ainda para a fenomenologia sartriana da vergonha: objetivado pelo olhar de um outro, posso por minha vez objetivá-lo, pois também o olho, olhando-me. Essa reciprocidade dialética não pode evidentemente valer no caso do amor, não mais do que reina a igualdade de condições ou o equilíbrio das paixões. Se bastasse amar para ser amado ou, ao invés disso, se a relação amorosa fosse estritamente simétrica e igual, o amor não seria amor, ou seja, "a imediatez de uma obediência", "o instante de um surgimento"[2], isto é, uma submissão ao outro e a uma exigência perpétua de renovação, uma inquietude, uma instabilidade que a ordem política tem justamente por função afastar. "És injusto, portanto não te amo mais" é uma proposição sem eficácia, cada um o sabe, às vezes por seu infortúnio. O casamento, em seu duplo estatuto, civil e religioso, político e sacramental, constitui uma forma transicional entre um amor invocado (em vão?) às suas responsabilidades e uma justiça regrada (se possível?) sobre a conjugalidade. Mas se ele confere ao amor uma forma de reconhecimento externo e permite aos amantes "passar a outra coisa", como dizia Roland Barthes, o casamento não abole em nada a cisão do registro amoroso e do registro político, ele apenas o registra para tentar moderá-lo.

No fundo, apenas Deus pode complementar os dois registros, utilizá-los como dois ingredientes equivalentes. Um *midrasch* famoso explica que, para criar o mundo, Deus deve recorrer a duas medidas, a duas égides, o amor e a justiça (*rahamim*/*din* ou ainda, mas de outro modo, *hessed*/*tsedek*). Se ele coloca apenas a chama da compaixão e da ternura amorosa nas ações delicadas da criação do mundo, essas ações não se sustentarão. Se ele coloca apenas o frio, elas vão se contrair e romper novamente. É preciso que manipule, portanto, o amor e a justiça. Se ele utiliza apenas o calor do primeiro, os "crimes serão incontáveis" no mundo. Se ele utiliza apenas o rigor da justiça, o mundo não subsistirá mais, por falta de amor.

As filosofias que iniciam uma "dialética" da justiça e do amor ou que aí distinguem dois procedimentos complementares de "verdade" permanecem em uma espécie de mimetismo divino. Elas acreditam poder superar a heterogeneidade das duas esferas, seus regimes inconciliáveis, suas línguas babelizadas, suas temporalidades disjuntas. Tal é a *hybris* da razão, de modo geral. E aí, o preço a ser pago ainda pode revelar-se desastroso, em particular quando a política, coberta de bons

[2] Ibidem, p. 251-252.

sentimentos, busca fazer do amor o fundamento de uma ética universalizável em direito. Ela se volta para o moralismo da "piedade perigosa" acreditando poder reger seu domínio próprio de acordo com uma ordem que revelaria o fato da "barbárie selvagem da alteridade", seguindo a forte expressão de Lévinas[3]. Os dois polos entre os quais se instala uma tensão quase elétrica foram muito bem descritos por Nietzsche, para desafios muito diferentes. O primeiro recobre uma "barbárie" (é o mesmo termo que encontramos em Lévinas): "O amor a um único ser é uma barbaridade: pois é praticado às expensas de todos os outros. Também o amor a Deus."[4] Mas essa barbárie só é contrabalanceada pelo inferno do "amor universal da humanidade", ou seja, "uma situação dolorosa e ridícula, que nunca se viu igual neste mundo – todo indivíduo cortejado, importunado e desejado, não por um só amante [...] mas por milhares, sim, por todos, em virtude de um impulso irreprimível que será injuriado e amaldiçoado, como a antiga humanidade fez com o egoísmo" e só sonharão com "o feliz passado sem amor"[5].

Em vez de tomar conhecimento em uma perplexidade infinita dessa heterogeneidade bárbara ou infernal do amor e da universalidade, a filosofia e os filósofos são levados, por uma espécie de idiossincrasia quase irresistível, a unificar, a homogeneizar, a instalar em um todo isso que se apresenta na incompletude de uma simples parte. Esquecem que em filosofia não há axiomas, mas simplesmente princípios discursivos. É dessa tentação que precisamos nos resguardar aqui e manter a todo custo a disjunção, a diferença, o hiato entre amor e justiça – o que não dispensa de modo algum, ao contrário, de se pôr a questão da passagem. Mas quem pode sem risco propor procedimentos práticos que nos fariam "passar" de um ao outro? E como pensar uma afinidade, uma re-ligação que não seja nem dialética, nem derivação, nem dedução, nem mediação? Há aí um enigma e uma necessidade, uma dupla impossibilidade, de algum modo: impossível misturar os registros, apenas Deus o pode; impossível não se pôr a questão da passagem, só o homem o faz. Um pensamento como o de Pascal sabe ater-se

---

3 E. Lévinas, *En découvrant l'existence avec Husserl et Heidegger*, p. 187.
4 F. Nietzsche, *Além do Bem e do Mal*, IV, aforismo 67.
5 Idem, *Aurora*, II, § 147.

nesse ponto, desenvolvendo-se a partir de uma desproporção entre a lei e a graça, a regra e o dom. Uma análise histórica, como aquela da Revolução Francesa por Michelet, mantém a eficiência decifrando o acontecimento revolucionário a partir de uma tensão interminável entre o advento da lei e a dispensa religiosa, entre a "Justiça" e a "Graça". Uma filosofia como a de Kant produz seu princípio mostrando que não é porque as propensões, os desejos e as inclinações não se conciliam com a lei moral, já que suas fontes são absolutamente distintas, que não há lei moral – ao contrário.

Se esse princípio de separação permanece, irrefragável, como o sinal de nossa finitude, e se, ao mesmo tempo, a questão da de-separação permanece ela também inteira e continuamente posta, é porque essa finitude, que é a nossa, só pode entender-se, como propôs Lévinas, como in-finita, tomada *no-finito*, isto é, que ela não se coloca como o contrário do infinito, mas como sua textura interior.

O perdão é, provavelmente, o sinal incerto e aleatório dessa situação. "Podemos tudo perdoar por amor?": caso se tente permanecer, mesmo que provisoriamente, à altura da questão, e em seu nível de grande generalidade, dizemos, antes de tudo, que o problema do perdão se situaria mais ao lado do amor. Ele lhe seria um elemento vital quando abre seu perpétuo recomeço tentando o impossível, como diz Hannah Arendt, saber desfazer aquilo que foi feito. Mas o "tudo" disso que estaria por perdoar no face a face amoroso sugere de início que haveria aí algo exorbitante de um outro ponto vista que não o do amor – um limite, uma medida. Inversamente, parece indispensável, e até necessário, perguntar se o perdão pode se abster de toda justiça, já que pertenceria apenas a um único lado da topologia esboçada até aqui, o lado do amor. Uma justiça sem perdão é apenas possível? A prescrição dos crimes inscrita no direito mostra que não. O que vale no e para o direito, na medida em que ele seria desconstruível, deve valer *a fortiori* na justiça – "indesconstruível" segundo a distinção proposta por Jacques Derrida.

Esse problema do perdão mostra até que ponto nossa topologia amor/justiça é pelo menos útil e, no melhor, fecunda. O perdão é apenas o impasse de um sujeito confrontado com um outro, por exemplo, na relação amorosa, ou teria a ver antes de tudo com a questão da coletividade? Ele é uma virtude essencialmente política, quando abre a possibilidade de que algo da comunidade lesada, lacerada e arruinada seja restaurado (a experiência insubstituível da Comissão da Verdade e Reconciliação da África do Sul desempenha aqui um papel exemplar, tão sintomáticos quanto, em outro sentido, os pedidos de perdão que invadem há anos o campo político propriamente dito)? Distinguirei aqui uma série de nuances que permitem uma espécie de gradação do perdão em sua atribuição no registro da justiça, mas segundo tematizações e conceitualizações diferentes (Lévinas, Rosenzweig, Arendt) que não ocorrem sem afetar sua relação hipotética com o amor.

Com efeito, podemos começar por considerar que o perdão não pode verdadeiramente surgir da esfera da proximidade imediata com o rosto que me interpela. Ele permanece, efetivamente, em uma relacionalidade de palavra, em um diálogo, na convocação de uma medida ou de um balanço pelo qual o ato pode ser reinscrito posteriormente na radicalidade do dois no face a face. A visada de um equilíbrio ou de um certo reequilíbrio após o "erro" já requer a intervenção de um ou de vários terceiros, mesmo de maneira não empírica. Desde que o problema do perdão se coloque numa relação a dois, em uma relação amorosa notadamente, talvez já acabada, algo exige um ponto intermediário fora do duo, o juiz, o mediador, os confidentes, os amigos etc.

O perdão, então, surge simplesmente do registro da justiça? Inscreve-se, ao menos parcialmente, em um espaço pluralizado em que a multiplicidade de terceiros encontra seu lugar e faz valer seus direitos – paradoxo surpreendente que seria trazido pela nossa topologia do amor e da justiça, caso se pense que a tradição filosófica (a Antiguidade, Spinoza, Kant) viu constantemente no perdão um ato portador de desigualdade e de injustiça ameaçadores. Nessa segunda hipótese, o contrário seria a justiça que viria me jogar na cena do perdão – e não a experiência subjetiva da relação com a alteridade de outrem.

Mas o que seria, desse ponto de vista, ou seja, se o perdão se inscreve antes de tudo na esfera da multiplicidade relacional, do *perdão no amor*, de seu jogo e seus dramas que bem sabemos que existem? Essa postura, que atribui o perdão em vez de uma multiplicidade derivada de um face a face originário, poderia levar à concluir que no amor, desde que haja algo a perdoar, é tarde demais, como acabei de sugerir. De certa maneira, mudamos de registro e não somos mais dois. Estamos em um uso interindividual do direito de graça, particularmente perverso, até mesmo violento, para o qual Lévinas apontou o defeito: "o perdão supõe que o lesado recolha todo o malefício do erro e, consequentemente, disponha por inteiro do direito de graça"[6]. O perdão, em todo caso esse perdão, supõe uma soberania do sujeito que perdoa e quer operar como se, sendo dois, estivéssemos em sociedade, como se pudesse haver algo como uma sociedade da intimidade.

Tratando-se, portanto, da questão delicada do perdão no amor, poderíamos dizer o seguinte: enquanto o perdão detém uma dimensão justicional poderosa, se ele se exerce de algum modo no duo apaixonado, então a terrível comparação levinasiana com o direito de graça, com um exercício perverso do direito de graça em uso privado, parece pouco contestável. Encontramos em *Estrela da Redenção* observações que vão exatamente no mesmo sentido. O perdão, explica Rosenzweig, é temporalmente muito "jovem", muito ligado a um estrato da vontade que apenas recobre o apesar-de-si originário do amor, para poder ativar a reversão que ele gostaria de efetuar. Haveria, portanto, um antagonismo secreto entre o amor e o perdão, uma incompatibilidade profunda e, ao mesmo tempo, temporalmente motora, o que atesta os afetos, as situações, os fenômenos variados e numerosos. É o amor em sua incondicionalidade própria e como mais "velho" que toda soberania, toda vontade e toda autonomia, que pode de alguma maneira *conter* o perdão, enquanto o perdão, desde que entra na cena

---

[6] E. Lévinas, *Entre nous*, p. 29. Chamo atenção para uma nota de junho de 1950 em H. Arendt, *Journal de pensée*, v. 1, p. 15 e s., que vai exatamente no mesmo sentido (e contrariamente ao que leremos um pouco mais tarde em *Condition de l'homme moderne*) pois aí se trata da questão do "simulacro" do perdão, que seria apenas o inverso da vingança: "o gesto de perdão destrói a igualdade e, por isso, o fundamento das relações humanas, de maneira tão radical que após tal ato, mais nenhuma relação propriamente dita deveria ser possível [...] O perdão, ou aquilo que ordinariamente assim se chama, é apenas um simulacro durante o qual um se comporta como superior, enquanto o outro exige algo que os homens não podem nem dar nem receber. O simulacro consiste naquilo que um se encarrega do fardo de um outro, que se apresenta como desencarregado".

amorosa, tem um alto risco de surpreender o amor sobrepondo-lhe uma regra (hegeliana) com a qual ele não se importa: tudo é perdoável menos esse crime contra o espírito que seria a recusa do poder reconciliador do perdão.

A única figura do perdão que o amor pode acolher é, sem dúvida, a figura daquilo que Derrida chamou de "perdão puro e incondicional"[7], o qual, para ter seu sentido próprio, não deve ter nenhum "sentido", nenhum fim, nenhuma inteligibilidade até, radicalmente *grundlos*, sem nenhum fundamento, como diz Rosenzweig do amor (não do perdão). Ele é, portanto, realmente *uma loucura do impossível*, ou seja, do acontecimento amoroso como efetividade precedendo toda possibilidade, encontro imprevisível que nada deixa predizer ou prever e que alcança a plenitude de todas as possibilidades realizadas uma vez que, com efeito, ela adveio.

Mas esse perdão puro e incondicional não se iguala inicialmente ao próprio amor, que o colore de nuances e o enriquece de profundezas que sequer perceberíamos fora dessa tangente dos dois? Assim, podemos e até devemos colocar que o perdão não poderia jamais ser elástico, como a geometria variável. Sem dúvida, ele não pode se retomar uma vez que foi acordado, ou então é algo completamente diferente de um perdão, pois este tem por função tornar reversível o que permanece irreversível segundo a flecha do tempo. É preciso que essa função de reverter seja ela própria irreversível para que possa fazer adequadamente seu trabalho. Por outro lado, lidamos com o que Rousseau chama, a propósito da promessa não mantida, "uma espécie de mentira retroativa"[8]. Ao mesmo tempo, e em razão da impossibilidade absoluta que seja pensado ou apenas pensável em todo rigor um perdão condicional, que se concordaria um dia e se retomaria em outro, uma verdadeira contiguidade do perdão e do amor se atesta, sem que possamos tão simplesmente nos manter na heterogeneidade estrita dos dois ou na sua pura e simples confusão.

É claro que o perdão se mantém em uma espécie de entre-dois indeterminado, esse entre-dois que nos aproxima e nos

---

7   J. Derrida, Pardonner: l'impardonnable et l'imprescriptible, em M.-L. Mallet; G. Michaud (dir.), *Cahier de L'Herne: Derrida*, p. 75 e 85.
8   J.-J. Rousseau, *Emile ou de l'éducation*, p. 95.

separa de outrem e que o amor "destrói", segundo Arendt[9], o que Kant já havia perfeitamente determinado e analisado na *Doutrina da Virtude*, em particular (remeto notadamente ao §24). Escreve Derrida: "O perdão implica talvez desde o início, como por hipótese, a entrada em cena do terceiro que, no entanto, ele deve ou deveria excluir."[10] Como compreender essa ambivalência e esse entre-dois? Eles tornam possível uma política do perdão, aí onde toda política do amor está fadada à catástrofe? Eles podem ser o espaço de passagem do amor à justiça e retorno? Seria muito bonito, se ousamos dizer. O perdão habita a situação amorosa levando-a para outro lugar além dela mesma, a amizade talvez, a *philia politikè* aristotélica. O perdão se mantém em uma afinidade real com a justiça. Ele constitui uma figura que pode forçosamente fazer pensar no respeito kantiano, por exemplo. Mas, ao mesmo tempo, não permite fundar uma política, não mais que o amor – e a Comissão da Verdade e Reconciliação da África do Sul funcionou com outros ingredientes e não só o perdão. Aliás, ele assombra continuamente a relação amorosa, habita-a e arruína-a ao mesmo tempo.

Mas, na verdade, o amor é o mestre do perdão. Ele rege a dramaturgia "incondicional", ao ponto de torná-lo igual a si. Determina-lhe a temporalidade singular entre o esquecimento que exige sem atraso o amor e a rememoração do erro que trabalha o perdão. Evoquei a amizade, o respeito, os diversos entre-dois do amor e da justiça. Talvez seja preciso convocar a figura levinasiana da fraternidade para engajar a compreensão do perdão nesses múltiplos entre-dois.

De fato, o pedido de perdão instaura algo como uma partilha, uma troca fraternal horizontal, lá onde a relação a dois rege uma intersubjetividade assimétrica de face a face, "de homem a homem". O perdão vem imediatamente após o amor sem por isso deter a chave de seu próprio antes, e de repente com um peso de equívoco não negligenciável, desordem, difícil de manter. É por isso que só poderíamos girar em torno de um paradoxo insistente: como fazer entrar os outros outros em geral, todos aqueles que reclamam, na relação única que mantenho com o outro sob a altura de sua particularidade insubstituível?

---

9   H. Arendt, *Condition de l'homme moderne*, p. 308.
10 J. Derrida, op. cit., p. 43.

É impossível ou então isso corre o risco de se pagar de uma maneira de "boa consciência" que às vezes Lévinas identifica ou ao modo de um inferno na terra segundo Nietzsche. Atenas e Jerusalém se disputam, para dizer de modo massivo e muito aceito. Mas Atenas não é completa em Atenas nem Jerusalém em Jerusalém. O perdão manteria aqui o lugar da instância grega. *Suggignôskô*, perdoar em grego, significa literalmente: reconhecer em conjunto, encontrar um acordo em conjunto, caminhar para o "uníssono" de que fala Rosenzweig a propósito do coral da redenção. O amor significaria então a instância propriamente judaica, revelada, mais antiga que o perdão ou a partilha, como os profetas são mais velhos que os filósofos. O perdão deteria uma virtude de extensão inter-humana, de fraternização horizontal, social, lá onde o amor desenvolve um poder radicalmente antipolítico, ou seja, radicalmente dual. Mas o Dois precederá sempre o Um, o duo vem antes da unidade da comunidade.

3. Dignidade Humana e Ordem Jurídica do Desejo

Felipe Rodolfo de Carvalho*

INTRODUÇÃO

O ponto de partida parece indubitável: a dignidade humana, tão ignorada, desprezada, violada, se insculpiu de uma vez por todas no direito. Se não se trata de um produto eminentemente pós-moderno[1], ao menos se pode pensar a pós-modernidade como instante inaugural da história que não mais se inscreve apenas implicitamente nos ordenamentos jurídicos nacionais e internacionais[2]. Faz-se, assim, dito jurídico de um dizer que, na realidade, sempre alimentou a luta pelos direitos humanos[3]. Talvez por isso mesmo, apesar das tentativas de sufocá-la, persiste no mínimo como um *grito de escândalo* toda vez que se ensaia, por alguma via, atentar contra o humano e os seus direitos. Não parece, no fim de contas, existir melhor expressão para ela do

---

* Doutor em Filosofia e Teoria Geral do Direito pela Faculdade de Direito da Universidade de São Paulo.
1 Nesse sentido, ver E. Bittar, Hermenêutica e Constituição: A Dignidade da Pessoa Humana Como Legado à Pós-Modernidade, em A. Ferraz; E. Bittar (orgs.), *Direitos Humanos Fundamentais*, p. 43.
2 Cf. J. Habermas, *Sobre a Constituição da Europa*, p. 9.
3 Ibidem, p. 10-11.

que a sua condição de *tumor* que insiste, nos momentos mais tenebrosos, em infligir a boa consciência jurídica. Seu registro na "pele" do corpo jurídico é uma cicatriz que o marca indelevelmente contra toda tentação de esquecer os fatos calhados. É em si mesma, portanto, a justificativa mais legítima para o direito à memória em face da propensão jurídica para se resguardar do passado mediante o ansiolítico da anistia e da prescrição. Nesse sentido, é um *trauma* benéfico sem o qual o direito, perdido do seu componente ético, resvala para a totalização. Último norte para um direito quase sem rumo, é natural que forças contrárias não queiram dela senão uma "expressão vazia", uma "cortina de fumaça", um "conceito meramente de compromisso"[4], em torno do qual um dito não tenha nada mesmo a dizer.

"Dignidade humana": tão somente fórmula fácil de "dourar discursos"[5]? Qualquer um que atente seriamente para o seu significado histórico não o pode pensar. É preciso ao menos ir em busca do seu sentido, porque talvez nela, em tempos "pós-metafísicos", resida a última aposta na esperança de que algo oriente a própria situação do homem e dos seus direitos no mundo. Terá também Emmanuel Lévinas alguma palavra a proferir sobre essa questão?

UMA CRÍTICA NECESSÁRIA

É possível folhear as abundantes páginas escritas por Emmanuel Lévinas praticamente sem encontrar nenhuma referência expressa à palavra "dignidade". Jacques Rolland, numa de suas notas recolhidas ao final de *De l'évasion* (Da Evasão), sublinha que, na realidade, ela ocupa "um espaço muito marginal no léxico levinasiano"[6]. De fato, "[a] menção explícita à 'dignidade humana' resulta, [...] – em relação com a sua superabundância no contexto filosófico atual –, quase rara em Lévinas"[7]. Se uma "fundamentação" filosófica da dignidade humana pode ser encontrada no

---

4   As expressões são de Habermas. Cf. Ibidem, p. 11-13.
5   P. Cunha, *Filosofia Jurídica Prática*, p. 237.
6   J. Rolland, Notas, em E. Lévinas, *De la Evasión*, p. 84.
7   J.B. Mairal, Emmanuel Lévinas y la Dignidad Humana, a La Luz Del Acontecimiento Antropológico, *Prisma Jurídico*, n. 1, p. 70.

interior do seu pensamento, o trabalho deve ser então no sentido de, por um lado, "detectar" seus insólitos comparecimentos e, por outro, *acariciar* o texto levinasiano[8], de modo a deixá-la ecoar a partir de outras figuras[9]. Em todo caso, porém, convém partir da postura filosófica sempre adotada por Lévinas, que é a de começar sempre colocando as coisas em questão..., nem que, como consequência, corra-se "o risco de inverter algumas noções que, para o sentido comum e para a sabedoria das nações, lhes parecem as mais evidentes"[10]. A dignidade há de ser também criticada... não para desaboná-la, mas para expurgar algum resíduo de in-dignidade que ainda a assombra.

Se a crítica é o que caracteriza a filosofia, se a filosofia começa remontando à presença crítica de outrem que coloca o mesmo em questão, então é preciso começar criticando qualquer tentativa de justificá-la tautologicamente. Não se pode pretender procurar em si a justificação da dignidade própria... Enquanto considero a dignidade um fato da razão, um valor incontestado da minha condição de homem, expressão da minha facticidade humana, a dignidade remanesce injustificada. Como tal, ainda está prenhe de imoralidade, arbitrariedade, indignidade... Estaríamos fadados, pois, seguindo a filosofia levinasiana, a chegar à conclusão desoladora de que a ideia de dignidade não tem nenhum sentido e que, portanto, devemos nos resignar a reconhecer o caráter arbitrário de cada um de nós, a natureza mesma de seres indignos?

Num prefácio à tradução norte-americana de *Algumas Reflexões Sobre a Filosofia do Hitlerismo*, Emmanuel Lévinas, em 1990, questionava se o liberalismo seria "suficiente à dignidade autêntica do sujeito humano", interrogando, ainda, se o sujeito atingiria "a condição humana antes de assumir a responsabilidade pelo outro homem na eleição que o eleva a esse grau"[11]. Texto de duas folhas, a resposta ali não aparece expressamente

---

8   Sim, a carícia como método de interpretação! Cf. M.-A. Ouaknin, *Lire aux éclats*.
9   Cf. J.B. Mairal, op. cit., p. 79: "A dignidade atua, enfim, como eco de outras figuras que denunciam as dimensões verdadeiramente acentuadas por Lévinas (direitos do outro homem, responsabilidades inextinguíveis, deveres irrenunciáveis etc.)."
10   E. Lévinas, *De la Evasión*, p. 80.
11   Idem, *Algunas Reflexiones Sobre la Filosofia del Hitlerismo*, p. 23-24; Idem, *Quelques réflexions sur la philosophie de l'hitlérisme*, p. 159-160.

formulada, conquanto insinuada na própria pergunta: a minha dignidade apenas se justifica em face da dignidade do outro... Outrem, que critica a minha pretensão espontânea de dignidade, abre a possibilidade de a minha dignidade se justificar. A dignidade do outro tem o primeiro lugar.

A DIGNIDADE DO OUTRO

Não há como pensar a dignidade sem começar pela dignidade do outro; antes de perguntar quanto à minha dignidade, é a dignidade do outro que já me demanda respeito. Lévinas insiste na sua "fenomenologia" do rosto numa certa ambiguidade. Ao mesmo tempo que o *visage* (rosto) é a parte mais nua, mais vulnerável do corpo, alguma coisa nele parece causar em mim um certo temor. Uma espécie de dimensão normativa parece sobressair do rosto me comandando fazer alguma coisa. A sensação mesma é a de que o rosto tem sobre mim alguma autoridade. Uma autoridade frágil, porque em todo caso posso muito rapidamente dele desviar meu olhar. Não sem alguma explicação, uma vertigem toma conta de quem vê um rosto. O rosto desequilibra. Nele, o mais baixo estrato do humano se cruza com o mais alto. Uma *miséria humana* entreabre uma dimensão de *altura humana*: "A dimensão de *altura* em que outrem se coloca é como que a inflexão primeira do ser a que está ligado o privilégio de outrem, o desnivelamento da transcendência."[12]

O rosto fala comigo, mesmo quando outrem permanece com os lábios cerrados. Lévinas faz referência a uma "voz que vem de uma outra margem [*autre rive*]"[13], uma terceira talvez, como a de Guimarães Rosa[14]. O fato é que a voz do rosto, tão silenciosa quanto possa ser, é voz imperativa. Nela, um imperativo se manifesta. Imperativo estranho, porque se fazendo e se desfazendo entre uma humildade e uma altura. Outrem "situa-se numa dimensão de altura [*hauteur*] e de abaixamento [*abaissement*] – glorioso abaixamento; ele tem a face do pobre, do estrangeiro, da viúva e do órfão, e, ao mesmo tempo, do

---

12 Idem, *Totalidade e Infinito*, p. 76.
13 Ibidem, p. 165.
14 J. Guimarães Rosa, A Terceira Margem do Rio, *Primeiras Histórias*, p. 79-85.

mestre chamado a investir e a justificar minha liberdade"[15]. Dizer que o rosto do outro me interpela só pode significar, então, que "suplica e exige – que só pode suplicar porque exige – privado de tudo porque, mesmo tendo direito a tudo, se rende dando tudo (tal como 'se coloca as coisas em questão dando--as')"[16]. Na sua interpelação, um *pedido*, mas também uma *ordem*. Entre eu e outrem, uma assimetria inicial se estabelece. No rosto do outro, é a própria dignidade do outro que se revela à guisa de altura do outro.

Assim, a dignidade humana só pode, a princípio, ser identificada na pessoa concreta, mas também transcendente, do outro. Numa tese no mínimo ousada, Emmanuel Lévinas esclarece que pretende "somente contestar que a humanidade do homem resida na sua posição de eu". O que se trata de afirmar é "apenas" isto: "O homem por excelência – a fonte da humanidade – é talvez o outro."[17] Nessa sua inadequação ao meu pensamento, no seu caráter de infinito que não posso conter[18], sua própria dignidade se me revela, pois, se outrem não é Deus, nem a imagem de Deus, pelo menos me traz Deus à ideia. Uma dimensão elevada, uma elevação, se entreabre, pois, a partir do rosto do outro, desnivelando a relação entre eu e tu. O encontro inter-humano é inicialmente não recíproco e assimétrico; nele, é a dignidade do outro que vem à tona a princípio, tornando, porém, possível a própria dignidade do eu. Investindo-a. Diante do outro homem, o *homem* pode se fazer *humano*.

A DIGNIDADE DO EU

Quando Lévinas se refere ao *humano do homem*, não quer com isso fazer qualquer designação essencialista. A dignidade do homem não deve ser perquirida ontologicamente, mas de forma ética. Como nota Jean-Michel Salanskis, o humanismo do outro homem quer "se desviar de toda situação

---

15　E. Lévinas, *Totalidade e Infinito*, p. 249.
16　Ibidem, p. 65.
17　Idem, Transcendencia y Altura, *La Realidad y Su Sombra…*, p. 93.
18　Ibidem, p. 88: "O outro se apresenta então como outrem, mostra um rosto, abre a dimensão da altura, isto é, transborda infinitamente a medida do conhecimento."

ontológico-essencialista do homem"[19]. Está em questão, portanto, não o *ser do homem*, mas o *humano do homem*, ou melhor, o *mais humano do homem*[20]. Então, "em que consiste, afinal, a dignidade humana?"[21]

Para Lévinas, sem dúvida, é no dobrar-se à interpelação do outro, na sua responsabilidade, que o eu adquire sua dignidade humana. Sua liberdade, até então arbitrária, uma vez investida por outrem, "se eleva na responsabilidade"[22]: "O pôr em questão o eu [...] não consiste somente em perder seu assento e sua segurança naturais, mas em se elevar; [...] o engajamento é uma promoção. E é já nesse sentido que [...] uma dimensão de altura [...] se abre no ser."[23] Um certo "abaixamento" diante do outro é requerido como condição do seu soerguimento como humano. A condição mais alta do homem apenas é alcançada na descida-subida do *Eu ao eu...*[24], em que ocorre o reviramento do ser em outramente que ser! Desinteressamento da essência do homem: humanização!

A dignidade humana pensada por Emmanuel Lévinas é certamente uma *dignidade difícil*, sobretudo em tempos em que "as pessoas querem fruir, e receber (receber sempre: por vezes nem importa o que), e não pensam em dar, em prestar, em retribuir"[25]. Dignidade difícil, porque até mesmo sem promessa de felicidade, sem expectativa de compensação[26]. Dignidade difícil, insista-se, porque "o que se trata, portanto, no humano, não é o ser do homem, mas o mais humano do homem, ou seja, aquilo ainda a que a humanidade nos apela"[27]. Dignidade difícil, porque revelada à consciência histórica a partir de uma dolorosa

---

19 J.-M. Salanskis, *L'Humanité de l'homme*, p. 64.
20 Cf. Ibidem, p. 23 e 139.
21 F.K. Comparato, *A Afirmação Histórica dos Direitos Humanos*, p. 13.
22 E. Lévinas, *Totalidade e Infinito*, p. 198.
23 Idem, *Alteridad y Trascendencia*, p. 100.
24 Idem, *De Outro Modo Que Ser ou Para Lá da Essência*, p. 142: "Desinteressamento do sujeito como descida ou elevação do Eu [Moi] ao eu [moi]."
25 P. Cunha, op. cit., p. 237.
26 J. Rolland, op. cit., p. 84: "O que em contrapartida se perfila no horizonte da prática ética, muito longe de qualquer reivindicação ou de qualquer esperança de felicidade suscetível de se converter em minha [felicidade], seria precisamente a dignidade, a dignidade de um sujeito responsável, isto é, indiferente a qualquer remuneração."
27 J.-M. Salanskis, op. cit., p. 161.

experiência de sofrimento humano[28]: porque dignidade como sofrer pelo sofrimento do outro[29]. Dignidade difícil, porque fora do "sentido comum", do "senso comum", porque excêntrica, como nota Jacques Rolland, ao "pensamento do mesmo"[30].

A DIGNIDADE DO CIDADÃO

Lévinas se refere também, numa de suas passagens, acerca de uma "dignidade do cidadão"[31]. O que poderia significar essa *dignidade cidadã* sobre a qual Lévinas não tece maiores comentários? O filósofo não o diz expressamente. Pode-se ao menos conjecturar que ela esteja ligada à ideia de fraternidade indispensável à cidadania. Pois para o filósofo, antes de tudo, cidadão não é um homem livre entre os seus iguais, como na tradição ocidental, mas o homem ciente da ligação fraterna que o liga aos seus parceiros de comunidade, numa mútua responsabilidade[32].

---

28 F. Comparato, op. cit., p. 68-69: "Ao emergir da Segunda Guerra Mundial, após três lustros de massacres e atrocidades de toda sorte, iniciados com o fortalecimento do totalitarismo estatal nos anos 1930, a humanidade compreendeu, mais do que em qualquer outra época da História, o valor supremo da dignidade humana. O sofrimento como matriz da compreensão do mundo e dos homens, segundo a lição luminosa da sabedoria grega, veio aprofundar a afirmação histórica dos direitos humanos."

29 E. Lévinas, *De Outro Modo Que Ser ou Para Lá da Essência*, p. 142: "É no curso da individuação do Eu em eu que se opera a elevação em que o eu é para o próximo, assinado a responder por ele. Ferida incicatrizável do Si no Eu acusado pelo outro até a perseguição e responsável pelo seu perseguidor! Sujeição e elevação que se erguem na paciência por cima da não liberdade. Sujeição da fidelidade ao bem!"

30 Cf. J. Rolland, op. cit., p. 93-94.

31 E. Lévinas, Paz y Proximidad, *Revista Laguna*, n. 18, p. 150: "daí enfim a importância extrema, na multiplicidade humana, da estrutura política da sociedade submetida às leis e, por conseguinte, às instituições onde o para-o-outro da subjetividade – onde o eu – entra com a dignidade do cidadão na reciprocidade perfeita das leis políticas essencialmente igualitárias ou tendentes a elas se tornar".

32 C. Chalier, *Lévinas: A Utopia do Humano*, p. 140: "Que significa, desde logo, para Lévinas, 'viver num mundo de cidadãos'? É necessário notar, em primeiro lugar, que ele dissocia o termo 'cidadão' do seu referente tradicionalmente obrigatório: a liberdade. [...] Lévinas pensa, com efeito, a cidadania no seu primeiro elo com as ideias de fraternidade e de igualdade. Uma cidade humana pressupõe 'o fato original da fraternidade' (*Totalité et infinit*, p. 189) e 'uma copresença em pé de igualdade como perante um tribunal' (*Autrement qu'être ou Au-delà de l'essence*, p. 200)."

Cidadão digno, portanto, é aquele que não se aproveita da reciprocidade dos laços sociais para aplainar a altura da sua dignidade como humano, muito menos a altura da dignidade humana do outro. Digno é o cidadão, nesse sentido, que não alheia outrem do espaço da cidadania, que faz da esfera pública um espaço de construção coletiva de uma comunidade fraterna, na qual não há lugar para a subcidadania tampouco para meia-cidadania..., porque sabe que não há cidadania plena sem que todos sejam igualmente cidadãos. Digno, em suma, pode-se dizer do cidadão que não esqueceu que o que funda seus laços de cidadania é a própria fraternidade que o une ao conjunto integral de cidadãos do qual pertence, pois, como assevera Catherine Chalier: "pensar que liberdade e igualdade bastam para estabelecer a cidadania, ou para qualificar o ser político dos homens, sem que seja necessário convocar a fraternidade, conduz a uma cegueira perigosa"[33].

PRINCÍPIO E ANARQUIA

De que modo, porém, uma tal noção ambígua da dignidade, que oscila entre a *dignidade do outro* e a *dignidade do eu*, entre a *dignidade da pessoa* e a *dignidade do cidadão*, pode, numa compreensão filosófico-jurídica comprometida com a sua realização, ajudar a repensar o direito? Talvez nela se encontre subjacente uma inteligibilidade que permita conceber outramente a própria ideia de ordenamento jurídico, cujos traços podem ser, aqui, apenas sumariamente esboçados. O fato é que o pensamento jurídico moderno procurou lidar incessantemente com os modos de fechamento do ordenamento jurídico, encarado ele próprio como sistema. Mas talvez o mais importante, hoje, seja pensar nessa abertura do direito à exterioridade, atentando-se para as clareiras dos intervalos, das lacunas, das brechas – *não no sentido depreciativo do termo!* – que entreabrem a totalidade jurídica para o infinito da alteridade.

Antes de pensar a identidade do sistema, importa, pois, pensar na abertura do ordenamento; não só sua suscetibilidade,

---

33 C. Chalier, *La Fraternité, un espoir en clair-obscur*, p. 91.

mas sua verdadeira exposição à alteridade, sua fenda para o fora; não uma abertura cognitiva, que não é abertura alguma, e, sim, isolamento, movimento intencional de captação, apreensão e redução da exterioridade, recusa da recepção sensível, pré-cognitiva, da alteridade que o afeta. Na dignidade humana, enquanto norma, pode-se, a partir de Lévinas, encontrar essa vaga que descerra o ordenamento jurídico, porque nela se manifesta não simplesmente a condição de um *princípio* mas também in-condição de uma *anarquia*.

Com efeito, é no rosto, expressão de dignidade, que Lévinas localiza "o começo da inteligibilidade, a própria inicialidade, o principado, a soberania real, que comanda incondicionalmente"[34]. É no rosto, de algum modo, que o direito começa, a dignidade do outro constituindo um ponto de partida, partida sem retorno, que não pode ser negado. O sentido da ideia jurídica de *inegabilidade dos pontos de partida* revela, aqui, um contorno nitidamente ético, porque o que não há de se negar, antes de mais, é a própria humanidade do outro homem: a sua dignidade de titular de direitos invioláveis. É preciso, porém, questionar se a dignidade deve apenas ser concebida como princípio fundante da ordem jurídica, ou se nela já emerge uma outra dimensão, dimensão essa que a desestrutura enquanto princípio ao mesmo tempo que a orienta desde um tempo absolutamente remoto.

Se na dignidade é possível notar uma tal ambiguidade, que a coloca, por assim dizer, no *início* e no *antes do início* do ordenamento jurídico, então é possível entender, ou pelo menos dar a ele um sentido extraordinário, o fato de que se inscreva recorrentemente, como nota Peter Häberle[35], não apenas na linha de frente dos princípios fundamentais, ocupando a condição de artigo primeiro das constituições, como também nos seus preâmbulos... Tal como os livros que se pre--faciam, que se precedem por uma palavra de acolhida, por um prólogo, interpretando a si mesmos, interrompendo-se[36], também as constituições não se constituem apenas de proposições

---

34   E. Lévinas, *Totalidade e Infinito*, p. 196.
35   Cf. P. Häberle, A Dignidade Humana Como Fundamento da Comunidade Estatal, em I. Sarlet (org.), *Dimensões da Dignidade*, p. 90-97.
36   E. Lévinas, *De Outro Modo Que Ser ou Para Lá da Essência*, p. 183.

normativas, mas de uma palavra que antecede a palavra, de um *avant-propos* que se denomina "preâmbulo". O *lógos* constitucional é sempre precedido por um *pró-logo* constitucional. Num e noutro casos, a dignidade humana aparece; mas, enquanto lá se faz origem, princípio, aqui se faz an-arquia, momento pré-original.

Visto que o princípio da dignidade humana não é impessoal nem anônimo, é princípio jurídico por onde passa um rosto humano[37], dotado de uma significância distinta do saber, então é preciso notar que a partir dele emerge uma outra inteligibilidade, que não é a do sistema ou a da totalidade, mas a da proximidade. Com efeito, por "proximidade", Lévinas entende "uma razão anterior à tematização da significação por um sujeito pensante, previamente à reunião dos termos num presente, uma *razão pré-original* que não decorre de qualquer inciativa do sujeito, uma *razão an-árquica*"[38]. Portadora da inteligibilidade da proximidade, de uma razão ética, a dignidade humana não se traduz, em consequência, num princípio qualquer, mas num princípio que contradiz a si mesmo ao se manifestar como anarquia. Aqui, há uma outra *ratio*, uma outra *razão jurídica*, *razão elevada*, *razão da dignidade humana*, que é "interpelada a elevar o *lógos* até a sua ruptura e, nessa ruptura, a buscar um campo outro que o de realçar o poder e uma coerência outra que aquela do sistema e um mais-além do universal que não possa se desgraçar ou se apaziguar numa qualquer totalidade"[39].

Se há algo que vem antes do começo e que desarranja o próprio começo, então a ideia de ordenamento jurídico não pode ser pensada à luz da imagem com a qual se costuma traduzir o projeto kelseniano. Conjunto estruturado de relações entre normas, o sistema descrito por Hans Kelsen dilui toda alteridade e toda unicidade humana num vínculo normativo, ele mesmo dependente de sua inserção numa presença que só a norma fundamental pode garantir. Com isso, portanto, ignora-se o

---

37 Idem, *Los Imprevistos de la Historia*, p. 162, insiste: "para além das estruturas universais, a importância da relação de particular a particular, de homem a homem, a necessidade para o homem de ver, atrás do princípio anônimo, o rosto do outro homem".
38 Idem, *De Outro Modo Que Ser ou Para Lá da Essência*, p. 179.
39 M. Blanchot, Paix, paix au lointain et au proche, em J. Halpérin; N. Hansson (orgs.), *Difficile justice*, p. 12.

instante pré-original e imemorial que questiona o primado da *basic norm*. Em sua indiferença, a norma fundamental não reina soberana, mas se submete à anarquia da situação ética, donde provém toda ordem jurídica, mas também toda a perturbação legítima do ordenamento. Nem norma *posta* nem *pressuposta*; no começo, no começo do começo, a norma *exposta*. Dignidade, pois, como norma. Norma jurídica da não indiferença.

Inscrita enquanto norma no corpo jurídico, a dignidade humana vigia o ordenamento, faz memória da sua razão de ser, lembra dolorosamente do que o direito foi capaz e do porquê de se insculpir na dureza intransigente do sistema. Obsessão, possessão, inquietude em seu seio. Insônia normativa contra sua tendência de se embriagar num sono dogmático. Ferida que não cicatriza – úlcera que não sara – ordenamento que não fecha. "A insônia está inquietada, no coração de sua igualdade formal, pelo outro que desnucleia tudo o que nela se urde em repouso, em presença, em sono – tudo quanto se identifica. A insônia é o dilaceramento desse repouso no idêntico."[40] Na insônia provocada pela dignidade humana, como se se tratasse de uma espécie de corpo estranho a parasitar o corpo direito, o que se tem, também aqui, é "o outro *no* mesmo, que não aliena o mesmo, antes o desperta"[41]. Num despertar que questiona justamente a inércia da alma, requerendo dela sem cessar o seu verdadeiro estado de alma[42], que, como ensinou Fernando Pessoa, é o de não ter calma: "quem tem alma não tem calma..."[43] A dignidade humana faz-nos sentir, pois, um incessante paladar de violência incrustrado inexoravelmente no direito...[44] No mínimo, de modo a não deixar passar qualquer atentado contra o humano sem uma sensação inevitável e terrível de um rasgo dolorido na garganta... Como se, no silêncio da palavra escrita, do dito jurídico, um dizer ainda alertasse:

---

40 E. Lévinas, *Deus, a Morte e o Tempo*, p. 239.
41 Ibidem.
42 Ibidem: "Para o dizer em termos desusados, aí reside a 'espiritualidade da alma' – mas de uma alma sem cessar desperta no seu estado, no seu estado de alma."
43 F. Pessoa, Não Sei Quantas Almas Tenho, *Poemas de Fernando Pessoa*.
44 Cf. P. Bojanic, Esse Paladar de Violência, em M.L. Marcos; M.J. Coutinho; P. Barcelos (orgs.), *Emmanuel Lévinas: Entre Reconhecimento e Hospitalidade*, p. 241-255.

"Pão sem manteiga, Albertina, é bom que o saiba. É com ervas amargas que o comemos."[45]

A dignidade humana realiza o direito não enquanto sistema, que é fechamento e encontro do *ego* consigo mesmo a partir de um princípio comandado pela razão impessoal. Fundado e criticado pela dignidade humana, o direito, antes, se perfaz como "coexistência sem sistema[46], sem iden-tidade, embora ordenado por um aspecto inteligível que procede do fato mesmo da proximidade, a requerer, em consequência, não o enclausuramento em si, mas a irrupção de fendas que o conduzam ao outro. O intervalo entre o mesmo e o outro não pode ser colmatado... "É na *intersecção possível* entre dois espaços absolutamente separados e diferentes – na ideia mesma de um 'encontro' – que surge a impossibilidade da totalização."[47] Direito in-finito enquanto corpo ordenado. Corpo jurídico materno, internamente sempre tendente para o externo, capaz de, a partir de dentro, se "des-posicionar", desocupando seu *locus* acomodado, exposto de modo a ruir sua pretensão de permanecer no repouso da sua positividade... O *sono* com efeito se define pela própria ideia de *posição*: "O apelo ao sono se faz no ato de deitar-se. Deitar-se é exatamente limitar a existência ao lugar, à posição."[48] A dignidade humana entreabre uma ordem jurídica do desejo, interruptiva de uma ordem jurídica que se mobiliza pela necessidade.

A ORDEM JURÍDICA DO DESEJO

Por *ordem jurídica da necessidade*, pode-se entender o ordenamento constituído como totalidade para a qual a completude é algo sempre por se satisfazer, isto é, para a qual a incompletude é sempre insatisfatória[49]. Daí a ideia de "uma *falta*, uma insuficiência, *que não devia ocorrer*, dentro de um *limite*"[50].

---

45 A. Prado, Previsão do Tempo, *Poesia Reunida*, p. 450.
46 E. Lévinas, *Los Imprevistos de la Historia*, p. 162.
47 R.T. de Souza, *Totalidade & Desagregação*, p. 196.
48 E. Lévinas, *Da Existência ao Existente*, p. 85-86.
49 Cf. K. Engish, *Introdução ao Pensamento Jurídico*, p. 275-283 e T.S. Ferraz Jr., *Introdução ao Estudo do Direito*, p. 218-220.
50 T.S. Ferraz Jr., *Introdução ao Estudo do Direito: Técnica, Decisão, Dominação*, p. 219.

No âmago de uma tal concepção, o ordenamento jurídico, à guisa de sistema, se constrói como encontro do eu consigo mesmo. As minhas necessidades, satisfeitas, me devolvem a mim mesmo. Comer, em certo sentido, é me reencontrar. Pela necessidade, que requer satisfação, "o caráter estranho do mundo que me fundamenta perde a sua alteridade: na saciedade, o real que eu mordia assimila-se, as forças que estavam no outro tornam-se *minhas* forças, tornam-se eu"[51]. Satisfazer as minhas necessidades é preencher o meu próprio vazio. "A necessidade é o próprio regresso, a ansiedade do eu por si, forma original da identificação a que chamamos egoísmo."[52] Nesse sentido, há na necessidade um movimento que não vai em direção ao futuro, mas que revolve ao passado: *nostalgia*. O impulso que move a colmatação da necessidade, a integração da lacuna, está lastreado na saudade da plenitude, na lembrança da barriga estufada, na recordação do regozijo da autossuficiência. A ordem jurídica que se quer completa é uma ordem jurídica da necessidade. A cada vez que soluciona um caso, que edita uma lei, que supre uma falta, regulando o que não havia ainda regulado, é como se se alimentasse do material humano ao qual deveria estar a serviço. A carência suprida é, por assim dizer, a do próprio sistema, a penúria do outro, eventualmente apaziguada, não passando de mero efeito secundário da sua autossatisfação…

Em face de uma tal ordem jurídica da necessidade, é que se pode pensar numa ordem jurídica do desejo. Ordem, antes de tudo, que não se compraz consigo mesma, que não é saudade do passado, mas está mais próxima de uma espécie de "saudade do futuro". Ordem jurídica, desse modo, que começa com a ideia do infinito; desde sempre, fora dos meus controles. De tal modo que pensá-la é "pensar mais do que se pensa". A ordem jurídica do desejo não é obra do meu pensamento, mas é pensamento que me é dado a partir do rosto do outro. O desejo da ordem jurídica do desejo é desejo por alteridade. Enquanto a ordem jurídica da necessidade requer o preenchimento do vazio, a ordem jurídica do desejo opera segundo o modo do esvaziamento. Desejar é dar a si mesmo em satisfação a fim

51   E. Lévinas, *Totalidade e Infinito*, p. 121.
52   Idem, *Descobrindo a Existência Com Husserl e Heidegger*, p. 233.

de atender as necessidades alheias. É fazer do esvaziamento uma acolhida, e da despositivação, a incondição da positivação. Não propriamente instituindo um novo modo de operação do mecanismo deontológico do ordenamento jurídico. Mas considerando a *interrupção* como o seu jeito próprio de agir, num súbito lampejo em que ocorre a inversão do seu padrão regular de funcionamento, que o faz operar, ainda que momentaneamente, na contramarcha do seu movimento, de tal sorte a desregular, numa espécie de falha técnica incontornável pela tecnologia jurídica, seu maquinismo normal.

Em torno de uma ordem jurídica do desejo, ordenada pelo rosto, dá-se, assim, um ordenamento não propriamente sistematizado, mas orientado, mesmo nas suas situações de desconcerto. Recusa-se, em consequência, a ideia de um sistema completo e fechado, plenamente coeso e coerente, sem com isso descambar na carência de sentido – no insensato! Como se a norma exposta no rosto do outro, norma mais que pensada, materializada no corpo jurídico enquanto insculpida à guisa de dignidade humana, no seu caráter ambíguo entre o princípio e a anarquia, conservasse o direito contra sua própria desorientação, ao mesmo tempo que cravasse como farpa o sistema tendencialmente perfeito, fechado e autossuficiente, incapaz de tolerar uma inquietude de todos os seus mecanismos de estabilização. Num *surplus* incontível pelas regras estruturais do sistema. Numa anarquia insuportável rompendo a resistência das regras de calibração. Numa *epoché* sistemática: "incompletação, suspensão da dinâmica da completação, negação do 'encontrar-se consigo mesmo' ínsito a todo processo de totalização possível"[53]. Tomada pelo aspecto inteligível da proximidade, a ordem jurídica do desejo atua "sempre [...] suscitando problemas [*asking for trouble*]", ao seu modo próprio de institucionalizar "uma espécie de permanente revolução no direito e uma recusa de satisfação com a ordem presente", isto é, "uma constante dúvida e um constante questionamento que torna a justiça possível"[54].

Na ordem jurídica do desejo, a dignidade humana, positivada enquanto princípio, coloca-se no topo da hierarquia

---

53 R.T. de Souza, op. cit., p. 196.
54 D. Manderson, *Proximity, Lévinas, And The Soul of Law*, p. 6.

jurídica, ocupando o seu lugar mais alto e pairando soberana sobre todas as demais normas jurídicas. Seu modo de operar, no entanto, mobilizado pela sua transcendência, impulsionado pela sua dimensão anárquica, procede de baixo para cima, e não de cima para baixo, de maneira que não despenca, ascende. Da imanência à transcendência, movimento de subida, a dignidade humana se irradia sobre o ordenamento jurídico. Desce, por assim dizer, ao estatuto mais baixo da hierarquia para proceder ao processo de elevação do ordenamento. Provoca, em resultado, uma inversão momentânea do escalonamento normativo. Como se ele revirasse por um instante, a fim de que a norma mais alta pudesse a partir de baixo se espraiar ascendentemente, de tal modo que, desde dentro, mas de uma posição inferior, o ordenamento transcendesse a si mesmo, elevando-se!

* * *

Enquanto ordem jurídica do desejo, o *jurídico* ganha sentido a partir do *humano*, do *mais humano do homem*, que é a sua possibilidade de des-inter-essamento... Não há mais como pensar o direito desconsiderando sua ligação com a dignidade humana. É no culto da dignidade humana que se deve, hoje, encontrar o último recurso de protesto contra o perigo sempre iminente do regresso à barbárie: "Nas horas decisivas em que a caducidade de tantos valores se revelam, toda dignidade humana consiste em crer no seu retorno."[55] Mesmo num mundo juridicamente organizado, a ideia de igualdade, a igual cidadania de todos, exige a todo momento ser entrecortada por dois extremos: a "dignidade do outro" como um ideal sempre por atingir; a "dignidade do eu"como norma que mobiliza em direção ao cumprimento de um tal ideal. Há, assim, uma relação ética entre uma e outra, que faz daquela um orientador último que conduz os homens ao empenho in-finito no sentido de esta atingirem. Com efeito, a "dignidade do outro" é condição de possibilidade da "dignidade do eu". Noutras palavras, a *minha* dignidade não é um privilégio de que disponho, não é um luxo de que me gabo, não é uma honraria de que desfruto depois de modernamente generalizada. É preciso de vez expurgar do seu

---

55   E. Lévinas, *Noms propres*, p. 143.

núcleo de sentido a ideia aristocrática de honra. Minha dignidade? Consubstancia-se, antes, numa vocação humana, numa *tarefa* em busca de concretizar um *ideal*. Dela também se diz tratar, afinal, de um dever-poder.

Caminhar no sentido da humanidade é, pois, empenhar-se na tarefa de concretizar o ideal de humano. O percurso do humano se perfaz necessariamente com vistas a materializar a dignidade humana, na pessoa do eu, na pessoa do outro. O caminho de passagem que leva à dignidade é o mesmo que conduz o direito ao encontro com uma justiça sempre por vir, na sua justa (in)determinação...

4. Uma Perspectiva Levinasiana Sobre Estado de Exceção e Invisibilidades

*Álvaro Ricardo de Souza Cruz**
*Guilherme Ferreira Silva***

Começa-se este ensaio preocupado em afastar qualquer preconceito contra a reflexão levinasiana no âmbito do direito, por defender o autor contra a acusação de não ser possível olhar a temática jurídica sob sua óptica.

Assim, é comum aos pensadores do direito, tal como o português Aroso Linhares, afirmar que não seria possível aplicar Lévinas ao direito, pois haveria uma dificuldade maior na distinção feita entre o Dito e o Dizer[1]. O direito seria da ordem do Dito, sendo impossível a manifestação do Dizer em sua prática.

Para Linhares, o direito é da ordem da totalização, ou seja, o direito estaria à ordem do *logus* e, portanto, o estabelecimento de qualquer tipo de pensamento que escapasse dessa acusação central do pensamento levinasiano, de uma universalização totalizante, faria com que pensar Lévinas no direito fosse um devaneio. Uma impossibilidade.

---

* Doutor em Direito, professor na graduação e no programa de pós-graduação da Pontifícia Universidade Católica de Minas Gerais – PUC-MG; é procurador da República em Minas Gerais.
** Advogado, é Mestre em Direito Público, professor da Faseh e assessor técnico-legislativo no Estado de Minas.
1 J.M.A. Linhares, O Dito do Direito e o Dizer da Justiça, *Revista da Faculdade de Direito da UNL*, n. 14.

Pensa-se que essas considerações não merecem prosperar. Primeiro porque a perspectiva que Lévinas traz em torno das teorias da argumentação e da decisão, em particular ao considerar decisões em torno de hiperminorias, pode perfeitamente renovar a compreensão dos direitos humanos.

Anota-se outra consideração, como exemplo, a partir de Enrique Dussel, para quem o pensamento levinasiano seria uma forma de escapar da forma de pensar colonizadora. Uma forma eurocêntrica, egocêntrica, ocidental, vazada em pressupostos e concepções de tipo iluminista e que vem dominando o modo de ser do direito. Então, basta a lembrança desse autor para mostrarmos que existem pensadores desenvolvendo teorias levinasianas também no direito:

> A razão teórica capta o conteúdo empírico e faz um juízo. As pulsões reprodutivas se defrontam com uma contradição: se as instituições são a repetição de atos bem-sucedidos para evitar a dor e postergar a morte e, assim, alcançar a felicidade, a "vítima" é sua contradição absoluta – já que, sendo fruto dessa instituição, sofre, entretanto, dor e antecipa sua morte. Diante do "fato" da vítima, as pulsões de reprodução (o psiquismo como egoísmo em Lévinas, ou o instinto de morte de Freud) e ainda o instituto do prazer narcisista nietzschiano, tem seus limites. A pulsão de alteridade – o devir métaphysique de Lévinas – é o único possível impulso transcendental, sendo o mais dionisíaco, é a dimensão do Osíris – Moshé egípcio, se continuássemos no mundo das metáforas – e Nietzsche nos introduz nele.[2]

Nesse sentido, trabalhamos perspectivas levianasianas em alguns textos, nos quais desenvolvemos uma alternativa ao modo do mesmo – o modo de um eu egocêntrico que domina a racionalidade jurídica – a partir de um modo de alteridade radical que Lévinas nos traz[3].

Ainda, lembra-se que o Supremo Tribunal Federal, em debate sobre a possibilidade de pessoas transgêneras utilizarem banheiros públicos do gênero com o qual elas se identificam, está decidindo o caso e já conta com dois votos de grande importância. Por um lado, o ministro Roberto Barroso se posiciona a favor de a mulher transgênera (nesse caso específico) utilizar o banheiro do gênero

---

2   E. Dussel, *Ética da Libertação na Idade da Globalização e da Exclusão*, p. 374.
3   Cf., por exemplo, A. Cruz (coord.), *(O) Outro (e) (o) Direito*.

com o qual se identifica, com fundamentos de ordem liberal, consagrando a autonomia do indivíduo em escolher sua forma de vida e de ser recebido sem distinção pela sociedade, graças ao direito à igualdade. Por outro lado, o ministro Edson Fachin, que se posicionou a favor de a mulher transgênera utilizar o banheiro feminino, buscou fundamentar a sua decisão na teoria levinasiana, ao justificar sua decisão em uma ideia de alteridade radical perante o totalmente outro que se coloca no caso concreto[4].

Também em nosso Supremo Tribunal Federal, ao analisar a possibilidade de instalar o ensino confessional religioso em escolas públicas, percebemos que o simples contraponto entre um pensamento tipicamente liberal e outro no modo comunitarista, não poderia dar uma resposta realmente ética se observarmos a questão sob um olhar levinasiano.

Assim, um modo que possa alcançar as diferenças em sua forma mais alargada poderia ser um modo que sairia das duas lógicas políticas e permitiria que os estudantes aprendessem sobre diversas religiões em sua formação educacional. Dessa forma entendeu o STF, dando espaço para a aplicação de uma teoria levinasiana em seus julgados e tivemos a oportunidade de trazer reflexões éticas sobre a questão[5].

---

4   Para mais detalhes sobre o caso e como a teoria de Lévinas foi importante no voto do ministro Fachin e sobre a distinção entre tal perspectiva e o modo liberal de perceber o direito, vide nosso artigo A. Cruz; F. Guimarães, Supremo Tribunal Federal: Entre a Última Palavra e Diálogos Interinstitucionais ou Entre Autonomia e Alteridade, *Revista de Estudos e Pesquisas Avançadas do Terceiro Setor*, v. 3.
5   Cf. ibidem. Lembramos também o voto do ministro Edson Fachin, que no caso sobre o ensino confessional religioso nas escolas, tentou buscar uma saída levinasiana para a questão, como extraímos diretamente do voto:
    "A escola deve espelhar o pluralismo da sociedade brasileira. Ela deve ser um microcosmo da participação de todas as religiões e também daqueles que livremente optaram por não ter nenhuma. A escola deve promover a responsabilidade para com o outro, que, como lembra Álvaro Ricardo de Souza Cruz, 'não se limita ao ateísta ou ao religioso'. Daí por que, na advertência do professor da Pontifícia Universidade Católica de Minas Gerais, 'a não intervenção estatal assume uma outra perspectiva':
    'O Estado não deve (pois a ele é vedado) obrigar uma repartição pública a ostentar qualquer símbolo religioso (ou de qualquer [des]crença que seja). Tampouco, não deve proibi-los, seja no ambiente público ou no ambiente privado. 'Só assim' ele valoriza devidamente todo e qualquer tipo de projeto de vida. 'Só assim' ele considera o diferente em sua devida conta. 'Só assim' ele se apresenta como um Estado que não é católico, protestante, budista, islâmico, ateu, agnóstico ou o que quer que seja, para se tornar um 'Estado de todos e para todos.' ▶

Feitas tais digressões iniciais, pode-se partir para novas reflexões que têm feito no direito e que podem mostrar como ir para além da ontologia. Assim, torna-se indispensável ir ao fundamento do direito para verificar de que modo o pensamento levinasiano poderia contribuir para a sua compreensão. Dessa forma, busca-se sair do ontologismo ao se verificar o conceito de estado de exceção, tão difundido no direito constitucional.

O estado de exceção, para muitos juristas, é uma contraposição à noção de estado de direito. É uma ruptura com aquilo que seria a ordem, com aquilo que se considera a normalidade das instituições jurídicas e estatais, uma forma de exercício do poder estatal quase sempre investida pela noção de ditadura.

Curiosamente, observou-se recentemente calorosas discussões sobre o tema, com diversos posicionamentos a favor do estado de exceção como uma forma de solução para a crise política que o país enfrenta. Anota-se, inclusive, que em pesquisa recente realizada pelo instituto Datafolha e publicada no jornal *O Tempo*[7], foi apresentado um resultado surpreendente de adeptos a uma tomada do poder pelos militares, com 21% dos brasileiros dispostos a resolver os problemas políticos que passamos com a implantação de uma ditadura. Os valores comparativos com países da América Latina, por exemplo, giram em torno de 13% em média. Na Europa, esses valores estariam em torno de 3 a 5%. Números preocupantes quando falamos sobre o assunto.

Segundo a reportagem, a pesquisa tem sido realizada pelo Datafolha desde 1989, e o índice de aceitação por uma solução ditatorial nunca foi tão grande desde então. Por outro lado, diminuiu, chegando no menor percentual, a parcela da população que defende que a democracia é sempre a melhor forma de governo, tendo o pequeno valor de 56% da sociedade brasileira.

▷ Pensada dessa forma, a laicidade assume a condição de uma proteção constitucional deveras ampliada. E o faz por tentar transcender o plano meramente existencial, em busca de uma postura Ética diferenciada, existencial, humana em sua maior expressão. (Álvaro Ricardo de Souza Cruz; Bernardo Augusto Ferreira Duarte; Alessandra Sampaio Teixeira, *A Laicidade Para Além de Liberais e Comunitaristas*, Belo Horizonte: Arraes, 2017.)"

6   Cf. ibidem.
7   Tolerância à Ditadura Atinge Maior Índice Desde 1989, *Jornal O Tempo*.

Tais números mostram como nossa sociedade possui uma fragilidade diante de conceitos democráticos, principalmente diante de crises econômicas e políticas, como as atuais.

Outra questão sobre o estado de exceção gira em torno do *impeachment* da ex-presidente Dilma Rousseff, em que temos aqueles que acreditam que de fato ocorreu um crime de responsabilidade e, portanto, a retirada da presidente foi legítima, não cabendo, segundo essas opiniões, se falar em golpe ou medidas excepcionais. Para estes, as instituições estão funcionando ainda que não estejam bem, tendo, inclusive, ocorrido as eleições municipais no ano de 2016 e a permanência das investigações sobre as denúncias de corrupção na famosa operação Lava Jato. Não há que se falar em estado de exceção, pois o estado de direito e seus institutos estão em plena normalidade.

No direito, o estado de exceção também pode ser entendido a partir de uma outra perspectiva, que é a noção de estado de sítio ou lei marcial nos países anglo-saxões, que estabelece a suspensão da ordem jurídica de forma enérgica para estabelecer a sobrevivência das instituições do Estado.

Entre pessoas preocupadas com essa circunstância em que há a suspensão do direito pelo próprio direito, encontramos o pensador Carl Schmitt. O alemão, pouco lido nos cursos de direito, especialmente em sua obra *Teologia Política* diz algo importante, no sentido de afirmar que quem dá fundamento ao direito e à sua universalização normativa de comportamentos pessoais não é a norma hipotética, inventada por Hans Kelsen. Para ele, quem funda o direito é aquele que pode suspender o direito, daí a máxima de que o soberano é aquele que tem o direito de suspender o direito[8]. Quem pode estabelecer a exceção é o dono dessa complexidade normativa denominada direito.

O autor se distancia das teorias clássicas sobre o assunto, particularmente de Georg Jellinek, ao afastar a noção do poder constituinte originário relacionado à ideia de poder constituinte vinculado à titularidade do povo. Ele critica a noção transcendente de povo, que substituiu a antiga percepção metafísica do divino. Povo serviria abstratamente para fundamentar qualquer

---

8 Cf. C. Schmitt, *Teologia Política*.

coisa. Aliás, essa noção abstrata de povo continua a fundamentar as teorias do direito constitucional até hoje.

Portanto, Schmitt afirma que quem funda o direito é a força, a violência política, e negar isso traria problemas sérios. Schmitt observa que o cientificismo incorporado ao direito impôs a busca pela ordem na universalidade, o aniquilamento do direito. A procura por leis universais registra a regularidade e repetição de eventos. O ideal da pureza da ciência derivaria da pureza do *lógos* em busca pela certeza, previsibilidade e exatidão. Logo, exceções são descartadas ou ignoradas.

Contudo, em seu sentir, é a força do excepcional que sustenta a regra. É o ponto fora da curva que garante a função matemática. E é a força coletiva que funda o direito. O ponto de apoio da alavanca argumentativa do fundamento do direito estaria fora do plano jurídico e inserto no jogo de poder político.

Isso só se tornaria explícito nas situações em que o direito sustentaria a interdição do próprio direito. O direito não poderia decretar sua própria suspensão. Algo de fora o faria e Schmitt sustenta ser a política. Ele conceitua política como uma estratégia de definição de posições antagônicas, em que amigos se apoiam e se sustentam com o único objetivo de aniquilar seus opositores, os inimigos. A adesão de Schmitt ao Partido Nazista traduz sua concepção de política, tornando-se o alvo de inúmeras críticas, particularmente na filosofia, na ciência política e no direito constitucional.

Um autor que parece de suma importância para pensarmos além da ontologia sobre a questão trazida acerca da exceção no direito é Walter Benjamin, autor da primeira geração da escola de Frankfurt. Há, com esse pensador, uma crítica forte ao pensamento schmittiano, segundo o qual o direito estaria calcado em um universalismo identitário do existente no mundo. Uma visão que Lévinas denunciaria como egocêntrica.

Benjamin também denunciaria essa posição de Schmitt segundo a qual é uma regra de exceção que fundamenta o direito, pois, para o frankfurtiano, o que ocorreu no Estado alemão[9] por doze anos não era uma exceção, mas uma regra

---

9 Aqui, Benjamin refere-se ao Terceiro Reich, no qual Hitler suspendeu os direitos individuais por meio de um decreto, durante doze anos.

suspendendo o direito e selecionando inimigos, vítimas de uma violência injustificada.

Então, para Benjamin, não é a força dentro da política, ou dentro da ontologia, que funda o direito. A partir da noção de *Gewalt*[10], o que funda o direito é uma noção que está para além da ontologia, uma violência não dimensionável, não definível, não ontologizável. Essa noção estabelece a perspectiva de uma violência permanente e que funda também o próprio Direito[11], que inclusive será um modo de ver a violência utilizada por autores que dialogarão com Lévinas, como Giorgio Agamben e Jacques Derrida.

Agamben vai mostrar que o estado de exceção se torna cada vez mais comum em nossa história. Basta lembrar que no século XX tivemos diversas interrupções dessa normalidade jurídica, como, por exemplo, o estado de sítio que sustentou todo o governo de Artur Bernardes aqui no Brasil.

Em uma análise histórica da modernidade, já em 1791 tivemos a primeira lei nesse sentido, em uma França revolucionária, invadida, que possibilitou a interrupção da ordem jurídica com o conteúdo de excepcionalidade.

Sobre essa análise histórica, Agamben observa que o fenômeno tornou-se multifacetário e cada vez mais comum nos países ocidentais. Desse modo, desde o *Senatus consultum ultimum* do direito romano, que tornou apto o senado a tomar qualquer medida capaz de garantir a sobrevivência de Roma, como, por exemplo, na sequência da esmagadora derrota de *cannae*, durante a Segunda Guerra Púnica, até os modernos estados de sítio, o estado de exceção vem se tornando uma regra.

Agamben observa que, durante as guerras mundiais, todas as potências evoluídas lidavam com alguma forma de suspensão

---

10 O tradutor, no texto consultado, adverte para a possibilidade da leitura do termo *Gewalt*. Substantivo que vem do verbo *walten*, que, por sua vez, pode ser lido como "imperar", "ter poder sobre", que também pode ser usado no substantivo composto *Staatsgewalt*, designando a própria autoridade do poder do Estado. Assim, *Gewalt* pode ser lido de diversas formas, inclusive como excesso da força ou violência, sem nos esquecermos da relação com o poder.

11 W. Benjamin, *Escritos Sobre Mito e Linguagem*, p. 131, vai dizer: "O Estado, entretanto, teme essa violência pura e simplesmente por seu caráter de instauração do direito, e, ao mesmo tempo, é obrigado a reconhecê-la como instauradora do direito quando potências estrangeiras o forçam a conceder o direito de guerra, e classes, o direito de greve."

do direito. Os institutos congêneres do direito saxão, a lei marcial e o decreto de poderes emergenciais também foram empregados em períodos de guerras. Ele nos lembra da suspensão da garantia do *habeas corpus* por Abraham Lincoln.

O Brasil não seria uma exceção ao discurso de Agamben; sua proclamação da República foi um golpe militar. E, desde então, golpes e tentativas de golpes perduram em sua história republicana.

Tal fenômeno não foi exclusivo do século passado, visto que o novo milênio começou com um grande exemplo dessa natureza nos Estados Unidos da América. O combate ao terrorismo nos EUA, com o *military order* e a *indefinite detention*, após o 11 de Setembro, também trouxe um estado de exceção aos não cidadãos americanos suspeitos de terrorismo. Tais medidas de George W. Bush criaram um ser (biopolítico) inominável, inclassificável para a óptica jurídica. Os talibãs suspeitos, inclusive capturados no Afeganistão, não seriam tutelados por nenhum direito, a ordem sobre eles foi suspensa, tornaram-se seres excluídos do âmbito jurídico. Nas prisões de Guantánamo, eles permaneceram não classificáveis para o universo jurídico, e a vida nua atinge sua máxima indeterminação.

Santi Romano e Maurice Hauriou, na visão de Schmitt, estão entre os autores clássicos que procuraram compreender o estado de exceção. De modo simplista, pode-se afirmar que o mesmo poderia ser compreendido como um estado de necessidade estatal diante de ameaças concretas de ruptura institucional. Ou seja, um direito do estado à autopreservação.

No entanto, se entendermos o estado objetivamente como o próprio ordenamento jurídico, como seria possível haver um direito subjetivo apto a interditar o direito objetivo que lhe interdita?

Agamben vai dizer, ainda, que o estado de exceção está ao mesmo tempo fora e dentro do estado de direito. Ele exige uma nova lei e ao mesmo tempo não reconhece nenhuma lei. Os operadores do estado de direito diante de todos os seus formalismos e dogmas, impõem a invisibilidade de diversas pessoas nessa lógica perversa e totalizadora do outro.

Lembramos aqui das invisibilidades jurídicas, como, por exemplo, a condição das prostitutas para o direito, tão renegadas em quaisquer garantias, que basta apenas mencionar essa situação e já vislumbramos nojo na face das pessoas que nos ouvem.

É intrigante pensar que um policial militar, mesmo não podendo trabalhar como segurança privado em uma empresa, se por ventura vem a ser demitido desse seu trabalho informal, encontrará nos tribunais todos os seus direitos trabalhistas reconhecidos. Por outro lado, a invisibilidade seletiva do direito analisa a demissão de uma prostituta a partir da sua cegueira, sem reconhecer qualquer direito que o seja.

Outra lógica violenta e seletiva está ligada à tratativa da sociedade para com os presidiários. É comum perceber que em face de pessoas que cumprem penas não basta querer tirá-las a liberdade, é necessário que lhes sejam tirados a dignidade, quando não a própria vida.

Não há, pois, uma oposição entre estado de exceção e estado de direito. Há exceção no estado de direito. Há direito no estado de exceção. Não há direito sem exceção. A visão binária se desfaz, assim como a ontologia dos conceitos estado, direito e exceção. A ordem jurídica traduz-se pela ordem da exceção. A pretensão totalizante do direito exclui, marginaliza e oprime aqueles que nela não se encaixam. A violência se impõe à exceção, tornando marginais todos os que nela não se encaixam.

O direito à vida não é irrenunciável, pois a sociedade tolera e clama pela morte dos bandidos: "bandido bom é bandido morto".

Um bombardeio na Síria ou na Somália, com milhares de civis mortos, não ganha o clamor da mídia internacional, ao passo que um atentado terrorista em território europeu causa comoção extrema, levando a população mundial e pessoas extremadas a defenderem o fechamento das fronteiras nacionais, a expulsão de imigrantes, o enclausuramento de egos nacionalistas totalitários em seus países, que após sua saída e conquista do mundo, retornam para se fecharem em uma nação. É o mesmo permanecendo na ordem da mesmidade.

Há, ainda, pessoas que sem moradia ocupam terrenos que não cumprem a função social. São consideradas invasoras. Julgadas pelo senso comum como desocupadas e vagabundas, ao lutarem por aquilo que a Constituição garante, moradia, dignidade e função social da propriedade urbana e rural. Contudo, de modo reducionista e formalista, a lei é aplicada apenas em um sentido, por julgadores, que se eximem do debate sobre o aspecto funcional da propriedade, determinando a retirada de centenas de famílias dos terrenos, exilando-os ainda mais da sociedade. Tudo isso passa pelos mesmos juízes que recebem os questionáveis auxílios moradia. Estes são amigos do Estado, cidadãos de bem.

Zaffaroni, ao falar do "direito do inimigo", cita que há na ordem sociojurídica um "direito excepcional" que se insere na "normalidade" cotidiana[12]. Um "direito" que impõe cela especial para diplomados em curso superior. É possível lembrar de normas que autorizam isenções e diferimentos fiscais para os "amigos do rei"; uma forma de utilizar o processo penal que usa de conduções coercitivas, prisões preventivas e temporárias de modo seletivo; a edição de medidas provisórias, tal como os Atos Institucionais do período da ditadura civil-militar de 1964; um "direito do inimigo", que transforma o STF num Poder Constituinte anômalo.

O modo excepcional e invisível de conceder aos amigos a possibilidade de utilizar-se de trabalhos análogos ao da escravidão, com uma simples alteração do conceito de trabalho escravo, permite que milhares e milhares de trabalhadores país afora permaneçam em situações sub-humanas. Afinal, estão distantes, lá no sertão, no serrado, na caatinga, onde os olhares não chegam. O agronegócio precisa de seus lucros e números, a serem expostos e somados a um produto interno bruto, sem rosto, sem valores, mas com preço.

A invisibilidade dos moradores de rua é outro grande exemplo de como o direito oculta diversos rostos. São pessoas que, por vezes, não conseguem atendimento no Sistema Único de Saúde, pois o SUS obriga que o cidadão apresente identificação e comprovante de endereço para ter acesso às unidades de saúde. Aquele que mais precisa, diante de toda sua carência,

---

12 E. Zaffaroni, *O Inimigo no Direito Penal*, p. 152-153: "Por isso, a admissão jurídica do conceito de inimigo no direito (que não seja estritamente de guerra) sempre foi, lógica e historicamente, o germe ou o primeiro sintoma da destruição autoritária do estado de direito, posto que se trata apenas de uma questão de quantidade – não de qualidade – de poder. O poder do soberano fica aberto e incentivado a um crescente incremento a partir da aceitação da existência de um inimigo que não é pessoa."

é posto em uma dupla negação de direitos e dignidade. Falta-lhe abrigo, saúde, perspectiva. Falta-lhe um rosto formal, está fora das regras e do previamente determinado, passando a ser um quase nada, uma sujeira a ser limpa dos centros urbanos.

Demais minorias, como homossexuais, transexuais, mulheres, negros, índios, quilombolas e imigrantes sofrem com a marginalização. Todo aquele que foge do padrão colocado pela sociedade contemporânea é automaticamente marginalizado e, mais do que isso, não é visto, não é considerado. Os exemplos são finitos, por outro lado, é infinito o sofrimento de cada um. Violência excepcional trazida pela totalização do direito.

Uma forma que pensamos ser uma outra via da análise de todas essas questões, que são levantadas com o problema das invisibilidades e da exceção do estado de direito, é o modo do outro.

O que buscamos desenvolver é a tratativa do direito que saia de uma lógica egocêntrica negadora da humanidade dos sujeitos dispersos em nossa sociedade. A noção de invisibilidade e de estado de exceção no direito encontra em Lévinas uma posição de ética primeira, que exige uma ação que nos força, como estudantes do direito, a pensar na aplicação do direito para além de toda violência possível. Não deixar que Lévinas seja esquecido ou que o afastem do pensamento jurídico é uma missão.

5. O Liberalismo Como Tragédia no Pensamento de Lévinas

Pablo Dreizik*

A presença e a implementação, na América do Sul e no Caribe, de políticas econômicas chamadas neoliberais parece ter colocado o termo "liberalismo" sob uma situação de suspeita. A desconfiança alcança, em algumas ocasiões, o liberalismo clássico, englobado pelo neoliberalismo num único movimento. No entanto, as experiências europeias dos anos 1930 mostraram que a unilateral rejeição da tradição liberal e de certos princípios identificados com essa tradição foi a característica principal de movimentos fascistas e nazistas. A questão se complexifica ainda mais, uma vez que aspectos importantes da retórica antiliberal são hoje identificáveis num conjunto significativo de demandas sociais e políticas que reclamam novas formas de autonomia e emancipação. Esse dilema teve um vívido precedente na República de Weimar, na qual o desafio dos críticos do liberalismo e do capitalismo consistia em se arriscar a replicar as posturas da ideologia conservadora *Völkisch*.

Os primeiros trabalhos de Lévinas logo assumiram esse difícil dilema e o fizeram no momento mesmo em que estas

* Professor na Faculdade de Filosofia da Universidade de Buenos Aires. Tradução de Felipe Rodolfo de Carvalho.

opções se apresentavam. Há boas razões para excluir tais trabalhos de uma tradição fortemente comunitarista e antiliberal, mas também para não os incluir nas tradições liberais. E ainda assim, não se trata, em nossa opinião, de uma síntese dialética ou de uma terceira solução entre ambas as perspectivas. Por mais que o termo "liberal" persista, se desloque, possa adquirir novos sentidos, em todo caso é uma tradição que está ali e a qual Lévinas não deixa de problematizar, posicionando-se em face dela não só filosoficamente como também politicamente, segundo o contexto histórico. Tentar identificar a posição de Lévinas relativamente ao liberalismo – a seus múltiplos sentidos e a suas aporias – ajudará a captar sua resistência a se deixar envolver pelas alternativas fáceis que se lhe oferecia a agenda política do seu tempo e que se estendem até hoje.

Em primeiro lugar, consideraremos o breve, mas crucial, texto de 1934, *Algumas Reflexões Sobre a Filosofia do Hitlerismo*. A primeira nota distintiva que apresenta o texto é sua data. O texto forma parte de uma excepcional e única estirpe de intervenções que tomam como objeto de análise filosófica um fenômeno histórico contemporâneo a elas. Entre estas poucas intervenções, podem ser mencionados o extraordinário texto de Ernst Bloch, *Herança Deste Tempo*, de 1935, e, como aponta Enzo Traverso, uma resenha de Leo Löwenthal sobre o romance *Fome*, de Knut Hamsum, ao passo que a primeira análise de Adorno acerca do fascismo está datada apenas de 1942. Essa linhagem de intervenções é ao mesmo tempo "de trincheira", sem por isso perder em agudeza analítica e de profundidade. Walter Benjamim referiu-se, com uma imagem muito ilustrativa, àqueles poucos textos que podem ser contemporâneos ou antecipar as tragédias políticas e sociais como "avisos de incêndio".

Indo agora especificamente à intervenção de Lévinas de 1934 – que pode muito bem ser considerada uma peça filosófica "avisadora de incêndio" –, esta se organiza a partir de um esquema original: de um lado, situa-se a ameaça do retorno das forças arcaicas, dos sentimentos elementares e do corpo biológico, que Lévinas colocará sob o nome de "hitlerismo"; de outro lado, confrontado com o primeiro, situa-se um bloco histórico-filosófico de três tradições: o judaísmo, o cristianismo e o liberalismo. O princípio que distingue entre, de um lado, a filosofia das forças elementares do hitlerismo e, de outro, o bloco histórico das tradições judaicas, cristãs e liberais é identificado, aqui, como um tipo de distância. Efetivamente, para Lévinas, a "filosofia do hitlerismo" se identifica com a anulação de toda distância em três níveis fundamentais: a. no nível corporal, como ausência de distância que termina com o "sentimento de identidade entre o eu e o corpo" (*Ce sentiment d'identité entre le moi et le corps*[1]), isto é, a aderência ao corpo biológico, sem escapatória nem distância em relação a si[2]; b. no nível do mundo, como o sentimento de estar mergulhado de modo brutal no mundo e na História, sem mediação nem distância[3]; c. no nível da temporalidade, como vivência de estar aderido ao passado sem possibilidade de revogar o que foi feito, sem possibilidade de desfazer o acontecido. Trata-se do sentimento da "irremissibilidade do fato consumado ou cumprido", do "gosto trágico do definitivo" (*le goût tragique du definitif*[4]).

Assim, a vivência de uma supressão da distância corresponde, em cada caso, a um sentimento de identidade em relação a si, em relação ao mundo e em relação ao passado transcorrido.

Em contraste, a tradição judaica, a tradição cristã e, finalmente, aquela que Lévinas denomina, aqui, de "tradição liberal" parecem romper essa aderência. Diz Lévinas: "É o sentimento de eterna estranheza do corpo em relação a nós mesmos que tem alimentado o cristianismo tanto quanto o liberalismo moderno."[5] Essa estranheza – ou distância – corresponde historicamente, para Lévinas, à ideia cristã da alma que se opõe ao encadeamento imediato do eu em relação ao corpo biológico. No mesmo sentido, a tradição judaica estabelece, com o dia do perdão, uma revogação do fato transcorrido e do passado, rompendo assim com o sentimento trágico da fatalidade. Essa posição subjetiva de distância e de des-aderência em relação a si, em relação ao mundo e em relação ao passado transcorrido, que constituem os elementos da tradição liberal, remonta em sua fonte às tradições judaicas e cristãs. Para Lévinas, estes

---

1 E. Lévinas, *Quelques réflexions sur la philosophie de l'hitlérisme*, p. 18; *Algunas Reflexiones Sobre la Filosofía del Hitlerismo*, p. 16.
2 Ibidem; ibidem.
3 Ibidem, p. 12; ibidem, p. 11.
4 Ibidem, p. 18; ibidem, p. 16.
5 Ibidem, p. 16; ibidem, p. 14.

núcleos significativos do judaísmo e do cristianismo presentes na tradição liberal poderiam e deveriam ser ativados frente à emergência de modelos totalizadores, de mobilização total (Ernst Jünger) e de consagração do povo como uma unidade substancial e cerrada.

Seis anos depois de *Algumas Reflexões Sobre a Filosofia do Hitlerismo*, em 1940, portanto, Lévinas publica um segundo ensaio dedicado exclusivamente ao pensamento de Edmund Husserl: "A Obra de Husserl". Escrita durante a ocupação alemã, essa interpretação do pensamento de Husserl começa destacando o horizonte histórico-político de sua leitura: assinala a fidelidade do filósofo aos "ensinamentos essenciais da civilização europeia"[6] e resgata a "inspiração liberal"[7] da sua obra.

Lévinas lê, na intencionalidade de Husserl, a postulação do "mundo como uma atadura sempre revogável (*attachement toujours révocable*)"[8]. Trata-se, como se vê, da figura da revogabilidade, a que havia mencionado como um operador fundamental nas análises de *Algumas Reflexões Sobre a Filosofia do Hitlerismo*: aquela revogabilidade oposta à tonalidade trágica e que permite que "[o] homem conserve a possibilidade [...] de rescindir o contrato pelo qual livremente se obrigou"[9] a partir de "um poder concreto e positivo de se desligar (*détacher*), de se abstrair (*s'abstraire*)"[10].

Mas, apesar da genealogia judaico-cristã do homem liberal, em sua capacidade de eleição e de distância frente ao mundo, o texto de 1934, *Algumas Reflexões Sobre a Filosofia do Hitlerismo*, advertia sobre certos perigos que acompanhavam o liberalismo: "Essa liberdade constitui toda a dignidade do pensamento, *mas comporta também o perigo*."[11] Na mesma condição da possível liberdade – a separação ou distância –, paira, então,

---

6 E. Lévinas, *Descubriendo la existencia con Husserl y Heidegger*, p. 32. "Vista com a distância do tempo passado, a obra de Edmund Husserl, tão revolucionária pelo seu conteúdo como pela influência que exerceu, mostra-se, porém, pelos temas que aborda e pela maneira como os trata, fiel aos ensinamentos essenciais da civilização europeia."
7 Ibidem, p. 55. "Na filosofia de Husserl, o primado da teoria remete à inspiração liberal que buscamos extrair em todo este trabalho."
8 Ibidem, p. 66.
9 E. Lévinas, *Algunas Reflexiones Sobre la Filosofía del Hitlerismo*, p. 10.
10 Ibidem.
11 Ibidem, p. 18.

um perigo. Pois, ainda que, nas palavras de Lévinas, "[o] que caracteriza a estrutura do pensamento e da verdade no mundo ocidental [...] é a distância que separa inicialmente o homem e o mundo das ideias onde ele escolherá sua verdade"[12], o fato é que, "[n]o intervalo que separa o homem e a ideia, desliza-se a mentira"[13]. Desliza-se o que não é autêntico, a insinceridade e a comodidade. O giro agora crítico ao liberalismo se concentra na seguinte passagem:

O pensamento se torna jogo. O homem se compraz em sua liberdade e não se compromete definitivamente com nenhuma verdade. Transforma seu poder de duvidar em falta de convicção. Não prender-se a uma verdade se torna para ele não comprometer a sua pessoa na criação de valores espirituais. A sinceridade tornada impossível põe fim a todo heroísmo. A civilização é invadida por tudo o que não é autêntico, pelo sucedâneo posto a serviço dos interesses e da moda.[14]

Embora a crítica ao liberalismo exposta no parágrafo precedente pareça fazer eco às posições conservadoras que criticavam a modernidade, adjudicando a ela a dissolução dos valores morais tradicionais, o argumento de Lévinas possui um matiz que o afasta de tais posturas. Com efeito, para Lévinas, a falta de convicção e o ceticismo, que são inerentes ao liberalismo, facilitavam as demandas de autenticidade, de verdade absoluta e de heroísmo que começavam a invadir o cenário cultural e político da Europa e que se identificavam com diversas cosmovisões conservadoras ou autoritárias durante a República de Weimar. Nas palavras de Lévinas, "é a uma sociedade num tal estado [de liberalismo] que *o ideal germânico de homem aparece como uma promessa de sinceridade e de autenticidade*"[15]. No lugar de formular uma crítica *tout court* à modernidade liberal, o peso da impugnação levinasiana recai sobre a *debilidade* da ordem liberal para sustentar os mesmos princípios que ela declara.

Num trabalho publicado em 1968 na revista católica *Esprit*, Lévinas se refere à memória histórica francesa do Caso Dreyfus para indicar que, frente a esse episódio histórico, o "liberalismo

12 Ibidem, p. 17-18.
13 Ibidem, p. 18.
14 Ibidem.
15 Ibidem.

dos grandes princípios do Ocidente encontrou sua fragilidade" e que o episódio mostrou "a fragilidade da razão, a possibilidade de seu fracasso e da potência do niilismo"[16]. Noutro trabalho publicado em *Les Nouveaux cahiers* (Os Novos Cadernos) sobre o filósofo Jacob Gordin, Lévinas retoma essa linha argumentativa referindo-se à tradição judaica como um "mais aquém do liberalismo, no qual os grandes princípios do Ocidente demonstraram sua fragilidade"[17]. Essa preocupação se estendeu ao tardio *post scriptum* que Lévinas acrescentou, em 1990, à sua reedição de *Algumas Reflexões Sobre a Filosofia do Hitlerismo*, de 1934. Ali se perguntava "se o liberalismo satisfaz a dignidade autêntica do sujeito humano"[18].

Essas intervenções parecem sugerir que ao liberalismo é inerente uma inconsistência performativa por meio da qual aquilo que é postulado como princípio entra em contradição com sua própria implementação prática. Se o liberalismo desmente a si mesmo, ou é frágil para sustentar suas proclamações, então não se trata de rejeitar seus princípios, mas de ir mais além – ou mais aquém – deles.

---

16 E. Lévinas, El Espacio no es Unidimensional, *Difícil Libertad*, p. 350.
17 Idem, "Jacob Gordin", *Difícil Libertad*, p. 239.
18 Idem, *Algunas Reflexiones Sobre la Filosofía del Hitlerismo*, p. 24.

6. Da Solidão Trágica ao Convívio Com os Filhos dos Homens

ipseidade e amor

*Marcelo Fabri**

Uma fenomenologia do *si-mesmo* atravessa a obra de Lévinas. Em seus escritos, vemos um esforço, sempre reiterado, para descrever o eu em seu movimento de *vinda a si*, descrição essa que contrasta não somente com os modelos da tradição metafísica (Hegel, por exemplo), mas também com os da própria tradição fenomenológica à qual, de certo modo, Lévinas sempre procurou se aproximar. Das grandes influências recebidas, duas serão consideradas por nós: Heidegger e Rosenzweig. O primeiro dá a tonalidade fenomenológica da discussão: o *Dasein* (ser-aí) se mostra (se reflete) a *si mesmo* sem que para tal seja preciso recorrer a uma vida interior, a uma subjetividade compreendida como vida solitária de um eu às voltas com o conhecimento de si, do mundo e do ser absoluto. O *Dasein* se reflete no mundo, sem necessidade de um eu transcendental realizando a reflexão. Por sua vez, Rosenzweig caminha num sentido um tanto diferente: o *si* é marcado por uma solidão trágica, aquela de um herói mudo e separado do elo que o liga ao mundo e à própria divindade. Estamos diante de duas formas de compreensão do

---

* Professor titular junto ao Departamento de Filosofia da Universidade Federal de Santa Maria.

si: uma que desconstrói a ideia de sujeito fechado em si mesmo, que o pensa a partir do destino do ser; outra que o encerra no silêncio de uma interioridade ameaçada de mudez, de clausura, de incomunicabilidade, a não ser... a não ser pelo amor. Ruptura da solidão, o amor é uma saída de si, uma possibilidade de falar que interrompe a fatalidade e o destino. O amor nos abre ao outro ser humano, tomando-o como único. Ao mesmo tempo, desafia-nos a "conviver com os filhos dos homens", a entrar na comunidade humana. O amor é a condição imprescindível para se abandonar a solidão glacial do *si* e entrar nesse convívio. Todavia, é preciso lembrar que a realeza do ser é mais forte que a dos deuses, e que somente a solidão do *si* faz exceção a essa realeza. No amor, estamos, pois, numa ambiguidade: vivemos entre ser e outramente que ser.

IPSEIDADE E O TRÁGICO DO SER

O problema da ipseidade, em filosofia, manifesta nossa relação ao devir e, por isso mesmo, à morte. Nós, mortais, dispomos de pouco tempo, dizia Hegel. Só o Espírito, que emprega gerações e mortes na operação de seu devir consciente, tem tempo o bastante para não se angustiar. O *si* (*Selbst*) implica a ideia de reflexo (*Reflexion*), um "vir-a-ser-de-si-mesmo", mas o indivíduo particular é apenas o Espírito incompleto. O saber é o agir do *Selbst* universal. A consciência nada sabe e nada concebe senão aquilo que já se encontra na experiência que ela mesma faz. O papel do indivíduo nessa obra é mínimo. Ele deve, simplesmente, esquecer-se, deixar de reclamar algo para si[1]. O que *vale* é o ser, substância viva, movimento de "se-pôr-a-si-mesmo", mediação consigo mesmo do "tornar-se outro"[2].

Mas o indivíduo se revolta, gritando bem alto: "o Espírito é subjetividade, ou interioridade, e esta, por sua vez, é paixão! Quando atinge o seu grau mais elevado, essa paixão se torna infinita e pessoalmente interessada"[3]. O que importa não é a mediação, mas a decisão. A especulação é sempre sábia em

---

1   Cf. G.W.F. Hegel, *Fenomenologia do Espírito*, p. 62.
2   Ibidem, p. 30.
3   S. Kierkegaard, *Pós-Escrito às Migalhas Filosóficas*, v. 1, p. 38.

relação às coisas que aconteceram e, sendo assim, seu fracasso é inevitável, pelo menos no que diz respeito ao destino individual: para o filósofo especulativo, "o problema de sua felicidade eterna e pessoal não pode de modo algum vir à tona"[4]. Assim, um conceito não especulativo de *si-mesmo* deve pôr o problema do existir concreto da subjetividade, deve fazer ver que a nossa grandeza não está em sermos isso ou aquilo, "mas no ser si-mesmo, e isso cada qual *pode*, se o quiser"[5]. Viver eticamente é exprimir o universal na vida. A meta para a qual o indivíduo tende é si-mesmo, seu eu concreto[6]. Mas, do ponto de vista religioso, há o paradoxo. Experimentamos em nós mesmos uma diferença absoluta (Deus), não pela imaginação ou pela razão, mas como individuação ou consciência às voltas com o que nos escapa absolutamente. Ser um indivíduo é descobrir-se diante de uma diferença absoluta que, simplesmente, se impõe a nós[7].

As reflexões de Heidegger sobre o *si-mesmo* se aproximam, apenas em parte, das de Kierkegaard, sobretudo porque o *ser-aí* se constitui na medida em que pode se apropriar daquilo que é exclusivamente *seu*, daquilo que lhe pertence como possibilidade a mais *própria* e intransferível. A parte abandonada é a referência ao absoluto, ao pecado, à interioridade. O ponto de partida não é uma intimidade encerrada em si, mas sim uma "reflexão" enquanto relação com o mundo. Importa, então, apropriar-se de si mesmo, e *quem* realiza essa tarefa não é um eu solitário, nem mesmo um Ego transcendental, no sentido de Husserl, pois "refletir-se significa se refratar sobre alguma coisa, dela jorrar, ou seja, mostrar-se refletindo-se sobre algo"[8]. Compreender-se a si mesmo implica todas as nossas ocupações, nossos afazeres repetidos cotidianamente, nossa vida ocupada e preocupada em meio àquilo que nos envolve. O acesso a *si* depende desse envolvimento. Ele pressupõe uma forma de "re-flexão" (*Widerschein*), um "estar imerso" nas coisas. O *ser--aí* como que "se transcende" neste estar voltado às coisas. O *si* é um projetar-se, um refletir-se no mundo. À diferença de todos

---

4 Ibidem, p. 61.
5 Idem, *Aut-Aut*, p. 23. (Grifo nosso.)
6 Ibidem, p. 123.
7 Cf. Idem, *Miettes philosophiques*, p. 45.
8 M. Heidegger, *Les Problèmes fondamentaux de la phénoménologie*, § 15, p. 197.

os entes do mundo, o *ser-aí* traz consigo uma característica que o define: ele existe em vista de seu próprio *poder-ser-no-mundo*[9].

Como Lévinas descreve a ipseidade? Repensando o desejo mais notável da filosofia ocidental. Seja em sua pretensão metafísica, seja rejeitando-a de forma radical, a filosofia esteve às voltas com uma vontade de poder. Ela nasce com o desejo de responder à impotência diante da tragédia. Ou seja, a filosofia é uma resposta ao malogro do herói que é incapaz de dominar sua própria origem, o ser que o antecede. E quanto ao filósofo? "O herói que sucumbe tragicamente será substituído pelo sábio, que domina o ser na verdade."[10] Curioso domínio, pois o que é dominado é o fato de que estamos capturados no ser[11]. A metafísica, desde Platão, quis vencer a morte pelo pensamento. E a vida "aqui embaixo"? Não estamos presos a ela? Para Plotino, cada um dos seres vivos manifesta uma razão geradora e, por conseguinte, um amor pela vida. O que nasce desse amor pela vida? Egoísmo e luta. Todos os seres vivos lutam entre si, mas não há aí nada de caótico, e sim uma harmonia, uma totalidade[12]. O sábio olha para o mundo: vê lutas, guerras, alegrias, morte. O que ele diz? Trata-se de um jogo pueril, um espetáculo teatral de pura aparência. Pode-se fugir para o uno, subir ao mundo (inteligível) de onde viemos. O sofrimento e a morte são puras ilusões. A ipseidade autêntica seria o eu capaz de se subtrair ao "teatro" do mundo.

Bem na contramão dessa alternativa, Heidegger responde ao fracasso do herói com uma ontologia ligada à finitude: "O poder, que não é um pensamento, é a morte. O poder do ser finito é o poder de morrer."[13] Não se trata de evasão para o inteligível, mas de assunção da morte como elemento definidor da ipseidade. O ser nos pertence porque estamos entregues a ele. Domina-se o ser na medida em que reconhecemos a impossibilidade de uma aventura inseparável da morte que está inscrita no ser. Não há saída mística para o Uno, mas uma profunda entrega ao ser, ao *conatus essendi*, como gosta de dizer Lévinas.

9   Ibidem, § 15, p. 210.
10 E. Lévinas, *Oeuvres 2*, p. 110.
11 Ibidem.
12 Cf. H. Bergson, *Cursos de Filosofia Grega*, p. 17.
13 E. Lévinas, op. cit., p. 127.

Há algo mais forte que a morte no interior da própria duração?[14] É o que iremos responder em nosso trabalho.

Chamemos a atenção para as duas respostas tradicionais, evocadas por Lévinas: a. o sábio domina o ser quando se põe em consonância com a verdade, triunfando sobre a morte a partir do pensamento (metafísica, desde Platão); b. afirmação da finitude, adesão irrestrita ao ser pela convicção de que não há saída da imanência e, por conseguinte, seríamos um pedaço de fatalidade (Nietzsche), ou pastores do ser (Heidegger). Haveria uma terceira resposta possível? Um intermediário entre morte e imortalidade, não permanente e permanente? Haveria um sentido capaz de responder *outramente* à solidão trágica, uma força tão forte como a morte *própria*, mas que não é uma vontade de poder?

IPSEIDADE E AMOR

Para responder a essa questão, importa descrever fenomenologicamente a própria condição trágica de um ente capturado pelo ser. Em seus textos "juvenis", Lévinas descreve o eu como um recolhimento, saída do ser impessoal. O pensamento começa num ponto preciso, numa cabeça que está pensando: "A localização da consciência não é o subjetivo, mas a subjetivação do sujeito."[15] O pensamento que se recolhe no *aqui*, que possui uma base sobre a qual o corpo se apoia e pode dormir, é um condicionamento que não se explica pelas categorias do poder e do não poder. O "lugar" é uma base, uma condição. Nossa obra de ser se descreve como um simples repousar, um poder de dormir, entrando em contato com o que nos protege e acolhe, como um ventre materno. Somos existentes que podem buscar o sono, que tateiam esse contato íntimo com as "virtudes protetoras

---

14 Evocando Bergson (especialmente, *As Duas Fontes da Moral e da Religião*), Lévinas fala de um aquém de Heidegger (E. Lévinas, *Dieu, la mort et le temps*, p. 64-66). A duração não se esgota no esforço para ser, na submissão fatal ao *conatus*, pois "a duração torna-se o fato de que um homem pode lançar um apelo à interioridade do outro homem" (Ibidem, p. 66). Com os heróis e os santos, a morte perde seu sentido (Ibidem). Em Lévinas, é uma reflexão sobre a ipseidade que anuncia tal possibilidade.
15 E. Lévinas, *De l'existence à l'existant*, p. 101.

do lugar": "Aquele que desperta se encontra encerrado em sua imobilidade, como um ovo em sua casca."[16]

Não é a consciência que decide sobre a posição, mas o contrário. O repouso torna a consciência algo possível, isto é, permite que ela venha a si mesma. A consciência está *aqui*, essa é a *posição* da consciência. Diferentemente de Heidegger, para quem o *Da* implica sempre o mundo, o aqui de que parte Lévinas precede toda compreensão, mas também toda tomada de posição de uma consciência intencional. A posição permite mostrar, graças a uma fenomenologia inovadora e rigorosa, que a localização da consciência ultrapassa o âmbito da fenomenalidade, pois é um tipo de intencionalidade anterior a todo poder e, sendo assim, é a condição do poder. O ser lançado no mundo, que é uma condenação, se vê subitamente subvertido por uma espécie de *glória*, de transbordamento: a estrutura monádica do ser se rompe[17]. O eu *vem a si* como liberdade.

Todavia, o sujeito que, a partir de um recolhimento, adquire um poder de começar irá, logo a seguir, descobrir-se às voltas com uma clausura: a impossibilidade de não ser si. O trágico do eu é isto: descobrir-se como liberdade e, ao mesmo, tempo, como "preso a seu ser"[18]. A literatura e o teatro ajudam a descrever essa tragicidade corporal, visceral e também "existencial". Shakespeare e Racine são sempre citados por Lévinas[19]. Ao que tudo indica, é Rosenzweig quem chama a atenção de Lévinas sobre o significado da solidão trágica. O que nos diz o autor de *A Estrela da Redenção*? Que o si vive fora da universalidade, numa solidão assombrosa, trágica. Édipo, por exemplo, só poderia experimentar o seu si sob a forma de silêncio. O si não argumenta, não dá razões. Cala-se, simplesmente, separando-se do elo que o ligava ao mundo e à divindade. O herói trágico vivencia uma solidão glacial. "O si não se exprime; está recolhido em si [...]. Ele

---

16 Idem, *Oeuvres 2*, p. 135.
17 Ibidem, p. 136-137.
18 Idem, *De l'existence à l'existant*, p. 122.
19 Cf. Ibidem, p. 87 e s. O trágico do eu é mais forte que a angústia da morte. Os heróis trágicos de Shakespeare e de Racine mostram não o horror da morte, mas a condenação à realidade, o "sem-saída" da existência, um não poder morrer, a perpetuidade do drama de existir.

não compreende o que lhe acontece, e está consciente de não poder fazê-lo."[20]

O si se descreve como solidão e impossibilidade de falar, algo bem diferente da personalidade que representa um papel já imposto pelo destino[21]. "A personalidade é sempre uma entre outras; nós a comparamos; mas não comparamos o si; ele é, com efeito, incomparável."[22] É apenas enquanto personalidade que o indivíduo é determinado por sua participação no destino, isto é, no universal. Essa máscara da personalidade contrasta de modo notável com a solidão glacial do si. Se o existente humano pode assumir seu existir, há o outro lado da mesma moeda: "Um dia, o si investe o homem como um soldado armado, tomando posse de todos os bens de sua casa."[23] O eu se descobre despojado, desconhecido, absolutamente só. O si, propõe Rosenzweig, não é o indivíduo como subjetividade pessoal ou indivíduo ético. Em seu silêncio e incomunicabilidade, em sua solidão glacial, ele é meta-ético[24].

Como poderia o si solitário e sem palavra romper sua cápsula, sair de si, tornar-se falante? Como uma particularidade não determinada por sua participação no universal poderia sair de si para falar?[25] Como poderia *interromper* o destino, isto é, o trágico do eu? É então que o amor surge como elemento decisivo e incontornável: ele se encontra (num não lugar?) entre a solidão do si e o convívio com os "filhos dos homens". "O fato de amar não é uma determinação a mais na definição do homem. No homem, o amor é a efêmera metamorfose de si, renúncia a si; o eu, suporte das qualidades, desaparece inteiramente no instante do amor."[26] Ou seja, só o existir no instante permite vencer o não permanente. Pois o amor: "Quer ser sempre de novo para poder ser permanente; ele só pode ser permanente com a condição de viver de modo total no não permanente, no instante; é preciso que ele seja permanente para que o amante

---

20 F. Rosenzweig, *L'Étoile de la rédemption*, p. 96.
21 Cf. Ibidem, p. 47.
22 Ibidem, p. 85.
23 Ibidem, p. 88.
24 Ibidem, p. 90.
25 Cf. Ibidem, p. 88.
26 Ibidem, p. 195.

não seja apenas o portador vazio de uma emoção efêmera, mas alma viva."[27]

Graças ao amor, nada é definitivo, e o tempo, por sua vez, é o emblema de uma interminável renovação. Trata-se de mostrar como é possível uma saída do trágico do eu. Lévinas o realiza a partir de uma fenomenologia do tempo. Graças à abertura do tempo, rompem-se as correntes, há desejo de alteridade. Mas o sujeito solitário não pode dar a si mesmo uma alteridade! Ele não pode salvar a si mesmo. O tempo é com relação a outrem, pois somente o outro ser humano estaria em condições de me arrancar do si que tenho de carregar e suportar. O eu como solidão ou mônada não teria, pois, o tempo. Assim, ao se descobrir como si de um outro, o sujeito vai para o futuro, ele se transcende na fecundidade[28]. O outro se oferece como objeto de fruição e, ao mesmo tempo, como condição de uma fecundidade graças à qual "o eu se despoja de sua egoidade trágica"[29].

Mas o fato de que, na fecundidade, o eu se despoja de sua egoidade trágica, não implica sua dissolução no coletivo[30]. Ele simplesmente continua sendo um eu (*moi*). A relação erótica deve ser examinada a partir da ipseidade. O que se dá com a paternidade? O eu se relaciona ao filho como único, para além de toda causalidade. Mas o filho, que é único, é também uma alteridade, terá seu próprio futuro, será um indivíduo em meio a outros, irmão de outros. Assim, na relação com o outro se cumpre uma eleição e uma igualdade a uma só vez. Descubro que não só estou entre os outros, mas *em face* deles[31]. Na fecundidade, o eu já veio a si como insubstituível em relação aos outros: "A sexualidade não é em nós nem saber, nem poder, mas a pluralidade mesma de nosso existir."[32] A fraternidade (todos os homens são irmãos) não é uma atitude moral de um sujeito, mas aquilo que constitui a ipseidade de um eu[33]. Assim:

---

27 Ibidem, p. 195.
28 Cf. E. Lévinas, *Totalité et infini*, p. 303-304.
29 Ibidem, p. 306.
30 Ibidem.
31 Ibidem, p. 312.
32 Ibidem, p. 310.
33 Ibidem, p. 313.

Sem fecundidade, o eu (*moi*) permaneceria um sujeito em que toda aventura retornaria como aventura de um destino. Um ser capaz de um outro destino além do seu é um ser fecundo. Na paternidade em que o eu (*moi*), através do definitivo de uma morte inevitável, se prolonga no outro, o tempo, em virtude de sua descontinuidade, triunfa sobre a velhice e o destino.[34]

O definitivo deixa de ser fixado como um destino impiedoso para tornar-se capaz de novidade, recomeço, recusa de totalização: "O acolhimento da alteridade condiciona, portanto, a consciência do tempo."[35] A fecundidade nos distancia do ser, do presente a que estamos atrelados. Faz com que o eu possa sair de si, quebrando a fatalidade que o caracteriza como existente. A formulação é notável: trata-se de "escapar da sufocante responsabilidade da existência que se converte em destino, de vir a si mesmo na aventura da existência para ser ao infinito"[36]. Eis por que o eu (*Moi*), ao mesmo tempo e paradoxalmente, é um engajamento e um desengajamento. Na medida em que é fecundo, o eu faz do definitivo algo mais que a aventura de um destino próprio: ele se prolonga no outro. Graças a essa descontinuidade, o tempo triunfa sobre a velhice e o destino[37].

IPSEIDADE ENTRE SER E OUTRAMENTE QUE SER

Chegamos à pergunta central de nossa exposição: a visão auspiciosa do amor vencendo a fatalidade pode de fato romper a tonalidade trágica do si? Pensamos que a obra *De Outro Modo Que Ser ou Para Lá da Essência* permite colocar essa pergunta. Por quê? Porque é nela que vem dito com todas as letras que a realeza do ser é mais forte que a dos deuses. Ou ainda: "O *esse* do ser domina o próprio não ser (*ne-pas-être*). Minha morte é insignificante."[38] O poder unificante do ser tece uma comunidade de destino entre todas as unicidades. Por que dizer que "minha morte é insignificante" e não a morte de outrem e dos

---

34 Ibidem, p. 314.
35 Ibidem.
36 Ibidem.
37 Ibidem.
38 Idem, *Autrement qu'être ou Au-delà de l'essence*, p. 14.

outros? Para mostrar que o sentido, que surge do encontro com o rosto de outrem, também será insuficiente para sair do anonimato do ser. O há (*Il y a*) preenche o vazio deixado pela negação do ser. Dizer que é a minha morte que não vale nada significa que o sentido se vê ameaçado pelo destino sem saída em que o ser se tece como interesse, fazendo do *outro do ser* algo que se enuncia prédica e ontologicamente[39]. Todavia, insistimos, não é a relação com o outro que irá quebrar a neutralidade do *há* de um modo decisivo?

Eis o que precisamos ter bem claro aqui. A cumplicidade entre liberdade e fatalidade é inquebrantável. O ser traz para os entes a tecelagem que os ordena, uma força que os ultrapassa e detém. Uma comunidade de destino arrasta os rostos[40]. O existente está só, numa unicidade às voltas com o não sentido, com o horror, com a fatalidade do ser impessoal.

Solidão que Lévinas descreverá de maneira magistral e insistentemente como subjetividade humana, ipseidade resistindo à sua própria anexação à essência, rompendo com um ideal de liberdade que se resolve em submissão ao sincronismo dos elementos[41]. O si é sem participação no gênero, unicidade fora de toda comunidade, sem lugar. Enquanto não participação em algo comum e profundamente só, o si se chama, pura e simplesmente, "o homem" (Adão). Eis o que afirmam categoricamente Rosenzweig e Lévinas[42]. Se, na temporalidade da essência, ser é sempre "diferença do idêntico", defasagem recuperável ou rememorável, a subjetividade como si escapa e possibilita, a uma só vez, a referida temporalização. Eis aí a ambiguidade: a temporalização da essência depende de um si irredutível ao movimento do ser se revelando a si mesmo[43], um si mesmo que já se individua como ruptura do interesse implícito na ordem do ser e que, por isso mesmo, e paradoxalmente, é ruptura e o nó da sincronia da essência[44]. Eis por que a *significação*, antes de ser dependente da ontologia, é anterior ao sentido do ser[45].

39 Ibidem, p. 16.
40 Ibidem, p. 14.
41 Cf. Ibidem, p. 20.
42 Ibidem, p. 21; F. Rosenzweig, op. cit., p. 85.
43 E. Lévinas, *Autrement qu'être ou Au-delà de l'essence*, p. 23.
44 Ibidem, p. 27.
45 Ibidem, p. 29.

O si é pura exposição, sensibilidade, responsabilidade e expiação, mas não se trata de uma subjetividade constituída. Como afirma Rosenzweig, "o si não possui nenhuma relação com os filhos dos homens"[46], ou seja, não é uma pessoa moral, participante de um mundo social, cultural, político. Só uma fenomenologia da ipseidade poderia retroceder a essa "situação ética" não compreendida a partir da ética, não dependente do mundo constituído intersubjetivamente[47]. O que está em jogo não é o sentido que vem da ordem social ou ontológica, pois o "justo sentido" do ser provém da significação como responsabilidade do um pelo outro. O si mesmo é pura exposição, passividade que não se compreende como nível inferior de atividade. Para que o *si*, compreendido como significação ou o *um-para-o-outro*, seja preservado da personalidade ou subjetividade social, sempre "interessada", o sentido "supõe a possibilidade do não sentido puro invadindo e ameaçando a significação"[48]. Ou seja, o si se descreve como exceção em relação à essência, e é só na medida em que o absurdo de um sofrimento sem razão vem rondá-lo que ele pode manter sua condição (ou in-condição) de sentido anterior à essência. O sentido requer a possibilidade do não sentido, a iminência de um sofrimento injustificável: "A significação é a liberação ética do si pela substituição ao outro. Ela se consuma como expiação pelo outro."[49]

Daí a pergunta: como se dá essa liberação? Seria entregar-se livremente ao destino, a um poder alheio, a uma escravidão? Propomos interpretar essa liberação como um *acontecimento*. Entremos no argumento de *De Outro Modo Que Ser ou Para lá da Essência*. O eu é refém. Na substituição, o si transcende o ser. Mas é a partir daí que se pode falar numa *conjugação de ser e desinteresse*[50]. O eu no acusativo é a condição da compaixão, da piedade, do perdão, da solidariedade. O ser recebe um sentido graças à subjetividade aquém do ser. A fenomenalidade que daí emerge instaura a ordem espacial. A partir dessa ordem pode-se

---

46 F. Rosenzweig, op. cit., p. 85.
47 Cf. E. Lévinas, *Autrement qu'être ou Au-delà de l'essence*, p. 191.
48 Ibidem, p. 85.
49 Ibidem, p. 256.
50 Cf. Ibidem, p. 184.

visar o universo em sua unidade! O universo será a morada dos outros. O espaço geométrico supõe o si responsável[51].

Não se deve confundir a "situação ética" com a própria ética[52]. Altruísmo e egoísmo pressupõem a responsabilidade não escolhida. Toda relação com os valores depende de uma afecção sobre a qual não se tem controle algum. A noção de valor remonta à inquietude pelo outro[53]. Nem por isso o sujeito se torna um escravo. Ao contrário, ele se torna livre na passividade. Como? Na essência, nada fica de fora, nenhum fragmento se torna único, tudo se recolhe numa rigorosa contabilidade, tudo é como que arrastado pelo destino. O destino, que foi suspenso pelo tempo da fecundidade, retorna como o *Il y a* (há) depois de toda negação. O sujeito em sua ipseidade está às voltas com um peso insuportável. O *Il y a* (há) "me oprime (*m'accable*) como o destino de uma sujeição a todo o outro ao qual estou sujeito, é o excesso de não sentido sobre o sentido"[54].

O sujeito descobre-se "entregue", devolvido (*dévolu*) à própria responsabilidade, incumbido. Outrem me persegue e acusa antes que eu possa prever e prevenir-me. Perseguição que "interrompe toda justificação, toda apologia, todo *lógos*. Essa *redução ao silêncio*[55] é uma passividade aquém de toda passividade material"[56]. Assim, perguntamos: por que essa opção pelo obsessivo, pela perseguição, pelo risco de loucura? Afinal, a relação com o outro oprime ou liberta? É sentido ou não sentido? Eis para nós a ambiguidade que perpassa a grande obra de 1974. A interrupção do curso do ser só se dá pela relação com o próprio ser. O si mesmo é a hipóstase sobre a qual uma personalidade poderá emergir. O si torna-se um ente, mascarando sua ipseidade[57]. Ele entra em relação com os "filhos dos homens", assumindo um ser de empréstimo, pelo qual ele possui um papel no mundo social.

A unicidade fora de todo gênero, incomparável, é responsabilidade que, mesmo involuntariamente, entra no ser

51 Ibidem, p. 188.
52 Ibidem, p. 193.
53 Ibidem, p. 197n.
54 Ibidem, p. 255.
55 Sobre o silêncio do si, cf. a seção "Ipseidade e Amor", supra.
56 E. Lévinas, *Autrement qu'être ou Au-delà de l'essence*, p. 193n. (Grifo nosso.)
57 Ibidem, p. 168.

inaugurando uma vocação na qual o rosto de outrem já me insere no âmbito da fraternidade, ou seja, me identifica como um ente que é, ao mesmo tempo, *ser e desinteressamento, para si e para todos*[58]. É assim que vejo, percebo e valoro a justiça saindo do rosto de outrem. Da responsabilidade para com todos nasce a justiça. Eu me descubro como pessoa entre pessoas. Sou um eu como todos os outros. Para que nasça a justiça, tenho que me tornar próximo aos demais. Minha sorte também deve contar[59]. O rosto de outrem não se descreve aí como peso que me oprime, alteridade que me persegue, mas como a face de um amigo, de um ser amado, dos animais com quem partilho a existência, da vida e da natureza que me acolhem como vivente.

Não se pode prescindir da máscara do ser. A justiça depende desse invólucro transitório. Mas a Roda das Parcas o espreita, tentando tragá-lo para seu jogo fatal. Já o si que desperta para sua unicidade, re-ocorre, sempre e novamente, a despeito do reinado inabalável da essência. É preciso conviver com os filhos dos homens. Nesse convívio, tornamo-nos também filhos ou irmãos. Viver humanamente não é recusar o ser, mas emprestar dele uma máscara, vivendo na ambiguidade do sentido. Qual o problema, então? Apegar-se à máscara é tornar-se cúmplice ou defensor de "todos os egoísmos"[60]. A sincronia do ser, em sua imanência, só pode ser bélica. Emprestar a máscara do ser: luta contra a inumanidade inscrita no ser? Emprestamos do ser a máscara com a qual poderemos *justificar* o conhecimento, a verdade, a consciência. Podemos justificar o próprio ser! Tal máscara pode tanto despersonalizar o si, encobrindo sua responsabilidade, quanto oferecer uma *personificação* ao ser, o qual, em si mesmo, é impessoal e inumano.

Amor: viver entre ser e outramente que ser? "No amor, outrem se situa fora do gênero. E eu, que reconheço isso, sou eleito."[61] Mas, em nome da justiça, torno-me um "eu como qualquer outro". O outro e os outros podem contar para mim como pessoas, sendo, de uma vez, rostos dotados de uma

---

58 Ibidem, p. 184.
59 Ibidem, p. 250.
60 Cf. Ibidem, p. 15.
61 E. Lévinas, Visage et violence première: Entretient sur phénoménologie et éthique, *Europe*, p. 56.

singularidade irredutível e membros de uma comunidade fraternal. Comunidade em que cada rosto pode surgir como unicidade incomparável, de modo sempre imprevisível. Ou seja, os diferentes rostos podem manifestar uma personalidade sem que para tanto tenham de perder o mandamento ético que sempre trazem. Entre o peso da responsabilidade e o abstrato da justiça haveria um terceiro termo, um "entre-dois"? Não com a finalidade de fazer uma síntese, mas a fim de manter, no interior da comunidade humana, para além de toda universalidade da lei, a sempre iminente "possibilidade de pensar alguém como único"[62]. E para concluir, escutemos Lévinas falando de Rosenzweig:

> A relação e o movimento em que o pensamento se torna vida não é, primeiramente, intencionalidade, mas Revelação ou transposição de um intervalo absoluto, pois que o núcleo essencial e último do psiquismo não é aquele que assegura a unidade do sujeito, mas, se assim se pode dizer, a separação vinculante da associação, o *dia* do diálogo, da dia-cronia, desse tempo que Rosenzweig procura "levar a sério", a separação vinculante designada por uma palavra gasta: amor.[63]

---

62 E. Lévinas; F. Poirié, *Essai et entretiens*, p. 110. Na edição brasileira da Perspectiva, p. 87.
63 E. Lévinas, *A l'heure des nations*, p. 185.

7. É Preciso Começar de Novo

entre a sabedoria do amor e o amor à sabedoria

*André Brayner de Farias**

Uma dificuldade que pode acometer um leitor desavisado de Lévinas diz respeito a uma certa *estranheza* constitutiva dessa filosofia. Não falo da estranheza óbvia que em geral o texto filosófico provoca, a conhecida dificuldade que apresenta ao leitor, e sim de um certo *clima* que contrasta com a própria filosofia, uma certa transcendência por meio da qual ela se vê esgarçada. Mas se é para tomar a ética ao pé da letra, não há saída, é preciso fazer a filosofia ir além de si mesma, fazê--la criar contraste no uso de suas próprias categorias. Numa imagem benjaminiana, isso significaria escrever a contrapelo. Apesar dos caminhos conhecidos, não ceder a eles, e de uma certa forma traí-los, arriscar outras rotas. Trilhar sem conhecer de antemão nem o caminho nem o próprio caminhar. Numa fórmula conhecida dos leitores de Bergson, seria isso inverter a ordem natural do pensamento ou da inteligência. Inverter o modo de ler a filosofia: não *amor do saber*, mas *saber do amor*. Eis o estranho clima do pensamento levinasiano: a sabedoria

---

* Professor do Programa de Pós-graduação em Filosofia da Universidade de Caxias do Sul.

servindo ao amor mais que o amor filosófico, em sua *enraizada fidelidade*, servindo à sabedoria, eis a estranheza.

Ao mesmo tempo é preciso considerar o enraizamento do discurso filosófico. Ele é exigente quanto à sua forma, impõe suas regras e condiciona o seu entendimento. É preciso considerar o dito, pisar o seu chão, articular-se através dele. Mas ao mesmo tempo é preciso considerar o atrito que essa articulação inevitavelmente produz. Não ser indiferente a esse atrito, é próprio do discurso ético. Um discurso ético completamente fiel às regras tende a uma alienação e a uma surdez que o levarão à neutralidade, ou seja, exatamente o avesso do que deve ser qualquer forma de racionalidade ética. O desafio está nessa torção discursiva que é o atrito entre o dizer e o dito. O *outramente que ser* é precisamente esse atrito: "O *outramente que ser* enuncia-se num dizer que deve também desdizer-se para assim arrancar o *outramente que ser* ao dito onde o *outramente que ser* já se põe a não significar senão um *ser outramente*."[1] Lévinas estende o seu comentário ao ceticismo, à *coragem* com que os céticos sempre retornam após todas as refutações implacáveis dos lógicos[2]. O que move o recorrente retorno dos céticos a afirmarem categoricamente a impossibilidade de haver certezas? Se são filhos legítimos da filosofia, como lembra Lévinas, é o amor ao saber. Mas que espécie de amor é esse que nega ao saber a última palavra?

Esse amor seria justamente uma fundamental não indiferença, não neutralidade, traduzida nas formas de um pensamento diacrônico. Um traço bastante singular do pensamento levinasiano é a aproximação entre *alteridade* e *temporalidade*[3]. Ora, sabemos que em Lévinas, alteridade é um conceito antropológico, que o outro significa outrem, o outro humano; e a temporalidade, um conceito diacrônico[4]. Isso significa que

---

1 E. Lévinas, *Autrement qu'être ou Au-delà de l'essence*, p. 19. (Todas as traduções são minhas.)
2 Ibidem, p. 20.
3 O livro que melhor esclarece essa questão é o conjunto de conferências chamado *Le Temps et l'autre*.
4 A dia-cronia é a temporalidade em sua concretude, ou seja, o tempo afirmando sua irredutível multiplicidade. Quando pensamos em termos de re-presentação, supomos uma temporalidade sincrônica, pois o tempo concreto do pensado encontra-se reduzido ou sincronizado ao tempo do pensamento. Mas o que resta de propriamente concreto numa temporalidade representada? A representação ou a sincronia é uma abstração do tempo.

carregam sua própria equivocidade, não se resolvem neles mesmos, ou seja, anunciam o seu *para além*. O retorno intermitente dos céticos é sem dúvida uma prova de amor ao saber que, no entanto, ceticamente deseja ir além de si mesmo. Mas não é por um ceticismo que o *outramente que ser* se anuncia, não existe aí nenhuma intenção de negar as certezas do saber. Muito antes, desejaria ele afirmar a ética, o que significa forçosamente afirmar um âmbito filosófico além do saber, não um saber além do saber, onde a ontologia estenderia naturalmente o seu domínio e de alguma forma resolveria a tendência desconcertante da alteridade ética. Levar a ética a sério seria permanecer numa certa clandestinidade discursiva, uma impossibilidade teórica e temática, que, no entanto, não recusa a teoria e o tema, apenas não pode restringir-se a eles. Como pensar o outro ou o tempo em sua concretude senão assumindo o pensamento como equivocidade?[5] Como pensar o tempo e o outro senão indo além do pensar?

Mas ir além do pensar ainda é pensar? É necessário o esforço de fazer ressaltar o que faz pensar para além do que se pensa formalmente. Se o pensamento é diacrônico, ele já não coincide consigo mesmo, o ser não representa o seu acontecimento. Isso significa a concretude do tempo. O amor à sabedoria na perspectiva levinasiana seria uma forma de recorrer interminavelmente à tematização, repropondo as mesmas questões como se elas nunca tivessem sido propostas – um começar que se renova constantemente. Uma espécie de inquietação incorrigível recusa ao saber o ponto final, e por isso recorre a ele de novo. É comum, por exemplo, lermos uma longa exposição que,

---

5   E. Lévinas, *Autrement qu'être ou Au-delà de l'essence*, p. 22-23. "O tempo é essência e mostração da essência. Na temporalização do tempo, a luz faz-se pela defasagem do instante em relação a si próprio que é o fluxo temporal: a diferença do idêntico. A diferença do idêntico é também sua manifestação. Mas o tempo é também a recuperação de todas as distâncias: pela retenção, pela memória, pela história. É preciso que na sua temporalização, onde nada se perde pela retenção, pela memória e pela história, onde tudo se apresenta ou se representa, onde tudo está consignado e se presta à escritura, ou se sintetiza ou se reúne, como diria Heidegger, onde tudo se cristaliza ou se esclerosa em substância, é necessário que na temporalização recuperável, sem tempo perdido, sem tempo a perder e onde se passa o ser da substância – se assinale um lapso de tempo sem retorno, uma diacronia refratária a toda a sincronização, uma diacronia transcendente."

ao findar, se revela uma interrogação, um procedimento tipicamente levinasiano. A interrogação impulsiona uma polifonia que *apenas começa* com o texto questionando a si mesmo. Um recurso repetitivo e exaustivo, mas pelo qual a essência experimenta a própria ressonância ou a própria temporalização, como se o texto desejasse produzir um estado permanente de hesitação, como se duvidasse permanentemente de si mesmo.

Ao mesmo tempo, a recorrência, a repetição testemunha uma grata e profunda confiança na hospitalidade da letra, como diria Edmond Jabès[6]. E essa confiança, curtida no tempo e na paciência, acaba por converter o texto em campo ou potência de criação em favor de um modo singular e ancestral de significação. Ela vai dando voz a esse modo de significação que é a infinitude ética. Não cabe rigorosamente no espaço da letra, mas a letra em sua temporalização, em seu modo de sair de dentro de si, vai se espaçando e fazendo acontecer os vestígios desse tempo de outrora, o tempo que já foi e que ao mesmo tempo ainda não veio. Um modo de escrever *outramente que ser*, que de forma afirmativa antepõe ao ser o acolhimento infinito. Mas *antepor não é negar*, nem negação, nem afirmação do ser. Portanto, não se trata de um drama dialético que apenas retardaria o inevitável desfecho ontológico para "resolver" a temporalidade. A dialética conduz a *ser outramente* e não ao *outramente que ser*. O acolhimento é condição de ser. Quando a dialética começa, algo muito anterior e de outra natureza já começou (e o *já-começou* significa um *começar-que-não-termina-de-acontecer*). Uma intermitência temporal na forma de passado-futuro ou aquém-além não se restitui dialeticamente, o seu acontecimento permanece fora do ser como uma gravidade que condiciona a órbita da representação. Para onde ela vai e o que significa está na condição de um singular e metafísico campo gravitacional que é a própria infinitude do tempo ou o acolhimento. O infinito ético transcende a totalização dialética do ser.

Como dizer essa transcendência? Mas o acolhimento é da ordem do testemunho. O que se diz pelo dito não alcança o fato de que o dito *se* diz, não alcança sua mostração, sua temporalização ou sua espacialização. O dizer como temporalidade

---

[6] E. Jabès, *Le Livre de l'hospitalité*, p. 51-57.

se antepõe ao dito, como o *outramente que ser* se antepõe à dialética do ser. Mas a anteposição não é espacial, portanto não indica um lugar[7]. Ao saber não cabe saber de sua verdadeira condição, que é a escritura pré-original da ética. Ao menos o ceticismo levanta a suspeita, contra a qual as refutações lógicas nunca são suficientes. A lógica tradicional pressupõe a autossuficiência do formalismo: de seu ponto de vista, inclusive a ética deveria saber se reduzir a um formalismo para alcançar sua verdade. A ética, porém, de seu ponto de vista, que é a alteridade do rosto, elabora uma outra lógica. O que diz essa lógica? O rosto é aquilo que não se pode descrever, nem apreender, nem conhecer; o rosto é aquilo que escapa a toda tematização, e que, no mesmo movimento de escapar, recorre de novo a ela; portanto, é aquilo pelo que o dito é levado a se trair e a se retomar constantemente.

Seria o caso de afirmar a impossibilidade da ética ou do discurso ético. Mas é justamente aqui, na insistência dessa impossibilidade, numa forma arriscada de racionalidade – que confia antes de entender, que se lança antes de ter condições de se garantir; é nesse avançar não temeroso por onde a língua descobre seu fluxo, seu aspecto poético; é justamente na impossível poesia da língua que o amor à sabedoria deixa significar sua defasagem, e uma espécie de vertigem assume as formas singulares da sabedoria do amor. De fato, a ética, se algo como tal existe, como diria Jacques Derrida, não goza de condição de possibilidade. Portanto, afirmar a impossibilidade da ética ou de seu discurso é afirmar a ética em sua incondição. Falando concretamente, esse saber defasado ou assaltado de modo constante por uma sabedoria amorosa e desastrada, essa incondição é uma liberdade sem tempo de escolher a si mesma, uma liberdade que não começa em si mesma. Lévinas diz, em *Totalidade e Infinito*, uma *liberdade investida*, abertaa uma contaminação exterior, ou seja, heteronômica. Ela não pode começar em si mesma, e no entanto, o faz. Mas um começo que não começa

---

7 E. Lévinas, *Autrement qu'être ou Au-delà de l'essence*, p. 24-25. "A responsabilidade por outrem é o lugar onde se situa o não lugar da subjetividade e onde se perde o privilégio da questão: onde? O tempo do dito e da essência deixa escutar aí o dizer pré-original, responde à transcendência, à dia-cronia, à defasagem irredutível que se abre entre o não presente e todo a defasagem representável que, a seu modo [...], faz sinal ao responsável."

em si mesmo só pode ser um *começo que nunca termina de começar*. Trata-se de uma outra visão da liberdade, que talvez não tire nenhum pedaço de sua autonomia, apenas a investe de uma confiança que ela não pode suspeitar que tenha. Essa crítica da liberdade autônoma pela ideia do investimento produz na verdade uma concepção muito mais radical de liberdade.

Mas o pensamento levinasiano, com sua ênfase interrogativa, com seu desdizer característico, por todo elogio da ambiguidade e da equivocidade que significa, pode surpreender suas próprias linhas demarcatórias. Quando atentamos para a ênfase que o autor dá a essa *anterioridade* da ética, que vai determinar uma série de anterioridades: a ética fazendo face à ontologia, à política, a responsabilidade face a liberdade, o *outramente que ser* face ao ser, o dizer face ao dito, o outro face ao terceiro; não seria o caso de perguntar ao modo de Lévinas: mas essa anterioridade é de fato anterior?

A estrutura de uma liberdade investida sem dúvida destitui a pretensão pela qual a autonomia se crê como origem absoluta. O pensamento que pensa a liberdade como origem absoluta precisa ensurdecer, ainda que não seja surdo. No instante final, ele se impõe um ensurdecimento, faz-se de surdo. Sem dúvida, flagrar essa pretensão e o quanto de arbitrário e infantil ela traz consigo é muito útil e, digamos, o primeiro e mais urgente trabalho a ser feito. Mas depois, outras exigências começam a surgir. Por exemplo, se digo que a responsabilidade é anterior à liberdade, posso criar um obstáculo intransponível para a própria obra da responsabilidade, a qual não pode começar prescindindo da liberdade, muito menos esta pode começar por conta própria. Então essa anterioridade é de fato uma contemporaneidade, mas diacrônica: não pode haver liberdade pura, como não pode haver responsabilidade pura. E se essa coincidência é impossível, porque se trata de uma contemporaneidade diacrônica, a tarefa tanto ética quanto política que se impõe é *afirmar essa impossibilidade*, e o modo de fazê-lo é o de um *começar intermitente*.

Esse começar intermitente é a forma, digamos, concreta de interpretar o infinito e o tempo diacrônico. Podemos dizer que toda filosofia de Lévinas é uma forma de significar ou interpretar a ideia de infinito, tema tão recorrente em *Totalidade e Infinito*, e que de fato atravessa toda a sua obra. Sabemos o quanto Lévinas tributa formalmente a Descartes sua filosofia da ideia do infinito, precisamente à "Terceira Meditação Metafísica". Ali onde o filósofo do *cogito* demonstra a existência de Deus e funda tanto o cogito quanto a possibilidade do conhecimento, Lévinas elabora sua pedra filosofal: o infinito é aquilo que transcende a sua própria ideia, de maneira que pensar ou ter a ideia dele é, de alguma forma, fazer mais do que pensar. Dois textos fundamentais podem ser lembrados aqui: o primeiro, do próprio Lévinas, se chama "À l'image de Dieu" (À Imagem de Deus), da coletânea de estudos talmúdicos, *L'Au-delà du verset* (Para Além do Versículo); o segundo, de Stéphane Mosès, se chama "L'Idée de l'infini en nous" (A Ideia de Infinito em Nós)[8].

O texto de Lévinas é uma interpretação de um clássico da tradição talmúdica do judaísmo do leste europeu, sobretudo lituano. Trata-se do *Nefesch Hahaim* (Alma da Vida, segundo a tradução de Lévinas), de Rabi Haim de Volozhin (1729-1821). Stéphane Mosès, por sua vez, procura mostrar que o *Nefesch Hahaim* é uma espécie de pano de fundo que contextualiza todas as análises levinasianas sobre a ideia do infinito, embora seja curioso perceber que o texto judaico não aparece nelas, as quais nos habituaram a tomar como referência apenas a filosofia cartesiana, de onde Lévinas retira a forma argumentativa[9]. Situando meu comentário tanto no estudo talmúdico de Lévinas quanto no estudo levinasiano de Mosès, destacarei os elementos mais pertinentes para entender a ideia de um começar intermitente que configura o nosso engajamento ético e político.

Conforme as análises de Lévinas e Mosès, no *Nefesch Hahaim*, Deus ou o Infinito se manifestam de duas maneiras: "de Seu lado para Ele" e "de nosso lado para nós". Trata-se de uma interpretação que é também cabalística – a essência do Infinito se chama *Ein-Sof* na terminologia da Cabala. Na medida em que Deus tem relação com nós e com o mundo, Ele se apresenta "de nosso lado para nós". Podemos ver aqui uma

---

8   Um dos estudos de S. Mosès, *Au-delà de la guerre*.
9   Por certo, isso aponta para o cuidado que o autor sempre cultivou de não misturar demasiadamente as fontes de seu pensamento, a confessional e a filosófica. Não precisamos seguir o mesmo caminho, aliás, sem dúvida, uma compreensão consequente e madura da filosofia levinasiana não só pode como deve misturar as fontes filosóficas, religiosas e literárias.

inversão do pensamento cartesiano por parte do franco-lituano: o ser finito que tem cartesianamente a ideia do infinito e que com isso comprova a existência de Deus e deriva daí todas as consequências gnosiológicas formaliza, à maneira de Lévinas, a experiência humana de pensar além da própria conta, de transcender a compreensão pelo acolhimento de uma ideia que não termina de se produzir. Mas a verdadeira essência divina permanece em segredo absoluto: Deus "de Seu lado para Ele". Esse segredo significa para nós a impossibilidade da própria compreensão, o limite de nossa linguagem já que o "de Seu lado para ele" é por excelência o inominável, o impronunciável. Mas algo emana dessa essência escondida e produz em nós o sentido da infinitude. Somos, de alguma forma, tocados pelo incomensurável, flagramos no rosto o vestígio do infinito. Lévinas cita em seu comentário o *Nefesch Hahaim*: o infinito "*de seu próprio lado* não tem nem fim nem começo, mas nossa maneira de ouvir suas forças, nosso entendimento, é apenas começo; não há fim para o entendimento que pretende alcançar as forças emanadas dele"[10]. Mas se não há fim para tal entendimento, rigorosamente falando não podemos chamar isso de entendimento. Esse "entendimento", que não consegue ser mais que começo e recomeço, é a maneira como testemunhamos ou significamos o infinito – isso que não tem começo, nem fim, nem lugar no mundo – em nosso engajamento ético e político. Esse recomeço perpétuo seria a própria experiência do tempo diacrônico, o tempo da proximidade ou da alteridade que produz interminavelmente a ideia de infinito[11].

Eis, portanto, a forma levinasiana de dizer tanto a liberdade investida quanto a responsabilidade investidora: um começo que não começa em si mesmo ou que não termina de começar. De nosso lado, uma espécie de movente infinito e invisível que faz vazar a presença para além dela mesma e que, dessa forma, inaugura a cada instante o tempo da criação. Se isso soa

10 E. Lévinas, *L'Au-delà du verset*, p. 198.
11 Em S. Mosès, op. cit., p. 118, lemos este trecho: "Se o infinito 'de seu lado para Ele' – sem começo nem fim – é o que nunca teve lugar, este não lugar se recria a cada instante no 'sem fim' de nosso infinito a nós – do infinito em nós – através do hoje sempre novo de nossa responsabilidade, hoje vivido ele também como um começo absoluto, como se aqui também, antes dele, nada tivesse tido lugar".

demasiadamente religioso, interpretemos esse tempo criador como o tempo poético do engajamento humano. Poético não restrito ao sentido literário, mas invocando o sentido grego da *poiésis*, o sentido de *ação criadora*[12]. O tempo diacrônico não é uma sucessão homogênea de instantes, não é o tempo espacializado da física clássica, mas um tempo onde cada instante significa um novo começo e é abertura para a criação de algo que não estava previsto. Poderíamos também nos aproximar aqui da noção de política descrita por Hannah Arendt: a ação política como realização do improvável. A autora chega mesmo a falar em *milagre*[13], com a ressalva de que não se entenda o conceito de forma religiosa. A ideia arendtiana de fundar o conceito de política na noção de natalidade não revelaria o mesmo messianismo presente na ética levinasiana? Nascer significa inaugurar no mundo um acontecimento absolutamente novo e, a despeito de todas as previsões da tecnociência biomédica, imprevisível, improvável. Segundo Arendt, nossa capacidade de agir politicamente está relacionada à natalidade: de uma certa maneira, a improbabilidade derivada da ação política atualiza a improbabilidade do nascimento[14]. Dessa forma, a ação política, que entendida em sua dimensão messiânica coincidiria com a ação ética, pressupõe uma temporalidade diacrônica.

12 No sentido muito próximo da filosofia de Henri Bergson, mas também de V. Flusser, *Língua e Realidade*, por exemplo, que desenvolve uma teoria da língua e da linguagem onde a poesia, enfatizada por ele como irredutível ao sentido estrito ou literário, ocupa o lugar da criação da língua. Aos poetas, que podem ser artistas, filósofos, cientistas, cabe a função de criar as palavras e os conceitos que entrarão no jogo da conversação política e filosófica. São os poetas que criam o mundo. No vitalismo de Bergson, a ideia de élan vital ou élan criador é central para a compreensão do fenômeno da vida. O élan é uma espécie de corrente ou fluxo de consciência que atravessa a matéria e vai ao longo do tempo forjando as diversas formas da vida. É esse fluxo criador incessante que explica o caráter diferenciador da vida. A esse respeito sugiro a leitura dos ensaios *Língua e Realidade*, de Flusser e *A Evolução Criadora*, de Bergson.
13 Cf. H. Arendt, *O Que é Política?*, p. 41-45. Destacamos ainda o seguinte trecho: "Se o sentido da política é a liberdade, isso significa que nesse espaço – e em nenhum outro – temos de fato o direito de esperar milagres. Não porque fôssemos crentes em milagres, mas sim porque os homens, enquanto puderem agir, estão em condições de fazer o improvável e o incalculável e, saibam eles ou não, estão sempre fazendo. A pergunta se a política ainda tem algum sentido nos remete, justamente quando ela termina na crença em milagres – e onde mais deveria terminar senão aí –, de volta forçosamente à pergunta sobre o sentido da política.", Ibidem, p. 44-45.
14 Cf. Idem, *A Condição Humana*, p. 222-223.

Mas essa coincidência precisa ser entendida na dimensão plural da diacronia. O infinito para nós é um conceito operativo que, em princípio, ordena, mas não no sentido de dizer o que deve ser feito. Exatamente porque isso não tem fim, não posso dizer que chega a ordenar no sentido moralista, mas sim no ético. Que consequências podem ser verificadas desse ordenamento ético é o que se realiza no plano propriamente político. Entra em cena o conceito de terceiridade. O terceiro é, como sugere Olivier Dekens, uma personagem conceitual[15]. Sua função é operacionalizar o conceito de política na ética levinasiana.

Lévinas intenciona de fato demarcar a diferença (de natureza, diria Bergson) entre ética e política. A prova disso está no próprio método (caminho) do autor: o terceiro surge como que no fim da linha da escritura levinasiana. Para demarcar a anterioridade da ética face a política? Talvez. Porém o autor nos lembra que o terceiro já se manifesta no rosto do outro. Portanto, põe em cheque essa anterioridade enfática da ética. Ou somos obrigados a interpretá-la de modo diacrônico, o que não ocorre fazer naturalmente. Lembrando Bergson mais uma vez, diria que o pensar sincrônico é a ordem natural da inteligência (entenda-se mesmo ordenamento científico. Ordenamento moral?), e nesse sentido, o pensar diacrônico contraria a ordem natural da inteligência. Não ocorre de modo natural pensarmos diacronicamente a anterioridade enfática da ética. Aqui existiria, então, uma interessante ambiguidade na trama ético-política levinasiana.

A ética exige ao mesmo tempo uma anterioridade e uma simultaneidade face à política. O seu discurso, que é a impossível fenomenologia do rosto, consiste numa quase literatura, no sentido de descrever um drama irrealizável (o que não quer dizer, em absoluto, que seja falso). Mas deixa de ser literatura, nesse sentido bem restrito de drama irrealizável, quando entra em cena a personagem conceitual do terceiro. O que ele faz? Ele nos lembra que uma realidade social e histórica nos arrasta desde sempre: o terceiro já está no rosto do outro ou já é o outro. Então, nesse sentido, a ética é contemporânea da política: a política é sua realidade, é o que resta a fazer, é aquilo que

---

15   O autor faz uso de terminologia deleuzeana para analisar o político em Lévinas. Cf. O. Dekens, *Politique de l'autre homme*, p. 27-38.

a ética consegue de fato ser. Mas no mesmo instante em que ela se politiza, ou seja, no instante em que se constitui social e historicamente, em que se presentifica, no mesmo instante em que se conjuga no presente do indicativo, uma diacronia fratura a coincidência. O drama ético se realiza de forma fraturada, de forma a inscrever na política uma inevitável desconstrução. Em *Força de Lei*, Derrida diz que a justiça é indesconstruível e que o direito, porque fala e existe em nome da justiça, só pode ser desconstruível. Esse é exatamente o caso da ética e da política em Lévinas: a ética é incondicional (indesconstruível) e porque ela se associa à política, porque tem responsabilidade direta pela criação do mundo, porque é a sabedoria amorosa do mundo, a política, em sua irrecusável liberdade, só pode ser algo a ser retomado de modo constante, algo a ser refeito, algo a ser repensado, algo essencialmente desconstruível.

A ética é o infinito de Seu lado para Ele, e a política, o infinito de nosso lado para nós. A ética é o que sem começo nem fim jamais teve lugar, e a política, a incansável intermitência do novo começo.

* * *

Em tempos de pós-democracia, emerge uma nova consciência na velha esquerda. Esta, na polifonia de sua multidão, diz a si mesma: "é preciso começar de novo". Teria ela esquecido, depois de tantos anos habituada a reproduzir seu repertório de ideias, seu mantra ideológico, que fazer política é de alguma forma sempre começar de novo? Teria aprendido isso alguma vez? Eis uma boa ocasião de consultar novamente os filósofos.

É preciso começar de novo, não porque fomos traídos em nossa confortável e conveniente expectativa, mas porque essa é a única tarefa verdadeiramente digna de ser chamada de política. É preciso começar de novo, não porque uma crise muito bem forjada, com ideologia para disseminar o discurso e a prática hegemônica, ordena que se faça, porque a propalada crise é justamente o mais eficiente recurso para que a multidão permaneça no mesmo ponto-morto. É preciso começar de novo porque, enfim, é chegada a hora de compreender que política é algo muito sério para permanecer sob a tutela de políticos profissionais ou porque simplesmente reduzir a política a uma profissão é uma forma de adiar para sempre o momento em que ela poderá finalmente começar. Em última análise, é preciso começar de novo porque política é antes de mais nada expressão visível de nosso amor ao mundo, o lugar onde a ética, sem começo nem fim, comunica sua ancestral sabedoria amorosa, para além do amor à sabedoria.

8. Fenomenologia da Corporeidade em Lévinas

*Silvestre Grzibowski**

INTRODUÇÃO

Este estudo tem como objetivo principal apresentar a questão da corporeidade em Lévinas. No entanto, antes de tudo, justificarei a relevância do tema pesquisado, em primeiro lugar porque o corpo está em voga no mundo atual. As pessoas falam em manter o corpo em forma, elegante e padronizado. Vivemos em um período muito interessante, porque somos convidados a cultivar nossos corpos em demasia. O indivíduo é induzido a olhar a sua vida a partir de um padrão estético já previamente estabelecido. Claro que, por muito tempo, esse tema foi abordado de forma tímida pela filosofia e, de certo modo, também foi desprezado pelas outras ciências e pelas grandes religiões, contudo, hoje, o corpo, sobretudo o "malhado", o "sarado", é supervalorizado e aparece em primeiro plano. A vida do sujeito é reduzida, porque é vista apenas por esse viés. Para estimular ainda mais a corrida do culto da exibição, a sociedade atual criou

---

* Professor Adjunto do Programa de Graduação e Pós-graduação de Filosofia da Universidade Federal de Santa Maria.

certos valores e padrões que devem ser fielmente seguidos[1]. As regras são impostas de maneira brutal, e as pessoas seguem sem pensar. Absorvem rigorosamente os preceitos ditados pelas academias, institutos de estéticas e pela indústria farmacêutica, que dispõe de um grande arsenal de "produtos" e cosméticos. Basta uma pessoa pedir o que necessita que, de imediato, prometam-lhe produtos efetivos. O grande problema de tudo isso é que as pessoas não refletem, mas obedecem cegamente padrões impostos pela sociedade sem nenhuma preocupação filosófica ou ética com sua vida e com as demais.

A partir disso, justificarei o segundo motivo pelo qual pesquiso essa temática; mostrarei, junto a Lévinas, que o corpo deve aparecer em primeiro plano, mas deverá seguir uma dimensão ética. Somos seres de necessidades e buscamos satisfazê-las e gozar da vida desfrutando de coisas boas que nos são oferecidas pelo mundo. No entanto, isso não significa que vivamos somente delas e para elas, pois, apesar de precisarem ser vivenciadas, saboreadas, não podemos permanecer nelas, por termos outras dimensões, como, por exemplo, a do desejo que nos abre para o outro, que nos convida e que nos impele a estabelecer uma relação fraterna. Mais ainda, mostrar que não somos seres fragmentados e sim únicos e que todas as dimensões devem ser cultivadas pelo sujeito e não priorizar apenas uma. Por isso, é possível, acompanhando o estudo do corpo realizado por Lévinas, fazer uma crítica à sociedade contemporânea, pois, afinal, esta prioriza e incentiva a valorização do corpo apenas como um órgão externo. Lévinas elabora uma filosofia não estética, mas ética. Esse é um convite para assumirmos a unicidade, mas abertos aos outros, e assim, a partir da relação social, constituir uma sociedade justa e fraterna que respeite o diferente. Trata-se de um convite a uma filosofia da corporeidade que mostre que a relação ética deve seguir não os padrões estéticos propostos pela sociedade consumista, mas que respeite o outro como tal em sua integridade.

Isso é de extrema relevância, pois Lévinas, ao trazer para o debate filosófico o tema do corpo e da corporeidade, não orienta as pessoas a seguirem uma dimensão imposta pela sociedade

1 Como afirma Z. Bauman, *A Modernidade Líquida*, nunca estamos satisfeitos com o próprio corpo, busca-se uma condição perfeita.

capitalista. Ao contrário, traz para a discussão o corpo que foi esquecido pela tradição e examina o motivo pelo qual a filosofia esqueceu-se de discutir tal questão, além disso, trata o porquê de a sociedade enfatizar e estabelecer somente um tipo, um modelo de corpo. O percurso de Lévinas é mostrar um ser humano completo, ou seja, concreto, um ser de necessidades, faminto, sedento, que busca viver todas as dimensões dadas nas relações sociais com o outro, que não é imaginado, idealizado pela racionalidade, mas outro enquanto ser humano em sua integridade.

Corpo e corporeidade aparecem nas principais obras de Lévinas. Isso demonstra a importância do tema para o autor e que a sua filosofia deve ser pensada também a partir da corporeidade. Assim como acontece com outros assuntos, a noção de corpo foi sofrendo modificações em seu percurso filosófico, e essas variações são percebidas em diferentes fases. Outro ponto a ser destacado é que a interpretação dada ao corpo por Lévinas distingue-se daquela presente no pensamento de Platão e também de Descartes.

Seguindo o percurso filosófico do pensador destaco, sobretudo, sua ousadia filosófica em ter apresentado uma nova tese para a ética e para a política, bem como diferentes reflexões sobre o sensível, o afeto e a corporeidade.

A ideia aqui é debater o corpo em *Totalidade e Infinito*[2]. Ao relacionar-se e agir no mundo, o corpo sofre, goza e tem necessidades. A fome, a carência, são ainda relações possíveis a partir da exterioridade, do mundo. Entende-se que esse corpo visa intencionalmente qualquer coisa para relacionar-se. Lévinas descreve uma vida pré-ontológica, pré-fenomenológica, pré-intencional, ou seja, uma vida que se dá na anterioridade da reflexão. Utiliza o método fenomenológico da intencionalidade,

---

2   O objetivo do estudo será apresentar o tema do corpo em *Totalidade e Infinito*, especificamente, na segunda parte, "Interioridade e Economia", sessão "Necessidade e a Corporeidade". É importante dizer que o estudo acompanhará de perto o texto de Lévinas, seguindo o método exegético e hermenêutico. Na comunicação oral apresentada durante o III seminário internacional Emmanuel Lévinas em Belo Horizonte, em outubro de 2017, apresentei uma evolução ou radicalização do tema do corpo que Lévinas traz em *De Outro Modo Que Ser ou Para Lá da Essência*. No entanto, por uma questão de espaço, não apresentarei aqui a segunda parte, a ser publicada.

sobretudo quando descreve o corpo e as necessidades. Já em *De Outro Modo Que Ser ou Para Lá da Essência* propõe uma ruptura radical com essa noção e apresenta o corpo (talvez aí) com uma ideia de carne (patética), como subjetividade a partir do sofrimento, da passividade e exposição. Sendo assim, teria sido Lévinas influenciado por Michel Henry?

Essa proposição começa no anonimato do ser e se materializa na vida sensível, na necessidade e no gozo. No entanto, precisamos estar atentos à sutileza com que o pensador (Lévinas) escreve e expõe os temas (sensibilidade, necessidade e gozo). Primeiramente, é preciso destacar que os afirma a partir da sua tese e também critica como foram lidos na filosofia. Em segundo lugar, a fenomenologia da sensibilidade, da necessidade, do gozo gira no si mesmo. Ou seja, permanece fechada em si Mesma, e, para sair ou evadir-se do ser, da ontologia, utilizará o desejo[3].

A CORPOREIDADE

Lévinas apresenta o si mesmo como relação social entre outros seres humanos, com outros seres e com o mundo. Ao relacionar-se com a alteridade do mundo e com o outro, recorda a necessidade que ativa o gozo. A "alteridade desse outro que é o mundo, é sobrepassada pela necessidade da qual se recorda e pela qual se ativa o gozo"[4]. Portanto, "a necessidade é o primeiro movimento do mesmo e, certamente, a necessidade é também uma dependência frente ao outro, mas é uma dependência através do tempo, dependência que não é uma traição instantânea do mesmo, mas uma suspensão"[5]. Há um despertar do mesmo pela necessidade que depende do outro; essa dependência é antiga, sem começo, e suspende o indivíduo. A necessidade faz com que o indivíduo se mova, portanto, o sujeito de necessidade movimenta-se, não é estático, porém dinâmico. Além disso, indica uma dependência do outro, do mundo. Vive com

---

3   Embora, não iremos aprofundar esse tema neste estudo, é importante dizer que Lévinas mostra o desejo como uma das vias para sair do ser.
4   E. Lévinas, *Totalidad e Infinito*, p. 135.
5   Ibidem.

os outros, mas está só, separado. No entanto, a necessidade faz com que se abra para a alteridade do mundo e para outros seres. A necessidade indica uma intencionalidade sentida pelo corpo e essa mostra que ele está no mundo, é independente, mas dependente.

Lévinas critica Platão, pois os prazeres preenchem as necessidades, desse modo consistiria apenas numa falta a ser preenchida. As necessidades não podem ser lidas como privação e satisfação. São importantes, mas também a vida não se resume apenas a um ser de necessidades vivendo delas e para elas, satisfazendo-as, embora, num primeiro momento, vivamos assim. No entanto, existe uma distância que separa o ser humano do mundo. "A distância que intercala entre o homem e o mundo da qual depende, constitui a essência da necessidade."[6] Faz com que o homem (como ser de necessidades) se lance para alimentar-se e, ao fazê-lo, se satisfaça. Lévinas chama atenção para a ambiguidade das necessidades. Essa seria uma parte do ser, porque a outra sabe que tal libertação é incerteza e ameaça. "A necessidade de uma fera é inseparável da luta e do medo."[7]

A própria satisfação é uma ameaça. Por outro lado, a necessidade é também o tempo de trabalho e relação com o outro que entrega a sua alteridade, são as dependências que temos frente ao mundo como ter frio, sede, fome, todas essas "dependências frente ao mundo e que passam a ser necessidades, arrancam o ser instintivo para constituir um ser independente do mundo, verdadeiro sujeito capaz de assegurar a satisfação de suas necessidades, reconhecidas como materiais, quer dizer, como susceptíveis de satisfação"[8]. São elas que arrancam o ser instintivo e fazem dele um sujeito independente do mundo. Elas também o constituem, fazem o mesmo. Trata-se de duas necessidades. A primeira mantém a distância entre o homem e o mundo e faz com que o homem se lance a fim de satisfazer-se e alimentar-se. Seria o lado instintivo, porém, não só. Porque ao alimentar-se, está gozando, saboreando. A segunda é o trabalho, pois sente frio e precisa produzir vestes, abrigos, sente fome e precisa buscar alimentos, sente sede e precisa

6   Ibidem.
7   Ibidem.
8   Ibidem, p. 135-136.

saciá-la. Esse aspecto arranca o ser instintivo, porque sente a si mesmo, e o sentir o constitui como um ser independente do mundo, verdadeiro sujeito que satisfaz as suas necessidades e as reconhece como materiais. E a partir de agora, as necessidades estão em seu poder, o constituem como si mesmo, mas não o escravizam mais, porque vive delas e para elas, mas não somente isso. O ser humano tem outras grandezas. Aí está a maravilha do homem, porque não é e não pode ser reduzido a um ser de necessidades.

E o corpo? Aqui, encontramos a proposição essencial de Lévinas. Na tradição ocidental, o corpo foi considerado uma dimensão menos importante do ser humano. Michel Henry sustenta a noção de corpo objetivo, em que é percebido como objeto exterior e, por isso, pode ser visto, tocado e também manuseado pela ciência, constituindo tema para a pesquisa filosófica e científica. Para Henry, tal corpo é o único conhecido pela tradição filosófica ocidental e, como esta fundamenta-se no pensamento grego que sempre o compreendeu a partir da racionalidade, o corpo foi interpretado como objeto. E é "essa concepção objetiva exclusiva que está na origem de tantos falsos problemas – especialmente o famoso problema da união entre a alma e o corpo, como tantas teorias que se esforçavam, em vão, aliás, por resolver"[9]. Henry enfatiza que muitos problemas que aparecem atualmente sobre o corpo são resultados de uma compreensão ruim do ser humano.

A tradição filosófica continua seguindo o ideal cartesiano até hoje. Por um lado, é bom, porque dentro do conhecimento científico matemático busca-se a certeza, e essa é dada pela lógica matemática. Por outro, ao priorizar o conhecimento teórico e intelectual, excluiu o corpo subjetivo, os sentimentos, as afecções e as paixões, com isso dividindo o indivíduo e o conhecimento: de um lado, a ideia própria de todo o intelectualismo, que seria a parte superior, e, de outro, a afetividade, a corporeidade que seria em geral o conhecimento inferior e, sendo inferior, não pode pertencer à pura essência do pensamento. A parte superior do indivíduo e do conhecimento encontra-se na racionalidade.

9   M. Henry, *Filosofia e Fenomenologia do Corpo*, p. 163-164.

Sendo a afetividade uma camada inferior que o ser humano possui, e isso pode ser notado nos manuais de filosofia, descreve o ser humano como estritamente racional, e assim permanece num abismo profundo. O corpo sempre foi um objeto estranho para o ser humano e para o pensamento. "Esse corpo, porém, não é mais o corpo subjetivo, ele não se confunde mais com a tonalidade afetiva própria às *Erlebnisse* [Experiências] corporais, é o corpo-extensão tal como revelou a análise essencial do pedaço de cera."[10] No entanto, com essa divisão entre as *Erlebnisse*, que são as vivências psicológicas de cada indivíduo e não podem ser negadas, e com a concepção de um corpo extensão, o pensamento semeou uma separação difícil de ser superada e que permanece em todas as áreas do conhecimento, por exemplo, na filosofia, nas religiões e na educação.

Lévinas utiliza-se, em *Totalidade e Infinito*, do fenomenológico transcendental para criticar o corpo como objeto, como uma simples materialidade externa: "Meu corpo não é para o sujeito somente um modo de escravizar-se, de depender do que não ele, mas um modo de possuir e de trabalhar, de ter tempo, de remontar a alteridade mesma da que devo viver."[11] Nota-se que, ao dizer "meu corpo não é para o sujeito", ele descreve o corpo como que mantendo certa distância do eu do meu corpo, e o descreve intencionalmente. Apesar de ser meu corpo, pertence ao sujeito, é visto como uma exterioridade e assim permanece. Esse corpo é um modo de possuir, de trabalhar, ou seja, remonta a si mesmo. Porém, esse corpo é vivo, sensível porque não é um arcabouço estranho para o indivíduo, não é um corpo objeto. Para contestar essa tese, utiliza o pronome possessivo "meu" corpo, que não me escraviza, que não me torna prisioneiro. Ao contrário, o sujeito se posiciona com o corpo porque ele é um (corpo), tem uma sensibilidade viva, pois sente as fragilidades e as remonta: "O corpo é a posição de si pela qual o eu, liberado do mundo pela necessidade, chega a remontar a miséria dessa liberação."[12] Mas elas são recompostas a partir da sensibilidade que ainda são intencionalidades.

---

10   Ibidem, p. 175.
11   E. Lévinas, *Totalidad e Infinito*, p. 136.
12   Ibidem.

Prova disso é que utiliza o método fenomenológico intencional, quando afirma que nós reconhecemos as necessidades como materiais e somos capazes de nos satisfazer a partir delas. O "eu pode voltar-se até o que não lhe falta"[13]. Uma vez satisfeito e tendo consciência da sua satisfação, volta-se para o que não lhe falta. De modo que é possível perceber que o eu volta-se para si e vê que as necessidades foram satisfeitas, assim constata o que não lhe falta mais. A partir da percepção, o sujeito "distingue o material do espiritual e se abre para o desejo"[14]. Percebe-se ainda como um ser racional, ciente da racionalidade, porém sensível, abre-se para outras possibilidades (desejo). E uma vez que está envolvido no mundo com o trabalho, com as ocupações (Heidegger), é despertado pelo outro. Porém, Lévinas deixa bem claro que o sujeito não é despertado do seu egoísmo pela religião natural, ou seja, pela razão, mas é o desejo que o abre para o outro, e faz com que rompa com seu egoísmo natural, para o qual está voltado somente para si, e volte-se para o outro[15].

Afirma ainda que a alteridade se vive com o corpo, de modo que, a partir da corporeidade, a alteridade jamais seja um conceito vazio e abstrato, mas relação de corporeidade, de um para com o outro, corpo como ponto zero e não apenas como um depósito de sensações conforme apresentava a teoria do empirismo. O corpo não é apenas objeto, pois está vivo e participa, embora aqui ainda não descreva a relação encarnada, que será trabalhada na obra posterior. Apesar disso, está claro que não há uma dicotomia entre alma e corpo, mas sujeito único que participa da vida social e se relaciona consigo mesmo, com o mundo e os outros sujeitos. Lévinas, brilhantemente, rompe com a noção que entrara no pensamento filosófico tradicional quando afirma que o corpo é apenas uma extensão ou uma "coisa" que serve à alma ou atrapalha a vida espiritual do ser humano, pois escraviza a alma que precisa libertar-se disso que era visto como uma coisa inferior. E para viver livremente, na pureza, precisava superá-lo, ou libertar-se. Afirma que o corpo traz em si necessidades, satisfações, dependências, gozo,

---

13 Ibidem.
14 Ibidem.
15 Ibidem.

alegrias, felicidades e necessita daquilo que não é ele, a alteridade. E é também desse modo que ele se posiciona no mundo.

Bom, se por um lado o pensador destaca que o indivíduo tem necessidades, vive-as e elas fazem parte dele, por outro, e principalmente agora, a partir do desejo, percebe que elas também o fecham, o encurralam em si mesmo, o aprisionam. Como afirma, na necessidade posso morder o real e satisfazer-me e ainda não perceber a existência do outro e assimilá-lo ao mesmo. Esse modo de pensar é próprio da ontologia, pois o sujeito está preso, e permanece atado ao ser. Portanto, a sua proposição filosófica será evadir-se do ser, da sua mordedura. Isso porque, ontologicamente, o sujeito está preso no ser e, uma vez encarcerado, a subjetividade permanece aprisionada a um destino temporal ditado pela ontologia. Não que Lévinas despreze esse modo de ser, mas procura mostrar que o ser humano é mais que isso, tem outras dimensões além da mordedura do ser. Por isso a necessidade em Lévinas não é pensada como uma categoria de ser, mas como felicidade e gozo no ser. No entanto, além da necessidade, e para sair da mordedura do ser, Lévinas apresenta o gozo, o tempo e, além disso, dá um passo a mais, distingue necessidade e desejo. Isso em *Totalidade e Infinito*, porque em *De Outro Modo Que Ser ou Para Lá da Essência* trabalhará como passividade, sofrimento e exposição.

O gozo faz parte da vida do sujeito. Estamos no mundo para gozar a vida, desfrutá-la e também usufruir das coisas. "A sensibilidade se coloca em relação com uma pura qualidade sem suporte, com o elemento. A sensibilidade é gozo. O ser sensível, o corpo, concretiza esse *modo de ser* que consiste em encontrar uma condição no que, por outra parte, pode aparecer como objeto de pensamento, como simplesmente constituído."[16] Lévinas, ao afirmar que a sensibilidade coloca o indivíduo em relação com o mundo, propõe uma relação pura sem nenhum suporte ou teoria (ontologia). A vida simplesmente goza, pois ela se dá no gozo e na medida em que o sujeito (vida) desfruta de tudo o que ela e o mundo lhe oferecem. Ela goza sem nenhuma preocupação de ser, ou sem nenhuma preocupação de constituir-se como sujeito ou de construir coisas. Sendo assim,

---

16 Ibidem, p. 155. (Grifo nosso.)

evidencia que a intencionalidade do gozo se opõe radicalmente à intencionalidade apresentada por Husserl, pois esta fundamenta-se como uma intencionalidade da representação. A grande novidade levinasiana consiste em mostrar o que o ser vivencia a partir da sensibilidade/necessidade e não do pensamento. No entanto, esse é um ente posicionado corporalmente e dependente da exterioridade, e essa vivência (fruição) e dependência suspendem a objetivação. Porém, ainda é intencionalidade.

Por isso, quando Lévinas fala do corpo, parte da filosofia transcendental, porém mostra também uma saída dele, sobretudo quando descreve o corpo concreto, que é sensível, faminto e sedento. Ele não pensa na fome, na sede, mas sente e, ao sentir, movimenta-se em direção à exterioridade. Todavia, essa dependência não é teórica, mas prática, concreta, como, por exemplo: para viver e sobreviver, um indivíduo necessita de alimento, precisa alimentar-se. Com essa proposição, reafirma sua tese e ainda se contrapõe às teorias idealistas. Assim, refuta a ideia de um corpo que é produzido por um pensamento. Aqui, é importante repetir o que já havia afirmado acima; a necessidade é movimento, logo, a dependência da exterioridade ratifica que o corpo é movimento. Ao alimentar-se ou para alimentar-se, move-se.

A partir do método fenomenológico, Lévinas mostra quando ele pode viver de..., mesmo quando ele mesmo é o acontecimento e, como o desejo coloca em crise as faculdades intencionais do corpo animado, jamais o sujeito encarnado é posto fora de circuito, esmagado, paralisado em suas potencialidades intencionais e seu relacionamento com o mundo segue sendo um ato da consciência, ainda que alguém venha criticar essa posição. O desejar, o ter necessidades, é ainda um ato de consciência, mesmo que seja trazido ao seu ponto zero da intencionalidade, como havia proposto Lévinas.

POR FIM

Em suas obras, Lévinas deu uma importância fundamental ao tema do corpo. Vimos que o mesmo tem necessidades e vive-as. Porém, a partir do desejo, abre-se para o outro e assim estabelece uma relação fraterna. Fazer filosofia ética ou política para o autor é trazer ao debate a corporeidade. Isso porque não é possível discutir o conceito ético em Lévinas se o indivíduo, o mesmo, está faminto, sedento, especificamente se passa por necessidades e é privado delas. O corpo sente, o corpo grita e quer vida.

O pensador questiona a ética a partir da corporeidade. As pessoas precisam viver as dimensões que a "vida boa" lhes oferece, desfrutar, usufruir. No entanto, a vida não é só isso, ela rompe com o egoísmo de olhar somente para si mesmo. Abre-se para o outro que é acolhido enquanto outro e assim constrói, a partir da relação social, uma sociedade fraterna e justa.

O grande problema são as ideologias que levam os indivíduos a viver uma vida brutal. Atualmente, a humanidade atravessa por situações difíceis e conflituosas. Existem pessoas não só passando fome, sede, mas morrendo, vivendo na miséria extrema, porque são privadas dos direitos mais básicos, diríamos das necessidades básicas. Gritam em todos os cantos do mundo que querem uma vida mais digna e humana. Por outro lado, assistimos a pessoas esbanjando suas riquezas, presas somente às suas necessidades, escravizadas pelos parâmetros de beleza (sem perceberem), naturalizadas a esse ciclo vicioso e desenfreado em busca do corpo perfeito, da roupa mais cara e da moda, do carro mais luxuoso, enfim, presas às concepções vazias que jamais saciarão as necessidades constantes que embasam esse sistema de dependência das coisas materiais.

O nosso autor propõe não um meio termo, mas uma ruptura. Todas as pessoas precisam satisfazer as necessidades básicas e, a partir disso, remontar-se de suas próprias misérias, abrir-se para o outro e estabelecer uma relação humana. Assistimos também a conflitos violentos como guerras, atentados, exploração de crianças e de pessoas mais pobres. Vidas são tomadas, corpos torturados, escravizados, clamam por justiça. A filosofia da corporeidade de Lévinas parte do corpo como proposição ética para que possamos escutar os gemidos do outro e de terceiros, a fim de superar as necessidades e as violências praticadas contra os indivíduos.

9. À Escuta do Rosto nas Imagens

aproximações entre Lévinas, Butler e Didi-Huberman

*Ângela Cristina Salgueiro Marques**
*Frederico da Cruz Vieira***

INTRODUÇÃO

Uma imagem fotográfica pode revelar o rosto levinasiano? Para refletir acerca dessa questão, partimos do pressuposto de que o rosto em Lévinas não se confunde com a face humana e é descrito como forma de "aparição", exposição íntegra, sem defesa, abrindo-se para a perspectiva da transcendência, sem deixar-se confundir com aquele que está além[1]. Lévinas aposta na definição do rosto como expressão da vulnerabilidade do existente, como demanda ética endereçada ao outro, descrevendo sua manifestação como experiência reveladora da presença viva e da pura comunicação de um ente que se torna acessível, mas não se entrega. Assim, o rosto não se configura só como o que nos é ofertado à visão (o visível), mas é, sobretudo, uma voz, um clamor que permanece em devir no aparecer incapturável do outro que se dirige a nós (o sensível).

---

* Professora Adjunta do Departamento de Comunicação Social da Universidade Federal de Minas Gerais.
** Doutor em Comunicação Social pela Universidade Federal de Minas Gerais.
1 E. Lévinas, *Ética e Infinito*.

Partimos das considerações de Lévinas, Judith Butler e Georges Didi-Huberman, que nos auxiliam a perceber como o rosto-verbo, evento de palavra, pode associar-se à fotografia da face, do corpo humano e de paisagens, assumindo caráter comunicacional e político, ético e estético. Tanto Butler quanto Didi-Huberman, influenciados pelo pensamento de Lévinas, definem rosto como uma interpelação ética feita pela alteridade através da vocalização de uma agonia, um clamor que nos implica no reconhecimento da precariedade da vida de todos nós.

Butler, em *Precarious Life* (Vida Precária), menciona que algumas expressões humanas podem ser significadas (substituídas por signos) a partir do rosto humano: figura que representa a dor, um clamor, uma demanda, uma finitude. Mas, ainda assim, a representação da face não suporta a infinitude que se expressa no humano. Há algo irrepresentável no rosto que não pode ser capturado por um dispositivo de visibilidade que tente apagar sua falha em representar a alteridade. Assim, segundo ela, uma representação bem-sucedida do rosto deveria falhar em capturar o referente e evidenciar essa falha.

Em *Peuples exposés, peuples figurants*, Didi-Huberman, por sua vez, ao comentar a série fotográfica *Faces* (1985-1986), de Philippe Bazin, conta que o intuito do artista, então em residência médica em um hospital, era encontrar parcelas de humanidade no gesto, propondo a escuta, o exercício de olhar para (e não através dos) pacientes idosos, um esforço para se dirigir ao outro, interpelá-lo e ser por ele interpelado. A perda do rosto problematizada por Butler se configura na experiência retratada por Bazin como processo de enquadramento institucional e governo dos corpos que expõe a condição de vulnerabilidade e de precariedade dos pacientes através de mecanismos de controle e subexposição, conduzindo à desaparição social, à impessoalidade e à desumanização. Já no ensaio "Cascas", Didi-Huberman responde à interpelação dos rostos que se erguem e o convocam a partir das paisagens e das fotografias feitas das ruínas do complexo Auschwitz-Birkenau[2]. Através de uma montagem fotográfica, ele faz emergir (por meio

---

2   G. Didi-Huberman, Cascas, *Serrote*, v. 13.

do olhar) e se coloca à escuta de um agônico grito silencioso, "interrogando a emergência e o desaparecimento do humano nos limites do que podemos saber, do que podemos ouvir, do que podemos ver, do que podemos sentir"[3].

Desse modo, para que a face humana, as paisagens, corpos e relatos se exponham como rostos (demanda ética), precisamos nos colocar à escuta do dizer dos rostos, que perpassa os ditos enquanto dimensão sensível que não pode ser encampada totalmente pelo visível. Argumentamos que o sensível revelado pela fotografia não equivale ao visível: o importante é que a representação permita a emergência de um "olho à escuta"[4], uma vez que a dignidade do ser humano é edificada por meio de um olhar que escuta o rosto, construindo uma relação comunicativa de acolhimento e hospitalidade a partir da precariedade comum que nos enlaça.

INTERPELAÇÃO DOS ROSTOS, DAS IMAGENS E A RESPONSABILIDADE ÉTICA

O rosto em Lévinas alude à responsabilidade dos homens perante o sofrimento de seus semelhantes. É uma espécie de interpelação ética dirigida a nós: somos intimados a uma resposta, ao acolhimento de outrem, totalmente distinto de mim; somos chamados à responsabilidade não somente sobre o que fazemos, mas também diante do mal que lhe venham infligir. Perante o rosto, somos afetados em nossos projetos, e a legítima defesa é para sempre atravessada pelo imperativo "não matarás", enunciado por ele. Para Lévinas, o conceito de rosto é definido como o que nos afasta de nós mesmos ao conduzir-nos pelo labirinto da alteridade[5]. Não é propriamente a face humana, mas um vestígio da presença de um outro que, por mais que esteja próximo, mantém-se à distância[6]. Por isso, o rosto levinasiano deve ser entendido para além da sua manifestação concreta da face humana, podendo se manifestar muitas vezes em caráter

3   J. Butler, Vida Precária, Contemporânea, n. 1, p. 32.
4   G. Didi-Huberman, Peuples exposés, peuples figurants, p.38.
5   E. Lévinas, Totalidade e Infinito; idem, Ética e Infinito.
6   F. Vieira; A. Marques, Rosto e Cena de Dissenso, Questões Transversais, v. 4.

indicial no rosto concreto, mas apontando para o infinito das alteridades; ao mesmo tempo que o vejo, o rosto não se deixa reduzir às denominações do percebido.

Dito de outro modo, o rosto não é visto, nem representável e articula o que está face a face com o distante. "Ele é o que não se pode transformar num conteúdo, que o nosso pensamento abarcaria; é o incontível, leva-nos além."[7] O rosto não é uma simples oferta de dados: é o que ele comunica sem se deixar apreender como representação. É muito importante salientar que Lévinas não percebe o rosto como imagem representativa da face do sujeito[8]. Ao contrário, para ele a expressividade do rosto ultrapassa a imagem plástica que possamos lhe atribuir, embora o rosto ofereça tal imagem como um *resto* da desconstrução que promove em sua passagem pela expressão. A imagem, assim, seria o resto de algo que não se deixa capturar de forma total, já que, para o autor, "o fenômeno é ainda imagem, manifestação cativa de sua forma plástica e muda, a epifania do rosto é viva"[9]. Lévinas ressalta ainda que a abordagem do rosto é o mais básico modo de responsabilidade, pois me remete ao outro diante da morte, olhando através dela e a expondo[10]. O rosto é o outro que me pede para que não o deixe morrer só, como se deixá-lo seria tornar-se cúmplice de sua morte. Portanto, como dissemos, o rosto me diz: "não matarás".

Retornemos à pergunta inicial de nossa reflexão: uma imagem fotográfica pode revelar o rosto levinasiano? Quem nos auxilia a pensar sobre essa questão é Judith Butler; inspirada pela afirmação feita por Lévinas de que o "rosto fala", ela assinala que o rosto "parece ser uma forma de som, o som da linguagem evacuando seu sentido, o substrato sonoro da vocalização que precede e limita a entrega de qualquer significado semântico"[11]. Para Butler, o rosto parece consistir em uma série de deslocamentos que dão origem a "uma cena de vocalização agonizante"; nesse sentido, citamos o próprio Lévinas:

---

7 E. Lévinas, *Ética e Infinito*, p. 70.
8 Cf. idem, *Alterity and Transcendence*; idem, *Ética e Infinito*; idem, *De Outro Modo Que Ser ou Para lá da Essência*.
9 Idem, *Ética e Infinito*, p. 51.
10 Cf. idem, *Totalidade e Infinito*.
11 J. Butler, op. cit., p. 18.

Sua presença [do rosto] consiste em se despir da forma que, entrementes, já a manifestava. Sua manifestação é um excedente (*surplus*) sobre a paralisia inevitável da manifestação. É precisamente isso que descrevemos pela fórmula: o rosto fala. A manifestação do rosto é o primeiro discurso. Falar é, antes de tudo, esse modo de chegar por detrás de sua aparência, por detrás de sua forma, uma abertura na abertura.[12]

Esse entendimento do rosto como vocalização sem palavras do sofrimento, nos remete ao reconhecimento do que está além da imagem, a *voz* de um enigma e, aquém da representação, o outro que o antecede no fenômeno do face a face. A singularidade do sujeito lança o observador ao enigma da interlocução, o que desconstrói nossos modelos automatizados de percepção. A linguagem ética do rosto se estrutura como discurso, em que outrem só pode me falar a partir de uma diferença absoluta, por sua alteridade inviolável e de sua precariedade. Precedendo o outro, o discurso não tem como ponto de partida a consciência, pois reside nas infinitas possibilidades de outrem, o que se define como infinito. Diante disso, o eu se vê sem poderes, já que não pode incorporar outrem a si.

Ainda que argumente a favor de um rosto que não pode ser contido na face humana – uma vez que o rosto é a presentificação da precariedade da vida, do sofrimento que não se deixa representar –, Lévinas menciona que algumas expressões humanas podem ser significadas (substituídas por signos) a partir do rosto humano: figura que representa a dor, um clamor, uma demanda, uma finitude[13]. Mas, como citamos no início, ainda assim, a representação da face não é suficiente para expressar o humano em suas infinitudes. O que há de irrepresentável no rosto não pode ser capturado por um dispositivo de visibilidade que tente apagar sua deficiência para representar a alteridade. Partindo-se do princípio de que uma representação bem-sucedida do rosto deveria falhar em capturar o referente e evidenciar essa imperfeição, concordamos com Butler quando afirma: "o humano é aquilo que limita o sucesso de qualquer prática representacional. O rosto não é apagado nessa falha de representação, mas é constituído exatamente nessa possibilidade"[14].

12 E. Lévinas, *Humanismo do Outro Homem*, p. 59.
13 Cf. idem, *Alterity and Transcendence*.
14 J. Butler, op. cit., p. 27.

É possível sustentar que a imagem destinada a invisibilizar o rosto silencia seu clamor e apaga sua unicidade em uma generalidade? Respostas a essa pergunta poderiam ser buscadas ao nos indagarmos acerca dos dispositivos que definem qual "espécie de ser humano a imagem nos mostra e a que espécie de ser humano ela é destinada, que espécie de olhar e de consideração é criada por essa operação"[15]. Como destaca Butler:

> esquemas normativos e midiáticos de inteligibilidade estabelecem aquilo que será e não será humano, o que será uma vida habitável, o que será uma morte passível de ser lamentada. Esses esquemas normativos operam não apenas produzindo ideais do humano que fazem diferença entre aqueles que são mais e os que são menos humanos. Às vezes eles produzem imagens do menos que humano, à guisa do humano, a fim de mostrar como o menos humano se disfarça e nos ameaça[16].

De fato, a representação nos revela que há violência na moldura do que é mostrado. Tal violência encaixa perfeitamente os rostos na moldura daquilo que pode ser dito e mostrado, sem hiatos, sem faltas ou sobras. Ela é o mecanismo ou dispositivo por meio do qual certas vidas e certas mortes permanecem não representadas ou, quando o são, isso ocorre de modo a efetivar sua captura (mais uma vez) pelo maquínico e midiático. Há aqui dois movimentos implicados: olhar para os modos de "aparência" performática dos sujeitos na imagem e identificar que tipo de olhar e de implicações esse "aparecer" suscita junto àqueles que observam a imagem. E, nessas duas operações, é a "aparência" que está em jogo.

Contudo, no movimento e gesto políticos de exposição ligados ao "aparecer", os indivíduos se transformam em sujeitos dotados de rosto, que desenvolvem capacidades enunciativas e demonstrativas de reconfigurar a relação entre o visível e o dizível, entre palavras e corpos. A imagem convida a aproximar-se do outro e, ao mesmo tempo, assegura uma separação: se ela "produz uma ligação entre sujeitos separados, entre sujeitos da desligação, ela assegura a distância que os separa,

---

15 J. Rancière, *O Espectador Emancipado*, p. 100.
16 J. Butler, op. cit., p. 28.

preservando-os de qualquer fusão identificadora ou massificante"[17]. Mondzain define a imagem como operadora de uma construção de relações entre os olhares de corpos que veem e que se mantêm disponíveis à troca e à mútua afetação[18]. Para a autora, a potência política de uma imagem está em sua capacidade de produção de um "olhar político", ou seja, na capacidade da imagem de nos colocar em contato com ou nos deslocar para as fronteiras da alteridade, do sofrimento e da alegria alheia. O gesto da imagem é aquele que promove a multiplicidade de mundos e formas de experimentação que não são as nossas e, por isso mesmo, nos habilitam a pensar, a dizer o mundo e a refletir sobre ele.

Esse olhar político que nos coloca em estado de disponibilidade e escuta seria uma afronta às imagens produzidas pelo capitalismo predatório que, segundo Mondzain, nos enfeitiçam com fórmulas prontas e hábeis em produzir alternativas palatáveis à dita crueza do real. Assim, como em Rancière, não é o conteúdo político das imagens que as torna políticas, mas as transformações sensíveis que produzem na maneira de olhar, pensar e viver de quem as observa.

Sob esse prisma, Mondzain afirma que as imagens que contribuem para a construção de um olhar político – e adicionamos, pela perspectiva levinasiana, um olhar político contornado pela ética – são aquelas que respeitam a distância entre quem é visto e quem vê, preservando-os de uma relação de enquadramento que torna o contato uma fonte de separação, de imposição de limites e não de acolhimento:

A boa distância ou o lugar do espectador é uma questão política. A violência reside na violação sistemática da distância. Essa violação resulta das estratégias espetaculares que misturam, voluntariamente, ou não, a distinção dos espaços e dos corpos para produzir um contínuo confuso onde se perde toda a probabilidade de alteridade.[19]

Assim, quem fotografa, quem é fotografado e o espectador precisam se aproximar sem que essa relação triádica seja de

---

17 M.-J. Mondzain, Nada, Tudo, Qualquer Coisa, em L. Nazaré; R. Silva (orgs.), *A República Por Vir*, p. 124.
18 Idem, Le Documentaire, geste d'hospitalité, *Images documentaires*, n. 75-76.
19 Idem, *A Imagem Pode Matar?*, p. 43.

intrusão. A operação relacional posta em marcha pelas imagens precisa demandar ao espectador acolhimento às alteridades, habilitando-nos a pensar, a ver e dizer o mundo outramente, permitindo-nos a fazer parte do(s) mundo(s) que elas deixam entrever, propiciando-nos um tempo para encontrar um lugar em meio a essas imagens. Nesse sentido, a política das imagens para Mondzain envolve três elementos: distância, distinção e hospitalidade, que coadunam com a responsabilidade ética do mandamento "não matarás" levinasiano. Nesse sentido, a política pensada por Mondzain não pode ficar abandonada a si mesma, mas antes deve ser encampada pela ética primeira, que antecede os códigos e normas de conduta; a ética do *eis-me aqui*, a qual o rosto expõe aos nos interpelar.

Partindo dos conceitos trabalhados até aqui, destacamos a seguir duas reflexões imagético textuais desenvolvidas por Didi-Huberman acerca do rosto e de sua capacidade de interpelação mediante o dizer e a abertura à singularidade da expressão das demandas de reconhecimento e dignidade.

O ROSTO NOS ENSAIOS DE DIDI-HUBERMAM: O EXERCÍCIO DO "OLHO À ESCUTA"

Tanto em *Images Malgré Tout* (Imagens, Apesar de Tudo) quanto em *Cascas*, Didi-Huberman procura responder à interpelação dos rostos que o convocam nas paisagens de ruínas em Auschwitz e nas fotografias testemunhais produzidas pelos *sonderkommandos*: imaginar apesar de tudo, não esquecer nem compactuar com o horror, mas responder ao rosto que se ergue das paisagens: "nestas tranquilas superfícies pantanosas repousam as cinzas de incontáveis assassinados"[20].

Didi-Huberman narra sua experiência de caminhar, em junho de 2010, pelo espaço que abrigou o complexo Auschwitz-Birkenau na Polônia. O intervalo de um ano entre a captura das imagens e o trabalho de montagem articulado na escrita revela o lento e necessário encontro de temporalidades, afetos e memórias. Enquanto explorava as ruínas, os restos e as

---

20 G. Didi-Huberman, Cascas, op. cit., p. 114.

pistas deixados pelos traumáticos acontecimentos do verão de 1944, ele produziu imagens fotográficas e posteriormente elaborou um texto que tem a pretensão de dizer sobre seu encontro com as cicatrizes das paisagens e com as raízes de sua própria existência[21].

Didi-Huberman rastreia as superfícies em busca do que resta para ver o "chão fissurado, ferido, varado, rachado. Escoriado, dilacerado, aberto. Desagregado, estilhaçado pela memória, um chão que berra"[22]. É essa sonoridade da superfície que nos instiga a pensar em como as "coisas chãs" do que resta de Auschwitz conferem um rosto à paisagem. Rosto aqui entendido a partir das reflexões de Lévinas como uma interpelação ética feita pela alteridade por meio da vocalização de uma agonia, um clamor que nos implica na precariedade da vida infinita em nós[23]. Nesse sentido, para que o rosto (semblante, face), os lugares, paisagens, corpos e relatos se exponham e operem como rosto (demanda ética), precisamos nos colocar à sua escuta, em ressonância com eles e sendo superfície na qual ressoem, o que nos deixa "sujeitos a uma perturbação, a uma afecção e a uma crise"[24].

As imagens articuladas com o texto em *Cascas* não foram feitas para verificar ou comprovar algo, mas para interpelar e interrogar a paisagem (as árvores, o céu, o sol, a luminosidade, o chão), evidenciando que o contato entre as dezenove imagens (sua *mis en relation*) reproduzidas no livro apontam o trabalho de explorar a superfície (*creuser*) e as revelações sobre o que se passou ali, marcas do que hoje se mostra a nós, ora como uma face muda, ora um rosto deformado em grito silencioso. Didi--Huberman está à escuta do clamor que ressoa na paisagem memorial do campo de concentração, é afetado pelo dizer das bétulas: "únicas sobreviventes e testemunhas da barbárie"[25].

---

21 Como nos lembra V. Casa Nova, Cascas Sobre o Papel, *Aletria*, n. 2, p. 67: "há marcas biográficas nos escritos de Didi-Huberman, uma vez que seus avós foram vítimas do Holocausto, assim como oitocentas pessoas com o nome Huberman".
22 G. Didi-Huberman, Cascas, op. cit., p. 109.
23 E. Lévinas, *Totalidade e Infinito*; idem, *Ética e Infinito*.
24 J.-L. Nancy, *À Escuta*, p. 42.
25 G. Didi-Huberman, Cascas, op. cit., p. 122.

FIG. 1: *Chão do crematório V. Fonte: Didi-Huberman.* Serrote, *n.13, p.129.*

Ao fotografar o chão do crematório V, Didi-Huberman revela como escuta o rosto que paira sobre os vestígios: "os solos falam conosco precisamente na medida em que sobrevivem, e sobrevivem na medida em que os consideramos neutros, insignificantes, sem consequências. É justamente por isso que merecem nossa atenção. Eles são a casca da história"[26].

Uma imagem sobrevivente é aquela que, segundo Didi-Huberman, se recusa a tudo revelar, resiste à pressão de uma visibilidade total, ao desnudamento dos holofotes que, impondo um imperativo radical de publicidade, imprimem uma violência sobre os sujeitos/objetos retratados e também sobre o espectador[27]. Para sobreviverem, as imagens não devem ofuscar, mas sim saber guardar a penumbra, como um convite acolhedor à contemplação demorada, que desacelera o tempo em nome da emergência da relação, da experiência afectiva. Só assim podem, por sua vez, nos permitir acolher, ao mesmo tempo que promovem o acolhimento no próprio gesto do fotógrafo.

26 Ibidem, p. 129.
27 Cf. idem, La Emoción no Dice "Yo", em AAVV, *Alfredo Jaar: La Política de Las Imágenes*; idem, Coisa Pública, Coisa Dos Povos, Coisa Plural, em L. Nazaré; R. Silva (orgs.), *A República Por Vir*.

FIG. 2: *Ruínas do crematório V. Fonte: Didi-Huberman.* Serrote, *n.13, p.123.*

As paisagens de Auschwitz-Birkenau são uma mistura de desaparecimento e retorno, entrelaçadas por meio de uma operação estético-política de montagem e, assim, permitem o erguimento de um rosto. Por meio do olhar arqueológico e escavador que Didi-Huberman dirige ao solo e às bétulas de Auschwitz-Birkenau, percebe que "as coisas começam a nos olhar a partir de seus espaços soterrados e tempos esboroados"[28]. Esse olhar é desestabilizador porque produz em nós "o efeito de estranheza segundo o qual o lugar se torna um rosto"[29]. As flores, as árvores, o lago e o solo deixam de ser tão familiares: nos dirigem um olhar alimentado pelo inquietante, pelo estranho, pelo estrangeiro que neles habita e que por meio deles vive e se apresenta diante de nós.

Estão aqui, decerto: aqui, nas flores dos campos, na seiva das bétulas, neste pequeno lago onde repousam as cinzas de milhares de mortos. Logo, água adormecida que exige de nosso olhar um sobressalto perpétuo[30].

---

28 Idem, Cascas, op. cit., p. 127.
29 Idem, *La Demeure, la souche*, p. 27.
30 Idem, Cascas, op. cit., p. 127.

FIG. 3: *Trilha de flores brancas sobre fosso de incineração defronte ao Crematório V.* Fonte: Didi-Huberman. Serrote, n.13, p. 125.

É como se as paisagens que falam no relato montagem de Didi-Huberman tivessem a potência de erguer o rosto daqueles que foram dizimados pelo Holocausto. Suas imagens não reiteram Auschwitz como lugar de barbárie, nem como lugar de uma cultura museificada e pronta para o consumo. A barbárie remete, segundo ele, ao "sofrimento inalcançável de uma alteridade radical, uma coisa informe e, por assim dizer, visceralmente insuportável"[31]. O consumo, por sua vez, aponta para povos sem rosto que estão, no museu de Auschwitz, "expostos a desaparecer ou a ser subexpostos nas representações consensuais da história"[32].

Para Didi-Huberman, a melhor forma de lutar contra o apagamento do rosto causado pelo excesso de luminosidade espetacular e, neste caso, museificante, é reavivar o exercício da contemplação arqueológica, do olhar.

---

31 Idem, *La Demeure, la souche*, p. 160.
32 Idem, Coisa Pública, Coisa dos Povos, Coisa Plural, op. cit., p. 67. E um pouco antes, p. 45: "Se os povos estão expostos a desaparecer, deve-se isso também ao fato de se terem formado discursos para que, já não vendo nada, possamos ainda crer que tudo se mantém acessível, que tudo permanece visível e, como se costuma dizer, sob controle."

Olhar não é simplesmente ver, nem tampouco observar com maior ou menor competência: um olhar supõe a implicação, o ser afetado que se reconhece, nessa mesma implicação, como sujeito. Reciprocamente, um olhar sem forma e sem fórmula não é mais do que um olhar mudo. É necessário uma forma para que o olhar aceda à linguagem e à elaboração, única maneira para esse olhar "entregar uma experiência e um ensinamento", quer dizer, possibilitar a explicação, o conhecimento, a relação ética: nós devemos, então, nos *implicar em*, para ter uma oportunidade – dando forma a nossa experiência, reformulando nossa linguagem – de *nos explicarmos com*.[33]

Em *Cascas,* Didi-Huberman responde ao apelo ético das paisagens rosto que reverberam o eco das vozes daqueles que morreram, mas que ainda estão ali: o ensaísta posiciona-se, por meio do olhar fotográfico, entre o espaço da implicação e da explicação (crítica, comparação, montagem). As imagens traduzem um movimento de apropriação, de conhecimento e, simultaneamente, de auto-constituição, e de resposta ética ao clamor da alteridade. Nesse sentido, a inquietação do olhar contemplativo relaciona-se com a apresentação do rosto. O dizer do rosto nos apresenta uma dimensão sensível que não pode ser encampada totalmente pelo visível. O sensível não equivale ao visível: quando Didi-Huberman realiza a passagem da escuta da voz que grita do solo e das ruínas de Auschwitz para a escrita, esta se deixa afetar pela aparição de outros distantes. A apresentação levinasiana do rosto nas imagens por ele articuladas via escrita é uma questão política, uma vez que mostra uma relação sensível que excede o visível.

Ao olhar as ruínas do campo como arqueólogo, faz emergir de uma "toponímia aberrante", um rosto retorcido pelo sofrimento, um agônico grito silencioso. E, nesse sentido, parece endereçar o humano onde não esperamos encontrá-lo, seja em sua fragilidade, nos limites em que o fazer tem sentido, "interrogando a emergência e o desaparecimento do humano nos limites do que podemos saber, do que podemos ouvir, do que podemos ver, do que podemos sentir"[34].

---

33 Idem, La Emoción no Dice "Yo", op. cit., p. 41.
34 J. Butler, op. cit., p. 32.

O ROSTO QUE SE ERGUE NO DIZER DA FACE

Ao comentar a série fotográfica *Faces*, Didi-Huberman[35] conta que o intuito de Bazin, que fazia residência médica em um hospital, era encontrar parcelas de humanidade no gesto da escuta, do exercício de olhar para (e não através dos) pacientes idosos, um esforço para dirigir-se ao outro, interpelá-lo e ser por ele interpelado. A perda do rosto de que nos fala Butler se configurava pelo processo de enquadramento institucional e governo dos corpos que expunha sua condição de vulnerabilidade e de precariedade através de mecanismos de controle e subexposição, conduzindo à desaparição social, à impessoalidade e à desumanização.

As faces dos idosos fotografadas por Bazin buscam conferir-lhes um rosto – a dignidade do ser humano é construída por meio de um olhar que escuta o rosto: "Bazin devolve-lhes o rosto utilizando o aparato fotográfico do olhar, concebido para transformar o olho clínico e sua gestão técnica necessária em 'olho à escuta'. Ele descreve essa prática, em que falar e olhar se conjugam na mesma temporalidade, como uma iniciação, uma viagem iniciática ao reconhecimento dos outros, partindo de si mesmo."[36]

As imagens de Bazin nos apresentam uma exposição dos sem nome, acolhendo o outro e os sons de seu sofrimento via escuta e captura da face. É claro que uma fotografia não devolve a palavra ao sujeito fotografado. Como ressalta Didi-Huberman, as imagens não restituem o nome próprio às pessoas cujos

---

35 Durante sua residência para o curso de Medicina em um hospital na França, Bazin passa a cuidar de pacientes idosos. Essa experiência o impulsiona a escrever uma tese de doutorado acerca dos *Aspectos Humanos e Psicossociais da Vida em um Centro de Longa Estadia*, destacando seu trabalho no setor de geriatria e trazendo descrições detalhadas da rotina, das coisas, dos corpos, dos gestos e sensações diante das quais o observador não sai ileso. O texto tematiza a negação da humanidade, a humilhação e a violência dirigida aos idosos. Para o registro dos dados da tese, ao longo de nove meses de sua residência, ele passava nos quartos pela manhã e medicava os idosos. Na parte da tarde, voltava aos quartos para fotografá-los, conversar com eles e observar tudo o que se passava. De acordo com G. Didi-Huberman, *Peuples exposés, peuples figurants*, sua tese se torna um verdadeiro ensaio fotográfico no qual se misturam rostos fotografados de perto, situações de reportagem, de documentário social, de realismo poético.

36 J. Butler, op. cit., p. 38.

rostos estão expostos[37]. Seu intuito é o de erguer os rostos, sustentá-los, dar-lhes o poder de *faire face* (enfrentar). E isso já não seria expô-los na dimensão de uma possibilidade de palavra? A pesquisa realizada por Bazin nos mostra que a imagem pode conferir rosto a um indivíduo, tornando-o sujeito a nossos olhos (a humanização depende da visibilidade do rosto humano), e, por isso, por permitir sua aparência, faz emergir o lugar da comunicação, da reciprocidade. Mas ela também produz a (in)*comun*icabilidade: um rosto que se nos apresenta via imagem pode, ao mesmo tempo, revelar um "em comum", um incomum e uma parte de outrem que não se deixa apreender, que não consegue traduzir-se em comunicação.

Ainda que a face humana nem sempre seja vetor de manifestação do rosto, outras expressões humanas, paisagens e objetos podem ser representáveis como um rosto, embora não o sejam, mas sim sons ou emissões de outra ordem. O importante é que a representação, no caso a fotomontagem das paisagens elaborada por Didi-Huberman, permita a emergência de um "olho à escuta"[38]. A dignidade do ser humano é construída por meio de um olhar que escuta o rosto, revelando não só "uma viagem iniciática ao reconhecimento dos outros, partindo de si mesmo"[39], mas também a construção ficcional de passagens que, ao mesmo tempo evidenciam separações e conectam o sujeito às memórias, a seus ancestrais e a uma "comunidade sensível"[40] que precisa, sempre, lembrar de Auschwitz, lembrar da precariedade comum que nos enlaça.

---

37 Ibidem, p. 43.
38 Ibidem, p. 38.
39 Ibidem.
40 J. Rancière, Le Travail de l'image, *Multitudes*, n. 28, p. 209: "Separar, criar distância é também colocar palavra, imagens e coisas em uma comunidade mais ampla de atos de pensamento e criação, de palavra e de escuta que se chamam e se respondem. Não é desenvolver bons sentimentos junto aos espectadores, mas trata-se de convidar-lhes a entrar no processo continuado de criação dessas comunidades sensíveis."

10. Amor e Justiça em Lévinas

*Leonardo Meirelles Ribeiro**

As linhas abaixo esboçam muito brevemente um ponto de vista que tenho defendido sobre uma noção de amor que a leitura levinasiana me sugere em seu *De Outro Modo Que Ser ou Para Lá da Essência*[1]. Ali, a meu ver, Lévinas escreve que o amor (ético) vai além de si quando, paradoxalmente, limita-se por causa da justiça. Esse percurso de investigação, que foi me parecendo aos poucos óbvio, descortinou, apesar disso, um universo de ambiguidades ao mesmo tempo que de coerências. Compartilho aqui o raciocínio que me levou a tal conclusão.

Lévinas apresenta muito claramente a justiça como necessidade de medida e da razão, como limitação da generosidade infinita do eu-para-outrem, que no momento justo precisa responder também aos outros de outrem e a eu "mesmo"[2]. Ou seja, queremos dizer com isso, o que move a justiça passa a se justificar: quando, por exemplo, segundo Lévinas, outrem inflige um

* Professor no Departamento de Filosofia da PUC-MINAS (2009-2010), desempenhou atividade docente como bolsista Capes/Reuni junto ao Departamento de Filosofia da UFMG.
1 Mais especificamente na seção "Du Dire au Dit ou la Sagesse du Désir" (Do Dizer ao Dito ou a Sabedoria do Desejo), do capítulo V de *Autrement qu'être ou Au-delà de l'essence*.
2 Cf. E. Lévinas, *Autrement...*, p. 239s.

mal a um terceiro, começa a resistência do eu em tudo oferecer a outrem. Aqui cessa a generosidade infinita diante do mal causado ao terceiro, por que a generosidade deve também se dirigir ao terceiro, em forma, no entanto, não de ética puramente, mas como distributiva e racional, como justiça, não permitindo que o terceiro seja prejudicado ou sofra injustamente pela ação de outrem, pois, como sabemos, em Lévinas a justiça tem origem no terceiro[3]. Há, portanto, uma preocupação com o terceiro, que nasce mesmo na ética.

A justificativa de Lévinas para o retorno do ser (e de eu ser) encontrar-se-ia na justiça como equilíbrio entre a minha bondade, resposta e responsabilidade, ao considerar que sou responsável também *pelo* terceiro. Seria eu responsável não só pelo que outrem comete, mas também pela injustiça do mundo? A resposta, nesse momento a três, para ser mais generosa que a generosidade infinita, tem que ser finita. Começam aí as ambiguidades. Limitar outrem e minha resposta a ele significa zelar pela justiça, pelo terceiro, o que aqui nos parece ser obra do excesso de um amor entendido como preocupação por todos e cada um, que precisa avançar mais longe, também em direção a outrem de outrem. Desse modo, a justiça seria então resultado do excesso de amor, o que nos parece remeter preferencialmente à noção de justiça como infinito, ou ainda como um além da ética, porque a justiça comportaria uma abdicação da generosidade infinita que, com a entrada do terceiro, ao se distribuir em limitação, estaria se multiplicando. Não seria então a justiça uma decorrência de uma ética desmesurada com a instauração da medida? Mas não se confunda, ética não é justiça em *De Outro Modo Que Ser ou Para Lá da Essência*. Entremos em maiores detalhes.

Consideramos que a justiça sempre re-presenta e, por se mostrar como dito, por ser sincronia, reciprocidade, ter conteúdo e termo, inscreve-se como finitude no mundo. Eis um paradoxo dessa justiça finita e infinita. Nessa ambiguidade, sempre e apesar dela mesma, é preciso não se esquecer de que o infinito em Lévinas não se deixará aparecer, de que não representa, e que não é, mas significa – um passado jamais

---

3   Cf. ibidem, p. 245.

memorável, que não se inscreve como conteúdo, mas inspira, que só se deixa passar. Pois:

> O sentido da sinceridade não remete à glória do infinito, a qual convoca à sinceridade como a um Dizer? Essa glória não poderia aparecer, porque o tornar manifesto e a presença a desmentiriam ao circunscrevê-la como tema, assinalando-lhe um começo no presente da representação enquanto, infinição do infinito, ela vem de um passado mais distante que aquele que, ao alcance do rememorar, se alinha sobre o presente. Ela vem de um passado que jamais foi representado, que nunca foi presentificado e que, por conseguinte, não permitiu germinar um começo.[4]

Eis por que a justiça não se confunde com a ética. É paradoxal a justiça em Lévinas, pelo que apontamos, quando a consideramos no espaço do finito *e* no não espaço do infinito, simultaneamente. Eis uma óptica da justiça que nos parece merecer ser mais explorada nas (curtas) linhas abaixo pela ambiguidade de a justiça permanecer no espaço do finito, quando a consideramos transbordamento do infinito. Como pensar, senão paradoxalmente, um transbordamento do ilimitado (como se fosse possível ultrapassar os limites do não limite), que se remetesse ao limitado?[5]

POR AMOR ILIMITADO, O RISCO DO LIMITADO

Sabemos, de acordo com Lévinas, que é próprio do infinito – que se mostra somente como rastro do infinito, sem se mostrar – partir tão logo se aproxime (segundo Lévinas, ele se apresenta sem se apresentar, em fuga, significação de um passado irrecuperável pela memória que o persegue): infinito como "traço de uma passagem ou traço do que não pôde entrar, traço da ex-cessão, de toda capacidade, traço do infinito significando diacronicamente com exatidão segundo essas ambiguidades"[6]. Vemos que, por essa inspiração que passa e pela necessidade

---

4 Ibidem, p. 225.
5 Considerando que "a articulação da significação do Dizer com a ontologia do dito, implica, *ipso facto*, reprimir a situação de expor do Dizer do presente". D. Cohen-Lévinas; A. Schnell (eds.), *Relire Autrement qu'être ou Au-delà de l'essence d'Emannuel Lévinas*, p. 42.
6 E. Lévinas, *Autrement...*, p. 146.

de partilhar a responsabilidade infinita com os outros do outro (função justa do amor que se ultrapassa), a justiça vai se mostrar no mundo como lei. "A questão que surgiu da demultiplicação do outro [...] é 'a cada um, limite da responsabilidade' como responsabilidade sem limite."[7] Assim, em Lévinas, por amor, a ética inspira a justiça como resposta *para* os outros dos outros, pois "à proximidade do outro todos os outros, exceto o outro, me obsedam e de imediato a obsessão grita por justiça, reclama comedimento e saber, torna-se consciência"[8]. E, por conseguinte, sabemos, uma vez que a proximidade inspira a justiça e esta é fixada no mundo, a ética a desdiz, para dizê-la *autrement* (outramente).

O dizer da ética (a própria infinição que quer se preservar indo embora) vai-se (para não se deixar prender pelo mundo) e, nessa passagem, inspira a lei como dito, que, no caso de não se renovar, torna-se ultrapassada. Eis o risco de a justiça tornar-se injusta, ou melhor, de perder-se, pois não parece que, por definição, a justiça possa se tornar injusta, já que, sendo injusta, não será mais justiça ou, em outras palavras, o que é justo *tout court* não pode ser injusto. No entanto, Lévinas considera que a justiça pode se desviar de seus propósitos baseados no amor, como o sabemos, e que assim o rigor da justiça a faz incorrer na injustiça – sendo o excesso de rigor, de fixidez ou a dureza de uma lei que não se abre a dizer, aquilo que a transmuta em injustiça: "A justiça provém do amor. Isso não significa dizer que o rigor da justiça não possa retornar contra o amor entendido a partir da responsabilidade. A política entregue a si mesma tem um determinismo próprio. O amor deve sempre vigiar a justiça."[9]

Seria, portanto, o amor a possiblidade de a justiça (que nasce do amor ético) permanecer justa em Lévinas? Consideramos que, ao se referir ao amor, nesse momento, Lévinas refere-se também à ética, pois, sem o sopro renovador da ética, a justiça transmuta-se em totalidade. A lei não pode se endurecer como ser – a questão da justiça em Lévinas não reside na

---

7 Ibidem, p. 200; *Autrement que savoir*, p. 44.
8 Idem, *Autrement qu'être ou Au-delà de l'essence*, p. 246.
9 Idem, *Entre nous*, p. 117.

ontologia voltada para a ética, mas na ontologia (em si)[10]. Em *De Outro Modo Que Ser ou Para Lá da Essência*, "Nós consideramos o ser da justiça como as leis caducas, e o poder não beneficiando senão a si mesmo, o Estado dos privilégios de uns e não *para* todos."[11]?

Lévinas apontou largamente os riscos em que incorre a justiça, nos últimos capítulos de *De Outro Modo Que Ser ou Para Lá da Essência*. Ali, reconhece que a justiça se perde ao não se deixar acompanhar pelo sopro renovador (ou se ela não seguir o rastro) da ética que não se deixa capturar. Qualquer tentativa de a justiça permanecer no ser sem se deixar inspirar pelo rastro ambíguo do infinito poderá desviá-la do justo caminho. Entretanto, não nos parece que ela tenha que buscar *por si* chegar até o infinito. Em outras palavras, não nos parece que a justiça, pelos seus mecanismos próprios de ser no mundo, renove a si mesma, pois, dentro das estruturas do dito, a justiça busca fixar-se, busca estabelecer, instituir e manter (a lei e seu cumprimento). Assim, não caberia a ela *por si* um papel ativo em se desdizer, mas somente em se deixar desdizer, em se deixar afetar por outrem, como se com o rosto estivéssemos buscando um certo paralelo. A justiça, entre sua tentativa fracassada em permane-ser como dito no mundo, é visitada, perturbada pela ética do rosto. Quem afinal a desdiz é dizer como des-dizer o (que foi) dito: "Antes de ser, a significação explode a reunião, o recolhimento ou o presente da essência."[12] Ou seja, *De Outro Modo Que Ser ou Para Lá da Essência* precisa explodir o ser para significar, precisa desdizer. Assim, ao contrário do autoquestionamento da justiça, parece-nos que seu maior questionamento vem de fora. A pergunta seria, outrossim: como ser visitada, inter-rompida pelo infinito, uma vez que "O infinito não poderia, portanto, ter os traços seguidos como a caça pelo caçador. O traço deixado pelo infinito não é o resíduo de uma presença; seu próprio luzir é ambíguo"?[13]

---

10 Abre-se um debate de difícil solução para filósofos que consideram, *a priori*, o em si como a própria ontologia. Para Lévinas, a ética é a filosofia primeira, mas, lembremos, nem mesmo a ética é em si em Lévinas, ela é para, direção que rompe a totalidade.
11 E. Lévinas, *Autrement qu'être ou Au-delà de l'essence*, p. 221.
12 Ibidem, p. 30.
13 Ibidem, p. 27.

Em outras palavras, por si, a lei corre o risco de endurecer-se (em suas certezas) e de trair sua inspiração se não se deixar afetar pela exterioridade. Segundo Lévinas, " A justiça é impossível se aquele que a faz não se encontra ele próprio na proximidade."[14] Sem se renovar, envelhece e não cumpre seu propósito, o de ser justa. Ou seja, por si (chamamos aqui esse si de ser, *razão* de sua fixação no mundo), não se mantém justa, correndo o risco de caducar sempre, se não visitada pela ética. Assim, a justiça precisa ser justiça do rosto, no sentido de não se deixar degenerar pelo ser. "Em nenhum modo, a justiça é uma degradação da obsessão, uma degenerescência do para o outro, uma diminuição, uma limitação da responsabilidade anárquica, uma 'neutralisação' da glória do infinito."[15]

Seria, então, em um dado momento, queremos dizer, quando ela se encontra em risco de se endure-ser, que a justiça pode, paradoxalmente, continuar justiça.

Para desenvolvermos tal ideia, aproximamos a relação entre ética e justiça do acontecimento, quando o eu é tocado por outrem. No que concerne ao eu e outrem: quando ocorre o encontro do face a face com outrem, eu significa *si* ao responder *para*, negando seu eu, assim se constituindo não como ser (eu), mas como *outramente que ser* – emergindo assim a subjetividade que é a de um si despido de ego, de um si afetado pela alteridade que o inspira, mas de um si que não se torna outrem – outrem é sempre outrem –, pois, evidentemente, o eu não pode ser outrem (se consideramos que por definição eu é tudo o que não é outro). Eu continua eu, mas *outramente*.

Então, convenhamos, aqui o eu, como si[16], não tem estatuto ontológico em Lévinas: eu significa sempre em direção a outrem, relativo ao (ou *para* o) outro que o desloca de seu ser. Consideramos que, em Lévinas, é o *para* Outrem ético da responsabilidade infinita que desubstancializa o Ego de si, que, saindo do *em si* do ser (como saber-se, verdade etc.), volta-se para: eis uma preposição que des-loca – tira o lugar de – o sujeito de si mesmo, "colocando-o" no não lugar da relação infinita.

---

14 Ibidem, p. 248.
15 Ibidem.
16 Ibidem, p. 21: "Unidade cujo fora de si, a diferença em relação a si é a própria não indiferença." Eis uma noção de si bastante esclarecedora.

Eis que, graças à relação do face a face, não resta lugar para o absoluto, ou para o pronome si. Ética para além da ontologia, mas também justiça para além da ética, por levá-la para além de si; justiça como além do para outrem, justiça de muitos e infinitos para: na qualidade de para outro de outrem e de para outro do outro de outrem, e assim infinitamente, também para mim. Justiça além da desubstancialização ética do ser, substancializando-o para (em muitos plurais). Grande paradoxo (!), que não contradiz a justiça. O ser se encontra presente na justiça, tem lugar, afinal, é-lhe exigido um lugar, mas o ser justo é um ser para, no sentido de que sua fonte e inspiração se encontra na ética. A justiça não pode, assim, ser em si. Ou melhor, ainda que fosse, seria preciso desconstruir-se e reconstruir-se por causa do para. " É preciso compreender o ser a partir do *outro do ser*. Ser, a partir da significação da aproximação, é *estar com outrem*."[17] O eu é relativo e significativo neste sentido em que ele se constitui por meio do encontro com outrem, para outrem. "É a partir da proximidade que ele [o Eu] tem, ao contrário, seu sentido exato."[18] Para Lévinas, "Outrem enquanto outrem não é apenas um *alter ego*; ele é o que eu não sou. Não o é em razão de seu caráter ou de sua fisionomia ou de sua psicologia, mas em razão de sua própria alteridade."[19]

SOPRO INSPIRADOR: ÉTICA, JUSTIÇA E ROSTO

Assim, uma vez considerado o movimento do eu que se constitui no sentido, como direção, do para outrem, no face a face diante do rosto de outrem, consideramos, aqui, a aproximação da justiça com o evento do rosto: a justiça se rea-firma no seu movimento de se constituir e de se renovar *outramente* pela ética. É o rosto de outrem que vem perturbar a justiça, tirá-la de sua fixidez legal. Ou seja, por meio dele, a justiça constitui-se inspirada por sua fonte ética que a interrompe de suas certezas, por sua preocupação (de ser), ao questioná-la de seu estatuto (até de sua ontologia?) e vai reconstituí-la *outramente*.

17 Ibidem, p. 33.
18 Ibidem.
19 Idem, *Le Temps et l'autre*, p. 75.

Se, no entanto (eis mais um paradoxo em Lévinas!), vemos que a subjetividade do eu no face a face se constitui pela sua desontologização, *si* não como estatuto ontológico, mas significância, enquanto si-relação para outrem, e em nada absoluto, a justiça, de modo diferente, se rea-firma ontologicamente pela ética, que a questiona, promovendo sua obrigatória renovação pelas instituições e leis, que exigem razão e medida[20] diante da multiplicidade. Notamos que, aqui, ao contrário, *outramente*, em seu contínuo questionamento do ser, reafirma a ontologia, já que persiste a *necessidade* de ser justo.

Agora quanto ao modo, dentro desse movimento de reconstituição, perguntamo-nos: como a justiça pode (*por si*) deixar-se afetar? Como a justiça pode deixar certa abertura ao sopro renovador do dizer que a desdiz para reconstituí-la *outramente*? Não nos esquecendo de que a justiça tem *affaire* com o ser, ela é, entretanto, continuamente questionada por perseverar em ser, ou ainda, ela entra em xeque sempre, uma vez que ela se faz ser, uma vez que a justiça é. Dizer passa inexorável. Acreditamos que, para se renovar, seria preciso, em certo *sentido*, um *apesar dela*, que nos parece a irrupção da singularidade dos indivíduos e seu sofrimento, que acontece na inexorabilidade do encontro indesejado com o rosto, pois só ele renovará a justiça. A justiça conta, a esse respeito, com um dado importante: sua origem que informa seu propósito de ser justa, o que significa nesse momento deixar-se tocar pelo rosto, pois só ele a renovará, garantindo-lhe manter-se justa. Ou seja, encontrar-se-ia no próprio espírito de ser justo, em Lévinas, o "deixar-se" questionar, desconstituir, reconstituir. Haveria, assim, algo de ético na justiça mesma, ou seja, a passagem inexorável de dizer. O sentido da justiça levinasiana, também como o da ética, é para. Em contrapartida, a justiça é fundamentada como ser (garantem-lhe o cumprimento as instituições e a lei), e como tal persiste em ser. Para nós, a persistência do ser que comporta a justiça é seu *malgré elle*, fazendo, assim, uma aproximação com o *malgré*

---

20 Caso contrário, Idem, *Hors sujet*, p. 185: "restringir-se à justiça, à norma da pura medida – ou moderação – entre termos que se excluem, retornaria ainda para assimilar as relações entre os membros do gênero humano entre indivíduos de uma extensão lógica, que não significam um para o outro senão negação, adições ou indiferença".

soi do eu persistente em seu ser diante de outrem. Enquanto ser, a justiça busca persistir em não mudar, em permane-ser, dito, lei. Sob tal aspecto, *De Outro Modo Que Ser ou Para Lá da Essência* talvez não seja de todo bem-vindo nos tribunais e no exercício da justiça no mundo, porque *outramente diz* a desinstalação de cargos, princípios, conteúdo de leis, jurisprudência etc. Haveria uma resistência (como uma força que não pode se opor a uma não força que vem da ética) que acreditamos próxima da resistência do eu, na justiça.

Em Lévinas, encontramos que a justiça se aproxima da política; queremos dizer que, para ele, a justiça deve contar com o exercício diário da política, como espaço da palavra e do contato com a diversidade, do movimento favorável e desfavorável a ela, dentro do vaivém da política, inclusive se deparar com sua recusa em não responder ao outro e ao outro do outro, e ao eu também, e ser instada a buscar-lhe as origens (pré-originais).

Afirma Lévinas, "o juiz pronunciou seu julgamento, absolveu o inocente e condenou o culpado, e ele viu um pobre homem que deveria pagar e então ele reembolsou este último com seu próprio dinheiro. É isso, justiça e caridade"[21].

A propósito dessa frase, aponta Catherine Chalier ser necessário aos juízes olhar o rosto de Outrem, via de sua humanidade, por onde passa também o Terceiro. A filósofa lembra-nos do bom comportamento do juiz[22] que, investido de suas funções, não se esquece da proximidade, permanecendo fiel à justiça. É recomendado a ele não aceitar agrados pois "cega os olhos do sábio e falseia a causa dos justos"[23], para não se sentir muito próximo daquele que se vai julgar. Chalier pergunta: "com efeito, quem pode afirmar sem hesitação e sem problemas que o dinheiro, a afecção e o tempo reservados a um próximo singular não constituem uma fonte de injustiça para o terceiro?»[24] Antes da aplicação da lei, continua, não se pode virar o rosto para a pessoa julgada, para não se deixar pegar pelo encontro com seu rosto, pois, "instituições justas não podem consentir em uma

---

21 Idem, *Nouvelles lectures talmudiques*, p. 20.
22 C. Chalier, *Lévinas: L'Utopie de l'humain*, p. 117. Certamente inspirada pelo comentário de Lévinas sobre leitura do Sanhédrin, nas *Leituras Talmúdicas*.
23 *Deuteronômio* 16,19.
24 C. Chalier, op. cit., p. 113.

piedade indiferente, em uma sorte do terceiro lesado, ferido ou assassinado"[25]. Mas, após o julgamento, convém olhar o rosto, como diz Lévinas: "a nudez do rosto fazendo face a, exprimindo-se: ela interrompe a ordem"[26].

Por esse caminho, consideramos como a ordenação e aplicação dos direitos humanos devem dirigir seu olhar para o rosto de outrem. De outra forma, correm o risco de se perderem em seu próprio conteúdo, ainda que haja quantidade de boas intenções no mundo dos direitos humanos... Uma justiça que se orgulha da justeza ou da adequação de seu conteúdo, como portadora de leis perfeitas ou eternas, estaria se endurecendo em certezas que ignoram a alteridade. A justiça voltada para si própria, assim como as leis e o direito, pode se endurecer pela detenção do poder. Somente guardando o "exercício" da preposição "para" (dirigida a seus múltiplos rostos), a justiça não se totaliza em forma de absoluto.

Em termos práticos, queremos aqui relacionar esse raciocínio com suas noções de finito e infinito. É preciso que juízes, legisladores, advogados e tribunais, mas também o Estado, a administração e a sociedade, façam justiça, porém observem (não acreditamos que unicamente por meio de mecanismos próprios, mas como apontamos, precipuamente por meio da exterioridade que se faz intervir como dizer que se aponta entre o debate político e a ética) o dizer que inspira a justiça, pelo sopro de dizer que passa no rastro de outrem. Outrem, em Lévinas, passando no face a face cujo mundo da justiça não consegue com-preender e do qual, por sua vez, a justiça não pode se desviar, significa a sua própria possibilidade. Assim fazendo-se, outrem, enquanto dizer que passa, desubstancializa o rigor da justiça, ameaça seu conteúdo, questiona as leis, conservando, paradoxalmente, seu espírito, qual seja, o de ser justa, ora mantendo-a, ora renovando-a. É (eis aqui outro paradoxo), desubstancializando-se, quando outrem questiona o ser da lei, que a justiça retoma sua substância, por novas leis ou por aquelas justamente confirmadas.

Desse modo, as leis devem também seguir o rastro de outrem que, repetimos, pode se dar pelo exercício da política

---

25 Ibidem, p. 117.
26 E. Lévinas, *En Découvrant l'existence avec Husserl et Heidegger*, p. 289.

que faz e refaz a organização da sociedade. Se, por um lado, as leis devem interromper-se, transformar-se, para continuarem *outramente*, e assim renovarem a justiça, por outro, o espírito da ética, infinito, permanece *diferentemente* interminável. O eu deve tudo e sempre ao outro, como culpado por tudo e por todos[27]. Com a justiça, que não se acredite em Lévinas que o eu fica quite com outrem (!), pois permanece a relação intersubjetiva que é: "uma relação não simétrica. Nesse sentido, eu sou responsável por outrem sem esperar a recíproca, mesmo se me custar a vida. A recíproca é *seu* compromisso. É precisamente na medida em que entre outrem e eu a relação seja recíproca, que eu sou sujeição a outrem; e eu sou 'sujeito' essencialmente nesse sentido"[28].

Se, para Lévinas, "nós somos totalmente culpados por tudo e todos perante cada um, mas eu mais que os outros"[29], isso ocorre na medida em que "alguém dizendo 'eu' se dirige a outrem"[30]. Lévinas refere-se aqui, naturalmente, a uma generosidade sem limites, o rosto renovando-se por meios inesperados, tanto ética quanto justamente. Eis seu ponto de encontro: o rosto. Nessa infinição, ética e justa, encontra-se a maneira (infinita) e a força da renovação. Esta é guiada pelo imprevisto, pelo acaso do encontro que se faz ou não (perguntamo-nos se, em Lévinas, o acaso não comportaria mesmo o não encontro, como maneira do inesperado, ou, se, à espera do encontro, a chegada do não encontro já significasse dizer), exatamente porque ele se exime de qualquer previsão ou de-finição. Renovação que, na justiça, faz-se guiar pelo vaivém do exercício livre da política, para que se dê o movimento (como inspiração) próprio da palavra "Dizer", resposta, responsa-bi-lidade do eu e do juiz diante de Outrem e do Terceiro.

---

27 Idem, *Ethique et infini*, p. 95: "Conhece a frase de Dostoiévski: 'Nós somos todos culpados de tudo e diante de todos e eu, mais que os outros.' Não por causa desta ou daquela culpa efetivamente minha, por causa de erros que eu teria cometido; mas porque eu sou responsável, de uma responsabilidade total, que responde por todas as outras e por tudo nas outras, mesmo sua responsabilidade. O eu tem sempre uma responsabilidade a mais que todos os outros."
28 Ibidem, p. 105.
29 Ibidem, p. 95. Explica Lévinas: "Esse 'eu mais que todos os outros' não é o resultado da consulta a seu dossiê jurídico, mas a estrutura inicial do eu vista em 'eis-me' ao serviço de outrem." (*Autrement que savoir*, p. 72).
30 Ibidem, p. 68.

A justiça é Renovação incessante, como movimento, tal como o da água que não pode parar sob o risco de ficar insalubre. Vida que pulsa além do finito. Torna-se necessário se ater aos princípios que inauguraram a justiça para se preservar seu espírito. Consideremos os inícios da justiça em Lévinas. Vejamos que ela se instalou no mundo para limitar a generosidade infinita do eu para outrem, devido à necessidade de responder também para os outros de outrem que me solicitam resposta, havendo lugar também para o eu, que, todos sabemos, com direitos na vida social. É preciso cálculo, medida; a razão e o ser instalam-se para temperar a infinição da ética do um-para-o-outro. Em sociedade, limites instalam-se ali onde, antes dos tempos imemoriais, havia somente ética. Segundo Lévinas,

> Há sempre um terceiro no mundo: é também meu outro, meu próximo. Portanto, importa saber quem entre os dois irá adiante: um não é o perseguidor do outro? Os homens, os incomparáveis, não deveriam ser comparados? Aqui, a influência de si sobre o destino do outro é, portanto, anterior à justiça. Devo emitir julgamento onde eu deveria desde o início assumir responsabilidade.[31]

Em sua instalação, a justiça guiada pelo espírito do dito, queremos dizer pela finição, tem decorrente necessidade de (se) de-*finir*, tem a propriedade de interromper o movimento interminável que vai em direção ao outro. A justiça, como sabemos, não só obriga à fixação de leis, mas é, antes, sua fonte. Lembremo-nos de que o movimento que significa resposta infinitamente generosa ao outro, o qual se desloca de seu ego ao responder ao outro, deixando-se afetar por sua infinição – distância ou tempo infinito que separa o eu do outro –, será, a partir de então, limitado pela necessidade de justiça. Tal distância interminável – a própria alteridade, jamais alcançada pela compreensão do eu, espaço aquém ou além da razão, que em Lévinas ultrapassa os limites do pensamento, que em Descartes se interrompe como ideia do infinito, que não pode atingir o infinito – tal distância interminável é então descrita por Lévinas, segundo vimos, como visível, objetivamente limitada pela

---

31 Idem, *Entre nous*, p. 125.

necessidade de justiça. Como justiça, o finito instala-se como lei, limitando a generosidade infinita.

Mas, paradoxalmente, a lei, materialização do espírito da justiça, surge como possibilidade de o infinito passar no mundo e deixar seu rastro. Segundo Lévinas, na vida em sociedade é preciso limitar o infinito, momento em que percebemos a relação entre o bem de Platão e o além do ser de Lévinas como "infinição" da ética do um-para-o-outro, alteridade que passa no face a face. No mundo, na comunidade dos homens, o brilho do infinito (segundo Platão, como sabemos, no mito da caverna, o bem possui luz total que resplandece e impede qualquer visão acerca do mundo) somente pode se mostrar em parte. A justiça seria, desse modo, a encarnação de uma parte do brilho que, passado e se mostrando como lei, faz-se razão para habitar na sociedade?

Apesar de termos afirmado que a lei surge como possibilidade do infinito[32], entendemos que, em Lévinas, a lei surge também como possibilidade do finito. Ora, se encontramos aqui um paradoxo, ele não surge sem propósito. A lei materializa a própria finição que se mostra. A lei materializa, já de antemão, sua caducidade. Assim, vemos que as leis podem, dentro de sua continuidade, existir graças e paradoxalmente à interrupção (infinita) das leis (afinal, possibilidade de se manterem finitas, dentro de um sistema legal, democrático, segundo os moldes que aponta Lévinas, próximos do humano), graças, por um lado, à possibilidade ética de interrogarem sobre sua existência, graças, por outro, à sua renovação infinita empreendida pela ética que, como dizer, desdiz o que se fixou (que aqui em nosso caso está em forma de lei) e o re-diz, pois, segundo Lévinas, "o outramente que ser se enuncia em um dizer que deve também se desdizer para arrancar assim o outramente que ser do dito em que o outramente que ser se coloca de antemão para não significar senão um ser outramente"[33]. Contra o *ser outramente* que a justiça pode engendrar, como afirmação do ser totalizante, a ética se faz fonte inspiradora. Mas de que modo?

---

32 Dizer fixando-se em Dito, sem se deixar fixar, em uma ambiguidade, segundo a parte 3 do capítulo V de *Autrement qu'être ou Au-delà de l'essence*.
33 Idem, *Autrement qu'être ou Au-delà de l'essence*, p. 19.

A passagem do dizer ao dito, da ética à justiça, e da justiça à ética, faz-se desconcertando a justiça, interrogando-a, tirando-lhe a razão que se autojustificou, para reafirmá-la "outramente". Com o passar da história, como por efeito da corrosão dos tempos, as leis tornam-se finitas em seu conteúdo ao se desatualizarem, ao se acomodarem e se tornarem viciadas, reafirmando privilégios que delas podem advir por seu uso inter-essado[34]. Porém, as leis tornam-se infinitas, não em seu conteúdo, mas em sua forma que se de-forma, se re-forma, se trans-forma, modo de assim continuar seu caminho de justiça. Eis o caminho guiado pela bondade, ou amor, ou misericórdia, ou ético na medida em que a ética é fonte de justiça: "Ainda há comunicação aí, contaminação: a bondade é anúncio da justiça, da possibilidade da justiça: a justiça, por sua vez, é anúncio da bondade"[35], onde "a justiça me exige ir além da linha reta da justiça"[36]. É neste ir-além-de-si-mesma da justiça que se encontra a ética infinita, como fonte, mas não como princípio!

Servimo-nos das seguintes palavras de Lévinas, aplicando-as à nossa comparação entre ética como dizer e justiça como dito, para ilustrar a ação da primeira sobre a segunda, ao nos referirmos à ética:

para um Dizer correlato ao Dito ou ao idealizar a identidade do ser, ao constituí-la, portanto, ao recuperar o irreversível, ao coagular em um "alguma coisa" a fluência do tempo, tematizando, emprestando um sentido, tomando posição no que concerne ao "alguma coisa" fixo em presente, se o re-presentante e o arrancando assim para a labilidade do tempo. O Dizer voltado para o Dito e se absorvendo nele, correlato do Dito, nome de um ser, na luz ou na ressonância do tempo vivido que deixa aparecer o fenômeno, luz e ressonância que podem, por sua vez, se identificar com um outro Dito[37].

Não nos esqueçamos de que as necessidades do mundo, contingentes que são, transformam-se, assim como a lei tem necessidade de ser transformada e atualizada. A alteridade e

---

34 Inter-essado, como esse redundantemente fixado, como verbo no particípio passado, assim como Dito, na mesma conjugação.
35 M. Abensour, L'Éxtravagante hypothèse, em D. Cohen-Levinas (éd.), *Emmanuel Lévinas*, p. 83.
36 E. Lévinas, *Totalité et infini*, p. 203.
37 Idem, *Autrement qu'être ou Au-delà de l'essence*, p. 65.

os eventos no mundo exigem a renovação das leis para que elas se adaptem às novas exigências do mundo. Em seu atraso fundamental, a lei, uma vez caduca, e persistente no ser (injustamente)[38], aproxima-se da estrutura do eu, em seu egoísmo que quer defender interesses e privilégios.

A lei, assim como o eu, devedores de outrem e continuamente atrasados para pagar sua dívida por ocuparem um lugar ao sol, encontram na inspiração sua possibilidade de resposta *para* outrem e somente assim, parece-nos, encontram sua subjetividade. Para se renovar, é preciso voltarem-se sempre e ainda para o rosto. Esse é o modo de o finito e o infinito encontrarem-se, reafirmarem-se, colocando(-se) em questão a justiça, para ela significar justiça-ética.

Os traços da limitação e da finitude que tomam a separação, não consagram um simples "menos", inteligível a partir do "infinitamente mais" e da plenitude inquebrantável do infinito; eles asseguram o desbordamento mesmo do infinito ou, para dizê-lo concretamente, de todo o excedente em relação ao ser – de todo o bem – que se produz na relação social. A partir desse bem, o negativo do finito deve ser compreendido. A relação social engendra esse excedente do bem sobre o ser, da multiplicidade sobre o um.[39]

Eis a forma magistral em que Lévinas resume o propósito que aplicamos à justiça. Em suma, coloquemos assim: "a subjetividade" da justiça encontra-se em sua subordinação à ética. Ela se torna ela mesma subordinando-se ou assujeitando-se (?) a Dizer. Essa é a maneira como vemos Lévinas resolver o paradoxo e a questão da justiça. A ética não anula a justiça. Essa era nossa pergunta do início. Eis uma outra forma de compreender a primazia da ética sobre a justiça em Lévinas, mesmo se nos arriscamos a nos tornarmos repetitivos em virtude da centralidade da questão, segundo nossa opinião. O finito mantém-se infinitamente finito em sua renovação como finito. Eis como o infinito pode se mostrar sem se mostrar, a possibilidade da justiça se manter como finito, como lei, como dito, é

---

38   Uma das injustiças do Ser parece-nos, em Lévinas, sua persistência no que já se foi, ou em pretender reter o que se vai. Injustiça como posse, força, ego, injustiça em ser, fundamentalmente ontológica.
39   E. Lévinas, *Totalité et infini*, p. 325.

deixar-se tocada (ou inspirada) pela ética, ou, em outras palavras, a possibilidade de o finito se manter finito é de se deixar tocar infinitamente pelo infinito[40]. É nessa exterioridade que o infinito pode se "compreender" não como negação do finito, mas como sua possibilidade.

---

40 Lembrando que, para nós, esse deixar-se é um *malgré soi*.

11. A Imanência e a Transcendência em Lévinas e Dostoiévski

*Thomas Newman**

A RESPONSABILIDADE E SUA RELAÇÃO COM A TERRA

Os livros de Dostoiévski e Tolstói aparecem como os primeiros cursos de metafísica de Emmanuel Lévinas, falante e leitor do russo, natural de Caunas, na Lituânia[1]. Ele utilizava Dostoiévski muito frequentemente para ilustrar a responsabilidade infinita por outrem cujos dois exemplos-chave são a "compaixão insaciável"[2] de Sônia Marmeládova por Raskólnikov, em *Crime e Castigo,* e a responsabilidade assimétrica, descrita por Marcel, o irmão do *stárets* Zossima, segundo o qual "cada um de nós é culpado diante de todos, por todos e por tudo, e eu mais que os outros"[3]. O discurso filosófico e teológico de Zossima funciona como pedra angular do texto, colocada pelo autor para

---
* Foi professor na Universidade de Rouen, em Paris III, leciona atualmente no Instituto Católico de Paris. Tradução de Leonardo Meirelles.
1 F. Poirié; E. *Lévinas, Essai et entretiens*, p. 70-71 (Ed. brasileira, *Emmanuel Lévinas: Ensaios e Entrevistas*, p. 58-59); E. Lévinas, *Ethique et infini*, p. 12.
2 E. Lévinas, La Trace de l'autre, *En découvrant l'existence avec Husserl et Heidegger*, p. 270.
3 F. Dostoïevski, *Les Frères Karamazov*, p. 310. Lévinas cita esta passagem acerca de Zossima muitas vezes em sua obra. Cf. E. Lévinas, *Autrement* ▶

invalidar o argumento do Grande Inquisidor, segundo o qual o autoritarismo é o único meio de liderar um povo demasiado fraco para seguir suas inclinações éticas. Zossima prega a consubstancialidade de todos os seres e de todas as coisas[4], sem as quais o coração humano pode se fechar e recusar o chamado de outrem. O autor russo, no entanto, permite que personagens doentes, perturbadas ou sujeitas a ideias fixas ofereçam inflexões estranhas a essas visões éticas. Como Ellis Sandoz explica, há uma tentação russa – ou talvez mais propriamente humana – que acredita que "o objeto da veneração é muito facilmente matéria sagrada"[5], parecendo mais conduzir a ordem divina em direção ao ontológico que abri-la em direção ao além. As situações escolhidas por Dostoiévski, nas quais as personagens são capazes de expor a alma, também são acompanhadas de descrições em que o telúrico, de *tellus*, terra ou planeta, em latim, se misturam com os impulsos transcendentes.

Primeiro, vamos dar um exemplo do lado sagrado do espectro: Teraponte, asceta de *Os Irmãos Karamázov*. Rival de Zossima, ele já não participa da vida do mosteiro, preferindo a floresta à igreja, preferindo os cogumelos que vai colher sozinho à hóstia em comunidade. Encontra-se, portanto, sujeito a visões consideradas milagrosas por alguns irmãos e pelas pessoas simples. Existem coisas diabólicas derivadas do folclore que se escondem no mosteiro – chega até mesmo a cortar uma cauda ao fechar uma porta. Para o irmão Marcel, do *stárets* Zossima, não seria inapropriado pedir desculpas por pecados cometidos contra pássaros, coabitantes da Terra[6]. Para Teraponte, por sua vez, mesmo o Espírito Santo pode literalmente descer sobre ele na forma de um dos pássaros da floresta e falar com ele na linguagem humana. Percebendo a desconfiança de seu interlocutor, vê um galho de árvore que, coisa terrível, à noite se torna "os braços de Cristo", que o "levará"[7]. O arrebatamento dessas imagens deslumbra, fascina e intimida, privando o crédulo de sua liberdade. A espiritualidade de suas visões é suspeita e

▷ *qu'être ou Au-delà de l'essence*, p. 228; idem, *De Dieu qui vient à l'idée*, p. 119, p. 134-135; idem, *Dieu, la mort et le temps*, p. 220; e idem, *Entre nous*, p. 115.
4   F. Dostoïevski, *Les Frères Karamazov*, p. 343-345.
5   E. Sandoz, *Political Apocalypse*, p. 31.
6   F. Dostoïevski, *Les Frères Karamazov*, p. 311.
7   Ibidem, Livre IV, p. 183-185.

seguida por um despertar imediato do mesmo, ordem dentro da qual Teraponte se coloca como autoridade. Para citar Lévinas em *L'Au-delà du verset* (Para Além do Versículo), milagres puramente taumatúrgicos "não são milagres suficientes", e não suscitam mudanças[8].

Dostoiévski é entendido como uma figura da ortodoxia russa, mas lida com a piedade popular de maneira compassiva, o que lhe permite estabelecer relações entre inflexões sagradas e santas. Então, vemos se desviarem ou, pelo menos, se limitarem a boas inspirações e desejos. Em *Os Demônios*, Maria Lebiádkina, coxa e tocantemente humilde, casada em segredo com Stavróguin, perturba a vida da cidade por sua total vulnerabilidade enquanto apenas reivindica ser reconhecida pelo marido. Nutre uma concepção da Santíssima Virgem que se confunde com uma figura de Mãe Natureza que data dos primeiros tempos dos povos eslavos: "A Mãe de Deus é mãe de todos nós, é *a terra úmida*, e essa verdade guarda uma grande alegria para os homens. E todo sofrimento terrestre é para nós uma alegria."[9]

A expressão "zona úmida" refere-se a *mat sira zemliá* ou "mãe terra úmida" na antiga mitologia russa, e mais tarde a *mókosch* (umidade), a única deusa do panteão do rei Vladimir da Rússia, convertido ao cristianismo em 988[10]. A imanência dessa deusa, seguindo os sulcos da consciência antiga do povo baseada em antepassados, na fertilidade e nas estações, é acompanhada de ritos, o que teria ajudado a fortalecer a identidade do povo. *Mókosch* é assimilada pela Mariologia, tornando-se a Mãe de Deus. Assim, na *Theotokos* dos gregos, portadora de Deus, designação da Virgem, opera o suplemento de uma maternidade sensual e fértil, mas sem rosto[11]. Maria Lebiádkina também é assombrada por uma responsabilidade obsessiva: ela acredita ter afogado seu recém-nascido enquanto ela mesma era virgem[12]. Suas ilusões sagradas encontram-se em um modo ético, mas o tom é trágico.

---

8   E. Lévinas, De la lecture juive des Ecritures, *L'Au-delà du verset*, p. 138n.
9   F. Dostoïevski, *Les Démons*, p. 154.
10 E. Sandoz, op. cit., p. 25 e 29-30.
11 Ibidem, p. 30; E. Lévinas, *Totalité et infini*, p. 37-38: "a natureza é fértil e generosa, mas sem rosto, matriz de seres particulares, matéria inesgotável das coisas".
12 F. Dostoïevski, *Les Démons*, p. 155.

Será da boca de Zossima que ouviremos a evocação sobre a *Theotokos* em *Os Irmãos Karamázov*, durante as "Entrevistas"; os *stárets* dão como missão aos monges instruir o povo, "em paz. Essa é sua missão como religioso, porque o povo carrega Deus em si"[13]. Os delírios e os desejos naturalistas de Maria Lebiádkina são entendidos apenas por Schátov, que "vibra em seu uníssono"[14], porém, pela causa popular. A convicção íntima de Schátov, depois de passar por um estágio socialista e ateu, é a de que a Rússia só poderá ser salva graças ao retorno à ortodoxia, aos valores tradicionais e à terra, valores capazes de integrar intelectuais burgueses e aristocratas com o campesinato em uma "nova síntese cultural russa"[15]. A agitação em favor desse movimento, o *potchvennitchestvo* ou o "retorno à terra natal", aparecia já na década de 1860, e foi promovido por Dostoiévski como editor – não oficial por ser, na verdade, um prisioneiro liberto – do jornal *O Tempo* (de março de 1861 a maio de 1863). Schátov nos permite ver o quanto Dostoiévski mediu as implicações de suas próprias tendências políticas, o dialogismo do romance que lhe permite uma melhor penetração nos eventos do que seu jornalismo. *Ele examina a influência do nacionalismo sobre a religião e constata o potencial desrespeito em relação aos direitos dos povos não russos.* Schátov é acusado por Stavróguin de reduzir "deus ao posto de mero atributo do povo".

Constatamos que ele enxergou corretamente quando Schátov fez do deus monoteísta um deus tribal ou um gênio do lugar: "Todo povo é um povo apenas enquanto possui seu deus, seu próprio deus, e nega, sem admitir qualquer compromisso com outro Deus." Os russos, pessoas "teóforas", segundo Schátov, devem "renovar" e "salvar" outros povos, mas também governá-los, contentando-se apenas com "o primeiro lugar" na humanidade[16], abordagem totalizante, evidentemente.

O que Dostoiévski pensava disso? Ao contrário de Schátov, ele pensava ter encontrado na literatura e no cristianismo um caminho para a fraternidade e para o ecumenismo: "Tornar-se

---

13 Idem, *Les Frères Karamazov*, p. 338.
14 R. Guardini, *L'Univers religieux de Dostoïevski*, p. 38.
15 J. Frank, *Dostoevsky: A Writer in His Time*, p. 285.
16 F. Dostoïevski, *Les Démons*, p. 266 e 267. Schátov, entretanto, permaneceu ateu.

um verdadeiro russo", diz ele, "talvez signifique apenas tornar-se o irmão de todos os homens, *o homem universal*."[17]

Em seu *Discurso Sobre Púschkin*, de 8 de junho de 1880, do qual tirei a última citação, Dostoiévski amplia sua concepção acerca do papel da Rússia no mundo, especialmente na Europa Ocidental, tomando a personagem de Evguêni Onéguin, do romance epônimo (1825-1832), como exemplo de um intelectual desarraigado. Depois de uma juventude mundana em São Petersburgo, descobre a bondade das pessoas por meio de Tatiana, por quem se apaixonará mais tarde. O gênio de Púschkin é capaz, de acordo com o prefácio publicado em agosto de 1880 no *Diário de um Escritor*, de "penetrar o gênio de outras nações", embora permaneça russo. Dostoiévski coloca Púschkin acima dos "Shakespeares, Cervantes e Schillers"[18], e quer argumentar que a Rússia, a partir de Púschkin, se encontra madura para desempenhar um papel no renascimento da Europa, e que a particularidade e a universalidade culturais podem coexistir. O discurso causou sensação e, muitos anos depois, atraiu a atenção de Martin Heidegger.

Nos primeiros escritos de Heidegger, publicados por ele mesmo em 1972, Dostoiévski aparece em uma lista de autores que o influenciaram entre 1900 e 1914. O autor russo é citado entre, de um lado, Nietzsche e Kierkegaard, e, do outro, Hegel, Schelling, Rilke e Trakl[19]. Além do testemunho de Otto Pöggeler – segundo o qual, durante anos, Heidegger manteve uma imagem de Dostoiévski em seu escritório[20] e uma carta de Heidegger dirigida à sua esposa, datada de 1920, onde aponta que alguns humanos perderam sua pátria (*Heimat*), prados e campos[21] – pareceria haver apenas uma menção a Dostoiévski em seus escritos filosóficos. Ela se encontra nos cursos de 1940 sobre niilismo europeu dados em Friburgo. Heidegger cita o início do prefácio ao *Discurso Sobre Púschkin*, explicando que

---

17 Idem, *Discours sur Pouchkine*, § 15 e 16.
18 Ibidem, intro, §5.
19 M. Heidegger, Führe Schriften, *Gesamtausgabe*, t. 1 apud G. Pattison, *Heidegger on Death*, p. 62.
20 G. Pattison, op. cit., p. 67.
21 G. Heidegger (Hrsg), *"Mein liebes Seelchen!" Briefe Martin Heideggers an seine Frau Elfride 1915-1970* apud U. Schmid, SCHMID, Ulrich. "Heidegger and Dostoevsky": Philosophy and Politics, *Dostoevsky Studies*, v. 15, p. 38.

o poeta: "foi capaz de explicar esse fenômeno bastante russo de nossa sociedade inteligente 'desarraigada' do solo nativo e claramente se separando do povo. Ele estabeleceu, diante de nós, com um relevo intenso, nosso tipo de homem agitado, cético, sem fé no solo de sua terra natal, negador da Rússia e de si mesmo, sofrendo por seu isolamento"[22].

Como afirma o filósofo George Pattison, é significativo que Heidegger trate o niilismo a partir do *Discurso Sobre Púschkin*, antes de passar para Nietzsche, enquanto descarta o tratamento complexo da rejeição niilista dos valores históricos examinada no contexto transeuropeu em *Os Demônios*, *O Idiota* e *Os Irmãos Karamázov* (a quem podemos acrescentar *O Adolescente*)[23]. Para considerar apenas Schátov e sua igreja totalizante ou Maria Lebiádkina e seus delírios de baladas antigas, suas crenças no solo e na pátria parecem aberrantes.

Heidegger tornou-se reitor da Universidade de Friburgo imediatamente após a enumeração de decretos impedindo seu professor, Husserl, de ensinar ou publicar. Filia-se ao partido nazista no mês seguinte, em maio de 1933. Embora tenha renunciado como reitor em abril de 1934 e se distanciado do partido, permaneceu membro até o final da guerra[24]. Heidegger, além disso, escolheu, nesse texto de 1940, permanecer em uma concepção de nação como imanente, ouvindo o russo como um vislumbre do *Zeitgeist* alemão. Os escritos após a Segunda Grande Guerra continuarão a evocar uma terra bucólica, a partir de outra época, lamentando os avanços tecnológicos. Haverá uma nota desencantada sobre a Rússia, após os anos de conflito militar entre 1941 e 1945 entre os dois países.

Em 1953, na *Introdução à Metafísica*, Heidegger criticou a industrialização russa e lamentou o desarraigamento do homem: "A Rússia e a América são ambas, do ponto de vista metafísico, a mesma coisa; o mesmo sinistro frenesi da técnica desencadeada e a organização sem raízes do homem normatizado."[25]

---

22 M. Heidegger, The Five Major Rubrics of Nietzsche's Thought apud G. Pattison, op. cit., p. 66.
23 G. Pattison, op. cit., p. 66-67.
24 C.B. Guignon, *The Cambridge Companion to Heidegger*.
25 M. Heidegger, *L'Introduction à la métaphysique*, p. 49. (trad. fr. de *Einführung in die Metaphysik*, Max Nimeyer, 1952, §28).

Ele parece investido de uma mitologia de um *Volk* antigo, sábio e virtuoso, numa perspectiva única e iliberal[26]. Lévinas, em *Totalidade e Infinito*, critica o Heidegger dos anos 1920, bem como o dos anos 1940 e 1950, onde ele vê o aspecto pessoal subsumido no ser. Acusa a ontologia heideggeriana de subordinar "a relação com alguém que é um ente (a relação ética) com uma relação com o ser do ente que, impessoal, permite a apreensão, o domínio do ente"[27]. Lévinas faz analogia em seguida entre a impessoalidade dessa relação com o ser e com o sagrado. Obedecendo o modo do ser, o povo está limitado a construir e a cultivar; na terra, sob o céu, esperando pelos deuses e acompanhados por mortais, mas sem qualquer abertura real nem para a transcendência, nem para outrem[28]. Lévinas compreende a relação com outrem em Heidegger "como representando um papel no destino dos povos sedentários, possuidores e construtores da terra"[29]. Já considerada como relação de conhecimento que, partindo da ontologia, consiste em construir uma noção preestabelecida e abrangente do outro rosto, a recepção do estrangeiro torna-se inóspita ou hostil. Durante o trabalho forçado de Lévinas, perto de Hanover, a partir de 1940, em um "comando de floresta" para prisioneiros judeus, o filósofo nos diz que mulheres e crianças livres, olhando para eles, "nos despiam de nossa pele humana"[30]. Foi em tal ambiente que ele trabalhou *Da Existência ao Existente*. A coisa ausente é a abertura para uma externalidade, pelo olhar e locomoção.

Lévinas vê uma possível superação do mesmo na passagem além do horizonte por Iúri Gagárin em "Heidegger, Gagarine et nous", lançado em 1961, no mesmo ano que *Totalidade e Infinito*. Gagárin abandona "os gênios do Lugar". "Por uma hora, um homem existia fora de qualquer horizonte."[31] Se, em Heidegger, a demarcação do horizonte delimita o território e impõe um

---

26 M. Blitz, Understanding Heidegger on Technology, *The New Atlantis*, n. 41, p. 63-80.
27 E. Lévinas, *Totalité et infini*, p. 36.
28 Estes quatro termos são escolhidos por Lévinas em *Les Cours de Bremen: Martin Heidegger, Bremer und Freiburger Vorträge – 1 Einblick in Das Was Ist: Bremer Vorträge 1949*. Consultado em M. Heidegger, *Bremen and Freiburg Lectures*, p. 16.
29 E. Lévinas, *Totalité et infini*, p. 37.
30 Idem, Nom d'un chien, *Difficile liberté*, p. 215.
31 Ibidem, p.325-326.

ambiente totalizante do ser como conhecimento, o rosto também serve em Lévinas, como lacuna no horizonte e manifestação no imediato de uma transcendência, mas de uma transcendência que se abstém. Lemos em "O Vestígio de Outrem", de 1963, que enquanto "a abstração do rosto é visitação e chegada, ela perturba a imanência sem se instalar nos horizontes do mundo"[32]. A maravilha do rosto "se deve a alhures de onde ela vem e de onde já se retirou"[33]. Retirada, a abstração do rosto se junta a uma terceira pessoa, o *Il* (ele), que não é mais recuperável ou manipulável pelo eu, porque passou pelo rastro de deus.

ASSIMETRIA E "ILEIDADE"

Em *Crime e Castigo*, Raskólnikov já expressa a teoria segundo a qual o homem excepcional pode, se necessário, atravessar rios de sangue para realizar seus projetos. Em um artigo publicado, ele desenvolve a ideia de que para ajudar o maior número, a moral comum não pode mais ser aplicada. No entanto, o que realmente o leva ao ato do crime não é esse utilitarismo, mas um desejo de experimentar o crime. Uma vez que ele compreende isso, Sônia o ordena: "Vá agora, na próxima encruzilhada, prosterne-se e beije o solo que você contaminou, depois se curve diante de cada transeunte por todos os lados, proclamando: 'Eu matei'. Então, Deus te devolverá a vida."[34]

A redenção está condicionada à sua apresentação à justiça.

Em Lévinas, o outro oferece resistência "quase zero"[35] à violência. Fazer violência ao outro, retirado na terceira pessoa ou no há (*il y a*) da ileidade, é, pelo menos eticamente, "impossível"[36], na medida em que se trata da relação com o Outro e não com um outro físico. Nesse sentido, pode-se entender que Raskólnikov não procurou *in fine* matar a usurária, mas matar de maneira geral o chamado do outro, o *Il*, nele mesmo. Ele reencontrará o rastro do outro no rosto de Sônia.

---

32 E. Lévinas, La Trace de l'autre, op. cit., p. 275.
33 Ibidem, p. 276.
34 F. Dostoïevski, *Crime et châtiment*, p. 443.
35 E. Lévinas, *Totalité et infini*, p. 217.
36 Ibidem.

Em *Os Irmãos Karamázov*, Ivan elaborou um discurso paralelo ao de Raskólnikov, que interpreta a crença na alma imortal como fundamento da ética. Se não há alma imortal, o humano não está nem conectado ao outro nem ligado ao bom comportamento: "nenhuma lei natural ordenou ao homem amar a humanidade"; "Se o amor tivesse reinado até agora na terra, não era devido à lei natural, mas apenas à crença na imortalidade." Sem essa crença, "a maldade não só deve ser permitida, mas reconhecida como sendo a saída mais necessária e razoável de todo ateu!"[37] Tal ateu, para Ivan, seria o Grande Inquisidor de seu poema. Lévinas, por sua vez, encontra um fundamento ético que não se encontra na crença, como é o caso da figura de Ivan, mas no outro. O *Il* da ileidade toma o lugar de deus ou do infinito, e serve para conduzir o sujeito para outrem[38]. Assim, os outros no rastro do outro colocam o sujeito em questão[39]. O sujeito não se sujeita a uma única alteridade, que poderia monopolizá-lo e dominá-lo. Isso estaria acontecendo com o príncipe Míschkin, de *O Idiota*, que não pode fazer justiça ao mesmo tempo a Nastássia Filípovna e a Aglaia Epantchina. Assim, "a relação com o terceiro é uma correção incessante da assimetria da proximidade" em "um julgamento que trai minha relação anárquica com a ileidade"[40]. Isso evita perceber o outro como ídolo ou aderir, sem questionar, a leis ou teorias, que se tornam totalizadoras.

Como resultado do argumento de Ivan, de que tudo seria permitido, o filho ilegítimo Smerdiakov, meio irmão dos outros três, acredita que Ivan pode matar seu pai. O desejo de Ivan de ver seu pai morto, bem como o envolvimento dele no próprio assassinato, não são conscientes. Até a terceira entrevista ao lado de Smerdiakov, ele acredita que são cúmplices e até mesmo que seu projeto foi ordenado por Deus. Ivan pressente a mudança errada ocorrida nos eventos e começa a transbordar suspeitas pré-conscientes contra si mesmo. Ele, finalmente, expressa seu medo de que Smerdiakov seja um fantasma:

---

37 F. Dostoïevski, *Les Frères Karamazov*, p. 73-74.
38 E. Lévinas, *De Dieu qui vient à l'idée*, p. 113-114.
39 Idem, *En découvrant l'existence avec Husserl et Heidegger*, p. 273.
40 Idem, *Autrement qu'être ou Au-delà de l'essence*, p. 246-247.

Não há nenhum fantasma aqui exceto nós dois e ainda um terceiro. Sem dúvida, ele está aqui agora. – Quem? Qual terceiro? Ivan proferiu com medo, olhando como se estivesse procurando por alguém.

É Deus, a Providência, que está aqui perto de nós, mas é inútil procurá-lo, você não o encontrará.[41]

Smerdiakov acreditava desfrutar com Ivan do poder protetor de deus, da terceira pessoa retirada, que surgia através de sua relação face a face com Ivan, e que ambos operavam em uma comunidade que desejava a morte do pai. Aqui, a ideia de Deus coincide exatamente com a ambição de Smerdiakov. No entanto, sua resposta a Ivan é sincera porque acredita que Ivan pretende permanecer, em relação ao assassinato, para citar Mikhail Bakhtin, "não só externamente, mas internamente excluído"[42].

Uma leitura de Lévinas partindo de "O Vestígio de Outrem" em direção a "Deus e a Filosofia" (1975) pode nos informar acerca da confusão de Smerdiakov sobre os motivos que o levam a cometer o assassinato. Deus, retirando-se em sua "distância absoluta"[43], impede, pela ileidade, o eu de definir outrem em face, com sua interioridade, pensamentos e intenções, o que Smerdiakov faz diante de Ivan[44]. Esse processo permite preservar o além. A terceira pessoa da ileidade abre a possibilidade de uma terceira direção de irretidão radical", que escapa do jogo bipolar de imanência e transcendência, peculiar ao ser, onde a imanência ganha cada vez mais contra a transcendência[45]. Smerdiakov caiu na imanência a partir de sua admiração por Ivan, mas também porque projetou seus desejos sobre ele. Em uma passagem com ressonância apofática, de 1975, Lévinas explica que deus não é delimitado pela alteridade. Deus é "além de outrem, outrem de outra forma, outra, diferente da alteridade anterior à alteridade de outrem, à restrição ética ao próximo, [...] transcendente até a ausência, até sua possível confusão com o *remue-ménage* (agitação) do *il y a* (há)"[46].

---

41 F. Dostoïevski, *Les Frères Karamazov*, p. 652.
42 M. Bakhtine, *La Poétique*, p. 353.
43 E. Lévinas, *De Dieu qui vient à l'idée*, p. 115.
44 Idem, *En découvrant l'existence avec Husserl et Heidegger*, p. 277.
45 Ibidem.
46 Idem, *De Dieu qui vient à l'idée*, p. 115.

O *il y a* (há) de Lévinas designa o ser impessoal que isola, sufoca e remove toda a apreensão sobre o sujeito. A glória do infinito pode ser escondida atrás do enigma de outrem indesejável, mas também podemos considerar, pelo menos temporariamente, o impulso ético que se dirige para o indesejável como sendo o *il y a* (há), como sente Raskólnikov que, solicitado por todos, quer que o deixem em paz. O caso de Smerdiakov é diferente, pois toma por divina a imanência de uma asocialidade indo até o assassinato. Esse erro de interpretação pelo qual ele imanentiza o além do ser precipitará seu suicídio. Em resumo: Raskólnikov tenta atacar a ileidade, tomando-a pelo *il y a* (há); Smerdiakov concorda em dar um passo para o *il y a* (há), matar um parente, acreditando obedecer ao sopro da ileidade.

A prisão de Dmítri deve chamar nossa atenção. Ele vai para Mokroe com Gruschenka antes de saber que seu pai foi assassinado. Sua bem-amada é finalmente sua. Eis que se dá uma sequência de desespero, de incerteza, em seguida, de erotismo que lembra os ritos sectários e orgiásticos das religiões antigas[47]. Mokroe como eco de *Mókosch* e mãe da terra úmida; Gruschenka, como eco de *gruscha* – pêra; Mítia (Dmítri) como referência ao *mir* – em eslavo, a comunidade camponesa, no meio persa, *mihr*, que está ligada, em iraniano, a *Mithra*, o senhor mitológico de prados selvagens e das batalhas. A sequência é então carregada de simbolismo cosmo-telúrico[48].

O irmão ilegítimo, devido a um erro em sua interpretação acerca da ileidade, cometeu o assassinato de seu pai. O mais velho dos quatro irmãos, Dmítri, aceitará o castigo. Em seu sonho, Dmítri vê uma criança nas estepes morrendo de fome, o "pequenino". Chega, através de sua passividade nas mãos de seus interrogadores, a enfrentar o desamparo dos outros e o sofrimento inútil. Ao contrário de Ivan, consegue relativizar sua culpa, e entende que é por toda a humanidade, como um todo, que ele é responsável. Sua declaração ecoa até Zossima: "Eu irei pelo 'pequenino'. *Porque todos são culpados por todos.* Todos são 'pequeninos' [...]. Eu irei por eles, alguém deve se dedicar a todos. Não matei meu pai, mas aceito a expiação."[49]

---

47 Cf. A. Tarkóvski, *Andrei Rublióv*, parte V, "O Feriado".
48 E. Sandoz, op. cit., p.186 e 236.
49 F. Dostoïevski, *Les Frères Karamazov*, p. 619-620.

O "pequenino" torna-se então o símbolo da terceira pessoa, do *Il*. Desde o erotismo de Mokroe, Dmítri tornou-se habitado pelo erotismo metafísico atraindo-o para o outro e para todos os outros em um "amor sem concupiscência"[50].

Apesar do aviso de Lévinas, o qual sustenta a *felix culpa* como o que "estimula nosso gosto pelo patético, nossa sensibilidade alimentada pelo cristianismo e por Dostoiévski"[51], a coisa notável sobre o russo é a assimetria entre sujeitos capazes de ressaltar a responsabilidade infinita e sua capacidade de usar símbolos dialogicamente, incluindo a terra, com múltiplas inflexões. Estes símbolos, já no ser, se comportam como figuras que relembram a substância compartilhada de nossa vida e o além. Lévinas se preocupa com o paganismo e com uma "humanidade enraizada que possui deus internamente com os sulcos que se levantam de sua terra", uma "humanidade florestal"[52]. Se, apesar disso, na obra de Dostoiévski, a terra funciona como uma imagem-chave, é porque ele conecta cada homem, por quem sou responsável, e a terra é considerada num limite em si mesmo. Como bem explica Zossima em seus ensinamentos: "Muitas coisas estão escondidas neste mundo; por outro lado, temos a sensação misteriosa do vínculo vivo que nos prende ao mundo celestial; as raízes de nossos sentimentos e ideias não estão aqui, mas em outros lugares."

Ele continua: "É por isso que os filósofos dizem que é impossível na terra entender a essência das coisas."[53] Eis por que Lévinas realiza sua pesquisa com a atenção voltada para além da essência e ao rosto de outrem, onde a transcendência perturba a ordem da imanência e a pessoa não segue deus, senão quando se dirige aos outros.

---

50 E. Lévinas, *Entre nous*, p. 239.
51 Idem, *Difficile liberté*, p. 98.
52 Ibidem, p. 195.
53 F. Dostoïevski, *Les Frères Karamazov*, p. 345.

12. Direito, Direitos Humanos e Alteridade a Partir da Ética de Lévinas

João Batista Moreira Pinto*

INTRODUÇÃO

Vivemos hodiernamente uma realidade com grandes desafios e alguns pesquisadores apontam uma desigualdade social crescente. Apesar das propostas de transformação, muitos parecem ser os obstáculos para qualquer transformação nessa realidade advinda de estruturas econômicas e políticas com poderes hegemônicos. Assim, parece fundamental pensarmos, refletirmos e atuarmos em posicionamentos que apontem para outras possibilidades e construções contra-hegemônicas.

O "III Seminário Internacional Emmanuel Lévinas: Amor e Justiça" foi sem dúvida um desses espaços fundamentais para essas construções em vistas de uma transformação da sociedade em perspectivas mais plurais, de maior aceitação e reconhecimento do outro, mas também de compromisso com a justiça, não somente legal, como social e efetiva.

A ética levinasiana aponta para algumas articulações e para o enfrentamento dessas realidades que evidenciam as várias

---

* Doutor em Direito pela Universidade Paris X, Nanterre; professor permanente do Programa de Pós-Graduação em Direito Ambiental e Desenvolvimento Sustentável da Escola Superior Dom Helder Câmara.

contradições de uma sociedade que parece ter se acostumado com a exploração: do ser humano e da natureza. Ela indica, por exemplo, uma possível articulação com o campo dos direitos humanos, que também precisa ser repensado em termos filosóficos e políticos, para resgatarmos seu potencial.

Nossas análises se propõem, portanto, a essa trajetória, para finalmente ressaltar a interligação entre essas duas construções: a ética do comprometimento com o outro de Lévinas e o campo dos direitos humanos, considerado como um projeto de sociedade.

LÉVINAS E A ÉTICA DO COMPROMISSO RADICAL COM O OUTRO

Vamos destacar alguns aspectos centrais da ética de Lévinas que, por si, já indicariam a relevância e os desafios de sua ética da responsabilidade. Um primeiro, é que Lévinas, buscando se distanciar da preocupação filosófica com o ser, toma como essencial, não o humano – como generalidade ou essência caracterizadora sobre a qual a filosofia irá refletir – mas a relação com o outro, a "conjoncture Moi-Autrui" (a conjuntura eu-outrem)[1].

Ao evidenciar a essencialidade da relação, Lévinas destaca um aspecto central não só para a questão do conhecimento, mas também da própria filosofia que é, primeiro, relação. O homem é em si mesmo relação, onde surge a possibilidade de superar a centralidade filosófica do eu, uma vez que o outro é parte fundamental da única forma que o homem pode ser no mundo.

A centralidade da relação permite evidenciar a relevância da alteridade para a constituição e significação do ser; e, para Lévinas, "o rosto é a parte mais expressiva do outro. É no rosto que o outro se manifesta como verdadeiramente outro"[2].

E o rosto é o "lugar originário do sentido", "o rosto fala"[3]

Mas o rosto que fala, que evidencia sua alteridade e que se impõe, é sobretudo o rosto do outro que sofre, que evidencia

---

1 Cf. E. Lévinas, *Totalité et infini*.
2 E. Nunes, *O Outro e o Rosto*, p. 126.
3 Cf. E. Lévinas apud W. Freire, *A Significação Ética do Rosto em Emmanuel Lévinas*.

a sua vulnerabilidade: "O outro enquanto outro 'tem a face de pobre, de estrangeiro, de viúva e de órfão...', e, no seu olhar, resplende o olhar destes."[4]

Será dessa relação, envolvendo alteridade, o rosto, o olhar do outro, que Lévinas estabelecerá as bases de sua ética da responsabilidade; uma responsabilidade que se impõe a partir do outro.

Como observa Anny Marie Santos Parreira e Robinson Tramontina: "Toda a base de construção do pensamento levinasiano é o outro, da relação eu-outro emerge uma nova perspectiva de ponderação, a de pensar a si mesmo e à sociedade a partir e com o outro. A ética, enquanto produto da interpelação do rosto do outro, é situada como filosofia primeira que antecede a qualquer reflexão tornando-se o móvel da justiça."[5]

Por fim, retomamos Lévinas: o rosto de outrem está nu; é o pobre por quem posso tudo e a quem tudo devo. E eu, que sou eu, mas que enquanto 'primeira pessoa' sou aquele que encontra processos para responder ao apelo[6].

Esse apelo evidencia a infinita sujeição da subjetividade ao outro, à alteridade; levando ao compromisso com o outro, com a humanidade. Eis alguns elementos através dos quais se pode perceber a exigência, a incondicionalidade e a radicalidade da ética levinasiana; mas que levarão também a reflexões em torno do papel e dos limites da ética frente a outras realidades como o direito e a política, assim como em torno da correlação com os direitos humanos.

A ÉTICA E O CONFRONTO COM OUTRAS REALIDADES

A partir do compromisso ético com o outro e com a humanidade, apontado acima, uma questão, entretanto, deve ser considerada: a existência das realidades que evidenciam outros norteamentos para o agir humano, e que se opõem às bases apresentadas por Lévinas.

---

4 E. Lévinas apud E. Nunes, op. cit., p. 130.
5 A. Parreira; R. Tramontina, A Ética da Alteridade de Emmanuel Lévinas.
6 E. Lévinas, *Totalidade e Infinito*, p. 37-38 e p. 61-62.

Com relação a essas realidades, podemos iniciar destacando aspectos sofridos pelo próprio Lévinas e sua família, por serem judeus. Durante sua infância, já experimentara a experiência do exílio na Ucrânia. Mas a realidade mais marcante será, sem dúvida, durante a Segunda Guerra Mundial, quando ele foi internado em um campo de prisioneiros, sua esposa e filha tiveram que se esconder e o restante de sua família, que permanecera na Lituânia, foi exterminado. Escreve em *Carnets de captivité* (Caderneta de Cativeiro): "Nós aprendemos a diferença entre ter e ser. Nós aprendemos o pouco de espaço e o pouco de coisas necessários para se viver. Nós aprendemos a liberdade."[7]

Ora, a experiência do nazismo foi uma vivência da negação absoluta de um povo, de toda alteridade. Além da crença e da tentativa de um povo se colocar como superior a outros, expressou-se ali a busca, felizmente falha, de completo aniquilamento de um povo, que se expressava em realidades individuais de negação do outro e de toda experiência de alteridade.

Evidentemente, o fato de Lévinas ter identificado a possibilidade de compromisso ético a partir da relação com o outro, apesar da vivência dessas realidades, evidencia sua crença superior no bem e na natureza humana, além de indicar uma proposta de reestruturação das relações humanas.

Por outro lado, parece relevante considerar também a amplitude dessas realidades de desconsideração e de busca de aniquilamento do outro em nossas sociedades hodiernas, mesmo considerando que a ética levinasiana será exatamente uma tentativa de superação dessas realidades.

Desnecessário enumerar o conjunto de realidades que evidenciam essa negação do outro. Para isso, não precisamos mais que trazer à baila as pesquisas de Piketty em torno do capital no século XXI, que tornam claro o crescimento contínuo da desigualdade social na realidade global nos últimos três séculos[8].

A essa realidade global podemos acrescentar uma nacional: a articulação entre o governo atual e setores conservadores da sociedade para a alteração da legislação que regulava o combate de práticas de trabalho análogas à escravidão, no sentido de restringir as exigências e, portanto, ampliar

---

7 Apud E. Akamatsu, *Comprendre Lévinas*, p. 15. (Tradução nossa.)
8 Cf. T. Piketty, *O Capital no Século XXI*.

as possibilidades para a continuidade da negação da dignidade desses trabalhadores.

O que fica manifesto com esses dois fatos, é que continuamos vivendo em uma sociedade essencialmente conflitiva, sem nenhuma indicação de que isso possa ser suplantado. Os interesses econômicos e a própria estrutura do capitalismo, visando sempre novas "oportunidades", leva ao menos uma parcela da população ou de setores da sociedade a manter e criar formas cada vez mais avançadas de exploração do homem e da natureza.

Essas realidades continuam a escancarar a estrutura conflitiva[9] e adversarial[10] de nossas sociedades, o que atualiza a necessidade e a relevância de se considerar o espaço e as potencialidades políticas da ética, sobretudo se esta se constrói com base no compromisso com a vida do outro.

A CORRELAÇÃO ENTRE A ÉTICA LEVINASIANA E OS DIREITOS HUMANOS

Um primeiro aspecto de aproximação entre a ética de Lévinas e os direitos humanos pode ser identificado no próprio contexto sócio-histórico dessas realidades. Como apontamos acima, Lévinas vai construir suas referências éticas a partir de uma realidade de vulnerabilidades, de aniquilamentos, já nos direitos humanos, dá-se a correlação entre a constituição dos direitos humanos e a existência de realidades que vulnerabilizam o ser humano. Da mesma forma que podemos considerar a proposta de Lévinas face a uma realidade que desconsiderava e buscava aniquilar ou explorar o outro, os direitos humanos também podem ser apresentados como uma construção que poderia vir a ser um instrumento para a superação das desconsiderações e violações à vida individual e social do ser humano. Essa correlação entre realidades de vulnerabilidade e os direitos humanos pode ser identificada no processo sócio-histórico de constituição desses direitos tanto na sociedade moderna como nas lutas e vivências contemporâneas, em realidades liberais ou sociais.

---

9   Cf. K. Marx, *O Capital: Crítica da Economia Política, Livro 1*.
10 Cf. C. Mouffe, *En Torno a lo Político*.

Não há dúvidas também sobre a possibilidade de se identificar certas proximidades nas bases constitutivas dessas duas propostas. Por um lado, Lévinas ressalta a necessidade de responsabilidade para com o humano, para com o outro, sobretudo o outro que mais sofre. Torna-se claro, nesse olhar, uma alteridade marcada por desigualdades, e que traz uma realidade com aspectos que limitam sua vivência, sua liberdade. Por outro, no campo dos direitos humanos, as lutas concretas já mostraram realidades que vulnerabilizam uma parcela da sociedade, o que levará à correlação entre direitos humanos e a busca por dignidade humana. Aliás, a própria vivência das contradições da Segunda Guerra terá impacto sobre as duas construções.

Como destaca Akamatsu:

> Lévinas se interessou pela noção de "direitos humanos", direitos que "se vinculam à própria condição de ser homem, independentemente de qualidades" particulares [...] Lévinas, entretanto, não deixa de sublinhar e de acentuar, durante sua exposição, os limites e os paradoxos dos direitos humanos. Por certo, os direitos humanos elevam o homem à consciência do universal. Mas não se deve esquecer que sua inscrição enquanto direito exige também o estabelecimento concreto de condições de exercício desses direitos: um Estado, sistemas sociais, serviços regulares sem os quais falar de vida, de segurança, de educação etc., tornar-se-ia puramente ideológico.[11]

Observa-se, portanto, que Lévinas vai resgatar a mesma crítica que Marx havia feito à abstração dos direitos humanos advindos das revoluções burguesas, ao destacar a necessidade de condições concretas para a efetivação desses direitos.

Note-se ainda a correlação entre o olhar do outro e a universalidade, em Lévinas, e a afirmação da universalidade dos direitos humanos como um de seus princípios. Entretanto, sobre esse aspecto, devemos considerar as observações referentes à relatividade das diferentes culturas ou acerca das possíveis contradições e ambiguidades no processo de constituição desses direitos[12].

Assim, evidencia-se a possibilidade de correlação entre as proposições éticas de Lévinas e dos direitos humanos. Por outro lado, se apontamos acima alguns elementos da realidade

---

11 E. Akamatsu, op. cit., p. 264-265. (Tradução nossa.)
12 Cf. B. de S. Santos, Direitos Humanos, Democracia e Desenvolvimento, em B. de S. Santos; M. Chauí, *Direitos Humanos, Democracia e Desenvolvimento*.

brasileira e global que se opõem ao compromisso ético a partir do outro, também no campo dos direitos humanos poderá ser observado um conjunto de realidades que apresentam violações contínuas a esses direitos, apesar da indicação de um certo consenso no processo de afirmação deles[13].

Uma análise dos fatores ou causas que têm levado a essas diferentes compreensões sobre os direitos humanos e a disputas e divergências em torno da implementação desses direitos poderá aportar elementos para compreendermos também alguns aspectos sobre a receptividade ou vinculação à ética de Lévinas.

O PROCESSO DE CONSTITUIÇÃO DOS DIREITOS HUMANOS, O DIREITO E A JUSTIÇA

A explicitação de alguns elementos do processo de constituição dos direitos humanos pode facilitar a compreensão sobre os desafios e os interesses em torno de sua efetivação.

Um ponto fundamental a ser considerado é que os direitos humanos abarcam uma realidade bem mais ampla do que a sua parte institucionalizada. Seu processo sócio-histórico mostra mais claramente a correlação entre esses direitos e os diferentes projetos políticos de sociedade.

A divisão que se estabeleceu no âmbito da Organização das Nações Unidas, em torno dos direitos civis e políticos, por um lado, e dos direitos econômicos, sociais e culturais por outro, retratados em diferentes pactos e com procedimentos distintos, é expressão das disputas políticas precedentes em torno da defesa de diferentes direitos, de cunho mais liberal ou social, e que continuam presentes na realidade atual. Se por um lado os direitos civis e políticos se reportam a interesses liberais, estabelecidos a partir das construções filosófico-políticas de Locke, no século XVII, por outro, as bases dos direitos sociais podem ser identificadas já nas mobilizações dos trabalhadores, diante das contradições do capitalismo já no século XVIII[14].

---

13 Cf. N. Bobbio, *A Era dos Direitos*.
14 Cf. J. Pinto, Os Direitos Humanos Como um Projeto de Sociedade, J. Pinto; E. Souza (orgs.), *Os Direitos Humanos Como um Projeto de Sociedade*.

Essas mesmas divisões levaram a divergências e à tentativa de integração, na Declaração Universal dos Direitos Humanos da ONU, em 1948, de direitos defendidos de modo diferente por esses diversos projetos de sociedade. Como resultado de tal processo, e considerando o envolvimento institucional distinto entre os direitos humanos de cunho liberal e os direitos humanos de cunho social, observar-se-á o empenho e diferentes graus de envolvimento institucional dos países e da ONU na implementação desses direitos, apesar de se estabelecer a indivisibilidade e a interdependência entre eles, em especial a partir da Declaração de Viena, em 1993.

Ora, se ainda continuamos com essa diferenciação no processo de implementação dos direitos humanos, isso significa que a crítica de Lévinas à falta de condições para o exercício desses direitos continua atual, e que os direitos humanos poderiam ser trabalhados em uma perspectiva ideológica, priorizando, portanto, os direitos liberais e desconsiderando ou minimizando a implementação dos direitos sociais.

As discussões recentes em torno do constitucionalismo democrático salientam que as divisões sobre os referenciais da hermenêutica constitucional em torno da efetivação dos direitos humanos, especialmente dos direitos sociais, mantêm uma forte vinculação com as razões políticas que têm norteado a divisão em torno dos direitos humanos e, portanto, sobre os limites e desafios para sua implementação. Como observado por José Adércio Leite Sampaio e por mim em outra ocaisão: "É preciso lembrar [...] que o constitucionalismo democrático também enfrenta seus obstáculos internamente, em vista das diferentes percepções sobre a vinculação e efetividade dos direitos, especialmente no tocante à possibilidade de o judiciário promovê-los."[15]

A partir desses elementos, evidencia-se que o direito, assim como os direitos humanos, está marcado pelo aspecto conflitivo e adversarial da sociedade. As ambiguidades do ordenamento jurídico, assim como as diferentes fundamentações teóricas abrem espaço para várias interpretações, elas próprias com forte correlação com as posições políticas mais conservadoras ou mais emancipatórias. Assim, o direito possibilita, ao

---

15   Democratic Constitutionalism and Human Rights Greening, *Veredas do Direito*, n. 26, p. 81. (Tradução nossa.)

conjunto dos operadores do direito, a tomada de decisões, e, dessa forma, tanto poderão procurar manter os poderes estabelecidos e as desigualdades como estabelecer novos referenciais para construções mais atentas às necessidades para um direito mais libertário e transformador.

Esses aspectos nos aproximam da discussão de Lévinas em torno da justiça, conforme Akamatsu: "'o terceiro me olha – nos olhos do outro – a linguagem é justiça', o que 'abre a humanidade'. Lévinas sublinha que a experiência ética se abre à universalidade, não por intermédio da razão e da lei, não na perspectiva da ação comum, mas como 'justiça', isto é, presença do terceiro no rosto daquele que me interpela, 'humanidade que nos observa'"[16].

Por certo, as construções éticas de Lévinas articulam o compromisso que se impõe a partir do olhar do outro, com a justiça em sua universalidade. Aqui, a justiça se aproxima de sua compreensão sobre direitos humanos, que exigem condições concretas para efetivação; o que permite pensar também em condições concretas para a justiça, vinculando-as a estruturas e políticas públicas; sobretudo em um contexto de vulnerabilidades. Isso exige também uma atuação de parcela do direito e do judiciário, aquela que se vincula a uma visão ampla e integral dos direitos humanos e, portanto, a concepções jurídicas que compreendam o direito não como limitado a visões conservadoras e positivistas[17], mas como um processo dialético emancipatório, que favoreça a justiça concreta, não limitada às forças instituídas.

AS POTENCIALIDADES DA ÉTICA E DOS DIREITOS HUMANOS NA IMPLEMENTAÇÃO DA JUSTIÇA

As articulações apontadas acima entre ética e direitos humanos permitem um aprofundamento em torno de suas potencialidades para a ampliação da justiça em contextos marcados por desigualdades pelo mundo.

As reflexões acima indicam uma certa desvinculação entre a ética levinasiana e as condições de desigualdade pelo mundo,

---

16 E. Akamatsu, op. cit., p. 173-174, que cita *Totalidade e Infinito*.
17 Cf. R. Lyra Filho, *O Que é Direito?*

assim como com relação aos direitos humanos em geral e a realidade de violações a esses direitos que vivenciamos pelo mundo. Foi possível identificar algumas possíveis razões com relação a essas desvinculações, o que seria influenciado, sobretudo, por poderes e interesses econômicos, que podem ser traduzidos nas contradições do capitalismo global, articulados com poderes políticos globais e nacionais, um projeto hegemônico neoliberal.

Essas realidades estruturam divisões na sociedade, assim como conflitos, sendo elementos básicos para o processo adversarial, que limita toda possibilidade de construção universal em torno do bem, a partir de uma construção racional ou mesmo ética.

Falar em limites da ética, assim como em limites dos direitos humanos, não significa de forma alguma negar a relevância da ética e dos direitos humanos, mas considerá-los dentro desse processo mais amplo, que envolve essas perspectivas adversariais. Isso permite compreendermos o porquê da não vinculação de todos a uma ética, que implica um compromisso com o outro e com a humanidade em prol da vida plena do outro. Assim, essa realidade permite-nos compreender as divergências em torno dos direitos humanos e por que uma parcela ou setores da sociedade tendem a compreendê-los de forma restritiva.

Da mesma forma que Lévinas aponta a necessidade de condições concretas para a efetividade dos direitos humanos, o que evidentemente já implica diferentes posições políticas, uma vez que a efetividade desses direitos teria reflexos sobre a estrutura social da sociedade, pode-se inferir que sua ética do compromisso com o outro implicaria, em um âmbito institucional ou político, também a implementação desses direitos, especialmente os direitos sociais, como condição para a busca de justiça que adviria desse comprometimento ético.

Assim, esse compromisso radical com o outro, e sobretudo com o outro que sofre, como explicitado em Lévinas, indica a necessidade de uma luta por justiça e por direitos humanos, o que necessariamente nos introduz no campo político, uma vez que vamos lidar nesse processo com opositores desses compromissos e ideias, como destaca Chantal Mouffe, ressaltando a perspectiva adversarial da sociedade.

Temos trabalhado e defendido a ideia de que os direitos humanos se tornaram a melhor referência para a construção e consolidação de um projeto de sociedade emancipador[18]. Posso destacar aqui que a vinculação ou não ao comprometimento ético com o outro, destacada por Lévinas, seria um elemento fundamental para uma possível vinculação ou oposição política ao projeto dos direitos humanos. O que nos permite subllinhar a correlação e a potencialidade dessas duas proposições éticas e políticas.

* * *

Iniciamos nossas análises observando alguns aspectos centrais e que já permitiriam compreender as potencialidades, radicalidades e exigências da ética proposta por Emmanuel Lévinas, onde se introduz a centralidade da relação eu-outro e sua alteridade.

Do outro e a partir do olhar do outro decorre, para Lévinas, um compromisso radical com o outro e com a humanidade. Desse processo decorreria uma infinita sujeição da subjetividade ao outro.

Entretanto, apontamos que em uma sociedade com uma estrutura adversarial, a perspectiva ética não vinculará a todos da mesma forma. Há determinados interesses e outras realidades, como os poderes econômicos e políticos, que poderiam funcionar à maneira de obstáculos, de modo a dificultar que se assuma esse compromisso com o outro, com sua alteridade e com sua vida plena.

O processo sócio-histórico de constituição dos direitos humanos evidenciou essa realidade política em torno da construção de determinadas realidades que podem ser assumidas diferentemente por pessoas e setores da sociedade. Após destacarmos e indicarmos possíveis proximidades entre fatores que poderiam levar a essas diferentes formas de vinculação, digamos, ao comprometimento ou não com a ética proposta por Lévinas e com os direitos humanos, passamos a trabalhar possíveis articulações entre essas duas realidades, além de suas potencialidades.

---

18   Cf. J.B.M. Pinto; A.B. Costa (orgs.), *Bases da Sustentabilidade: Os Direitos Humanos*.

Concluímos nossas análises destacando a relevância do pensamento de Lévinas, para que se possa refletir inclusive em torno da criação de novas referências para realidades contra-hegemônicas; ressaltando suas potencialidades, que podem ser integradas ao projeto político e ético dos direitos humanos.

13. "O Eu, dos Pés à Cabeça, Até a Medula dos Ossos, É Vulnerabilidade"

a sensibilidade como paradigma ético em Lévinas

Luciano Santos[*]

O SUJEITO VULNERÁVEL

No texto a seguir, discutiremos a questão da sensibilidade em perspectiva ética no pensamento de Emmanuel Lévinas. Um ligeiro passeio pela obra do filósofo mostra que a dimensão da sensibilidade emerge com cada vez mais contundência, à medida que se aprofunda a descrição da subjetividade à luz da alteridade de outrem: "mais ético, mais sensível". Esse movimento culmina em *De Outro Modo Que Ser ou Para Lá da Essência*, que "enfatiza" a sensibilidade na categoria de vulnerabilidade e decifra o sentido da subjetividade não mais no face a face, mas como substituição ou um-para-o-outro.

Conforme o método fenomenológico enfático adotado pelo autor, que exaspera a descrição dos fenômenos em busca da explicitação de seu sentido, a vulnerabilidade pode ser entendida como a hipérbole da sensibilidade e da própria relação com a alteridade. Como se o sujeito não fosse apto a responder por

---

[*] Professor adjunto no Programa de Pós-Graduação em Educação e Contemporaneidade da Universidade do Estado da Bahia, é autor de *O Sujeito Encarnado: a Sensibilidade Como Paradigma Ético em Emmanuel Lévinas* (Ijuí: Editora da Unijuí, 2009). O texto aqui publicado retoma um capítulo do livro.

outrem senão a partir da susceptibilidade a sofrer por ele, de modo que a sua existência se abre a um novo e definitivo sentido. Hospedar outrem é ser vulnerável à sua condição estrangeira; vesti-lo ou suprir-lhe de bens, é ser vulnerável à sua nudez e à sua miséria; aproximar-se de outrem, numa ternura a cada vez renovada, é ser vulnerável ao seu desamparo. Enfim, a vulnerabilidade é aptidão a ser afetada e alterada pela alteridade do outro e, como tal, constitui a mais radical não indiferença por sua diferença.

A vulnerabilidade situa-se nos antípodas da fruição: enquanto esta acompanha o consumo do outro pelo eu, consumando o nascimento deste como para si, aquela é expulsão de si pela exposição ao outro, até o renascimento do sujeito como para-o-outro, até a transmutação da sólida substância do eu (*je*) no acusativo do si (*soi*)[1]. Enquanto a fruição faz o eu nascer como habitante do mundo, a vulnerabilidade converte essa identidade autóctone no estatuto peregrino do um-para-o-outro, expulsando o sujeito de sua morada mundana, destituindo-lhe de sua soberania sobre os outros, mas, por isso mesmo, fazendo-o aceder à sua estatura propriamente humana. A vulnerabilidade é o "poder" – unicamente conferido ao homem – "de dizer adeus a este mundo" e despertar para a transcendência do outro[2].

Ora, o segredo do "poder" destituinte da vulnerabilidade reside, em primeiro lugar, na radical passividade que ela entranha:

> Desde que, do alto da aventura gnosiológica na qual significa intuição e receptividade teórica à distância, como a do olhar, a sensibilidade se torna novamente contato, ela retorna, como na ambiguidade do beijo, do tomar ao ser tomada, da atividade do caçador de imagens à passividade da presa, da busca à ferida, do ato intencional de apreensão à apreensão enquanto obsessão pelo outro que não se manifesta. Aquém do ponto zero que significa a ausência de proteção e de cobertura, a sensibilidade é afecção pelo não fenômeno, uma posta entre parênteses pela alteridade do outro antes da intervenção de uma causa, antes do aparecer do outro.[3]

---

1 E. Lévinas, *Humanisme de l'autre homme*, p. 120: "O Eu (*moi*) ativo retorna à passividade de um si (*soi*), ao acusativo do se (*se*) que não deriva de nominativo algum, à acusação anterior a toda falta."
2 Idem, *De Dieu qui vient à l'idée*, p. 121.
3 Idem, *Autrement qu'être ou Au-delà de l'essence*, p. 120-121.

Vulnerável, o sujeito já não repousa em si e não se pertence, nem comanda as ações, mas encontra-se exposto e "deposto", refém, posto "nas mãos" desse outro vulnerável a quem ele próprio é vulnerável[4]. A vulnerabilidade é a sujeição do sujeito ao outro por quem sofre. Sem essa passividade de última instância, sem qualquer chance de escape, isto é, caso o sujeito não estivesse cravado "em sua paciência à beira de uma dor insana", ele se constituiria "para si mesmo" e acabaria se (im)pondo como "substância, orgulho imperialista", sujeitando outrem como objeto[5]. Sem a dolorosa passividade da vulnerabilidade, o sujeito permaneceria para sempre cativo de sua felicidade mundana, e de si mesmo.

Além de passividade "mais passiva que toda passividade", a vulnerabilidade é também abertura exponencial – "desnudamento de pele exposta à ferida e à ofensa", para além de toda propensão à compreensão das coisas do mundo. Na vulnerabilidade da sensibilidade, põe-se a descoberto o nu de uma pele que se expõe não propriamente à luz, mas ao contato, isto é, à carícia e à ferida, sendo assim ainda "mais nu" que o da pele oferecida em "forma e beleza" à contemplação estética, como nas artes plásticas. A subjetividade é vulnerável não por se mostrar, ou por abrir-se à visão, mas, antes de tudo, por se expor ao sofrimento. Aquém de toda vontade e ato, a sensibilidade permanece descoberta e desprotegida "como uma cidade declarada aberta à entrada do inimigo"; ela não é atributo que o sujeito pudesse reter sob o seu controle, tampouco é mera negação de seu ser – como um modo de aniquilar-se –, mas outramente que ser e não ser, ou a possibilidade extraordinária, para o sujeito, de se ver alterado em seu próprio ser[6]. Em sua vulnerabilidade "em carne viva", a sensibilidade escava a dura crosta do eu, até a sua fissão:

---

4   Nesse sentido, A. Zielinski, *Lecture de Merleau-Ponty et Lévinas*, p. 202-203: "à vulnerabilidade característica da aparição do outro corresponde minha própria 'dor', 'exposição', 'proximidade', 'obsessão, apesar de mim'. [...] a vulnerabilidade do outro questiona minha própria sensibilidade. Por outrem, sou 'ferido por um ferimento de amor' – para retomar a terminologia do *Cântico dos Cânticos* –, que poderia condizer aqui, para definir a responsabilidade". Eis o ponto: a responsabilidade nasce como uma "ferida de amor"! (Grifo nosso.)
5   E. Lévinas, *De Dieu qui vient à l'idée*, p. 121.
6   Idem, *Humanisme de l'autre homme*, p. 118.

Desnudamento além da pele, até ferida de que se pode morrer, desnudamento até a morte, ser como vulnerabilidade. Fissão do nó que abre o fundo de sua nuclearidade pontual, como se se tratasse de chegar a um pulmão no fundo de si mesmo; nó que não abre esse fundo enquanto permanece protegido por sua crosta de sólido e por sua forma, inclusive no momento em que, reduzido a seu caráter pontual, se identifica na temporalidade de sua essência e, desse modo, se recobre. É necessário que, em meio ao caráter pontual, o limite do despojamento se amplie até o arrancar-se de si mesmo, que o um assinalado se abra até separar-se de sua interioridade, a qual se esvazia do *esse*; é necessário que o um se des-interesse. Esse arrancar-se a si mesmo no seio de sua unidade, essa absoluta não coincidência, essa dia-cronia do instante significa ao modo do um enquanto penetrado pelo outro. A dor, esse avesso da pele, é nudez mais nua que todo despojamento; trata-se de uma existência que se oferece incondicionalmente pelo sacrifício imposto, sacrificada antes que sacrificadora, precisamente porque está marcada pela adversidade ou dolência da dor.[7]

Essa extrema abertura constitutiva da sensibilidade tampouco se reduz a mera exposição à intervenção de uma causa – como o "excitante" da psicologia experimental, por exemplo –, à qual corresponderia uma resposta ou uma resistência, proporcionais à ação sofrida. A vulnerabilidade da sensibilidade não é apenas a chance de o ser vivo ser alterado por uma ação ou impressão externas, mas é também "toda a impotência e a humildade" de um padecer puro, "aquém do suportar", a que não se tem como impor defesa ou limite, e que de dois modos figura na descrição de Lévinas: quer como sofrimento pela ferida ou ofensa infligidas pelo outro, como o de "ser batido" e "receber bofetadas", por exemplo; quer como sofrimento pelo sofrimento de outrem – ou sofrimento por outrem *tout court* –, de modo a "suportá-lo" e a "consumir-se por ele", numa "misericórdia" ou "gemido de entranhas" prévios a todo amor do próximo como atitude refletida[8]. Desde essa sensibilidade misericordiosa, não somente de pele, mas de entranhas, o sujeito é "para o outro: substituição, responsabilidade, expiação". Adverte o filósofo, contudo: "responsabilidade que não assumi em momento algum, em nenhum presente", ou, do contrário, não se trataria de sensibilidade e alteração pela alteridade, mas de vontade, compromisso

---

7   Idem, *Autrement qu'être ou Au-delà de l'essence*, p. 84-85.
8   Idem, *Humanisme de l'autre homme*, p. 119-120.

e altruísmo[9]. Assim, "nada é mais passivo do que esse ser posto em causa anterior à minha liberdade, do que esse ser posto em causa pré-original, do que essa franqueza"[10]. Em nota ao trecho do texto que estamos secundando, Lévinas esclarece que o termo bíblico *Rakhamin*, traduzido por "misericórdia", guarda uma referência a *Rekhem* – "útero" –, razão pela qual a misericórdia inscrita na vulnerabilidade da sensibilidade pode ser literalmente entendida – conforme veremos mais adiante – como uma "comoção de entranhas maternas", isto é, como o modo mais íntimo de ser tocado e alterado pelo outro, até a possibilidade de carregá-lo em si mesmo, até a conversão do si mesmo em um-para-o-outro, como se outrem se tornasse mais íntimo a mim do que eu mesmo (*intimior intimus meo*)[11].

Em ambas acepções acima, Lévinas frisa o excesso do padecimento sofrido pela sensibilidade sobre a sua capacidade de padecer. Tanto na vulnerabilidade à ferida, quanto na vulnerabilidade ao sofrimento do outro, introduz-se no coração da vida do sujeito um "apesar de", que é justamente o avesso do "viver de" pelo qual ele se instala no mundo: o corpo – dono de si, primeira figura do eu – não somente já não se alimenta da vida do outro, como se torna estranho e hostil a si mesmo; não mais "se aguenta", não mais existe em si próprio – é corpo impróprio. A vulnerabilidade esvazia o corpo de seu poder de poder. Mais: revela-o como essa possibilidade mesma de esvaziar-se de si, como esse "contra si" em si mesmo[12].

9   Não se trata, evidentemente, de suprimir o papel fundamental da consciência e da vontade na relação ética, mas de ressignificá-lo, a partir da sensibilidade entendida como vulnerabilidade.
10   Idem, *Humanisme de l'autre homme*, p. 120.
11   Ibidem, p. 130.
12   Idem, *Autrement qu'être ou Au-delà de l'essence*, p. 86-87: "A passividade do 'para--o-Outro' expressa nesse 'para o Outro' um sentido no qual não entra nenhuma referência, seja positiva ou negativa, a uma vontade prévia; isso sucede através da corporeidade humana vivente enquanto possibilidade da dor, enquanto sensibilidade que é, por si mesma, suscetibilidade de sofrer o mal, enquanto si mesmo descoberto que se oferece sofrente em sua pele, enquanto em sua pele se encontra mal, ao não ter a sua pele por si mesmo, enquanto vulnerabilidade. A dor não é, simplesmente, o sintoma de uma vontade contrariada, seu sentido não é algo adventício. A dolência da dor, a enfermidade ou a malignidade do mal e em estado puro, a própria paciência da corporeidade, a dificuldade do trabalho e o envelhecimento, são a mesma adversidade, o contra si em si mesmo. O bom e o malgrado da vontade supõem já essa paciência, essa adversidade e essa lassidão primordial." Retomaremos esse aspecto na terceira seção.

A julgar pela descrição de Lévinas, talvez se possa dizer que, entre a vulnerabilidade da sensibilidade à ferida infligida por outrem e a vulnerabilidade ao seu sofrimento, haveria mais do que uma distância de grau: enquanto a primeira implica uma alteração no ser de quem sofre, que entretanto continua a gravitar em si mesmo, apesar de alterado, a vulnerabilidade ao sofrimento de outrem já opera uma alteração do próprio ser de quem sofre, doravante convertido em um-para-o-outro.

Assim, além de passividade e exposição, a vulnerabilidade da sensibilidade também implica a expulsão do sujeito, tanto do mundo quanto de si mesmo. Com efeito, a relação com os entes no mundo promove um duplo e simultâneo arraigo na subjetividade: de um lado, faz com que esta se contraia sobre si mesma enquanto frui dos alimentos terrestres, de modo a constituir-se como "para si" ou interioridade, até cristalizar-se na identidade maciça do eu; e, de outro, permite que o sujeito se aproprie e se apesse do mundo de que frui, no qual vem a estabelecer morada. Ora, é precisamente em relação a esse duplo arraigo que a vulnerabilidade ao sofrimento do outro significa um duplo e simétrico exílio: ela exila o sujeito do mundo.

O sujeito "diz adeus ao mundo", não porque deixe de viver do mundo, e sim porque o outro por quem sofre não pertence ao mundo, não se reduz a nada que possa ser conhecido ou consumido, é forasteiro e an-árquico à ordem mundana e, nessa medida, obriga o sujeito a entrar em outra ordem de relação e sentido, isto é, a estar no mundo como se já não pertencesse a ele. A vulnerabilidade, no entanto, também exila o sujeito de si mesmo, ao fazê-lo ingressar na "aventura absoluta" de uma responsabilidade sem reciprocidade, que não lhe permite repouso em e retorno a si. Em suma, sofrer por outrem não é mais viver de e para si, mas por e para o outro, fora de si, em permanente diáspora:

No Dizer, o sujeito se aproxima do próximo ex-pressando-se no sentido literal do termo, isto é, expulsando-se de todo lugar, não morando mais, sem pisar nenhum solo. Mais além de toda nudez, o dizer descobre o que possa haver de dissimulação na exposição de uma pele desnuda. É a própria respiração dessa pele, antes de qualquer intenção. O sujeito não está em si ou dentro de si, a fim de dissimular-se ou esconder-se, inclusive sob suas feridas e seu exílio entendidos como atos de ferir-se ou esconder-se. Seu recolhimento é uma posta ao revés. Seu "frente ao outro" é esta posta ao avesso, sem direito. O sujeito do dizer não leva signos, mas faz-se signo, converte-se em vassalagem.[13]

Ao caracterizar o dizer como respiração da pele, Lévinas leva ao limite a possibilidade semântica de significar a alteração do mesmo pelo outro: em sua vulnerabilidade, mais ainda que tocada ou ferida por outrem, a sensibilidade é inspirada, animada por ele, como se vivesse da vida e morresse da morte dele, como se recebesse o seu sopro vital – sua própria alma – dessa susceptibilidade a sofrer por outrem[14]. Se é assim, não seria sequer apropriado falar em alteração do "mesmo" pelo outro, e sim de outro-no-mesmo, uma vez que a sensibilidade já é chamada a ser e desperta a partir dessa alteridade que a inspira. Assim, o sujeito recebe sua unicidade insubstituível de um apelo estrangeiro que somente se decifra em nível sensível. Se acaso ainda faz sentido se falar em humanidade – pessoa "humana", sentimento "humano", gesto "humano" –, é na medida em que essa alteração sensível do psiquismo – ou "psicose" – insufla a subjetividade à sua própria revelia.

DA FRUIÇÃO AO DOM DE SI

De acordo com Lévinas, não se pode dar a devida ênfase a essa "inspiração" da subjetividade, não se pode dar conta do que há de extraordinário em seu psiquismo, sem que se considere a sua condição encarnada: "O psiquismo ou a animação é o modo

---

13 Ibidem, p. 83.
14 Segundo L.C. Susin, *O Homem Messiânico*, p. 343: "O conceito de inspiração, estreitamente ligado ao conceito de animação, confirma esta 'pertença da alma ao Outro'. Lévinas recorre à personalidade do profeta para escavar dela a estrutura da inspiração: 'Esta maneira pela qual o Outro ou o infinito se manifesta na subjetividade é o fenômeno mesmo da 'inspiração', e consequentemente define o elemento psíquico, o pneuma mesmo do psiquismo.' (*De Dieu qui vient à l'idée*, p. 115) O primeiro acontecimento da inspiração é que 'a exterioridade do infinito se faz, de certo modo, interioridade [...] a interioridade não é um lugar secreto, alguma parte no eu, é [...] o eminentemente exterior.' (*Autrement qu'être ou Au-delà de l'essence*, p. 187) O segundo dado, que opera a inspiração, é que esta exterioridade é 'mais', provocando desbordamento e 'passio' que explode em incontinência da voz, do testemunho e da glorificação do 'mais' incontido no 'menos', como no esquema da ideia do infinito. A alma inspirada se revela nessa explosão."

pelo qual a diferença entre um e outro (que também é relação entre termos díspares, sem tempo comum) chega a significar a não indiferença. Um corpo animado ou uma identidade encarnada é a significância dessa não indiferença."[15]

A não indiferença da "identidade encarnada", entretanto, não se reduz à suscetibilidade a sofrer pelo sofrimento de outrem, conforme estamos vendo até aqui. É preciso dar um passo adiante, e decisivo, nessa prospecção em demanda do sentido ético da subjetividade. A "paciência" do "corpo animado" – sua vulnerabilidade à vulnerabilidade do outro – se desdobra e se consuma no dom de si mesmo, isto é, no "derramamento" do próprio *conatus* em favor da indigência do outro, estrangeiro, despojado e nu:

A significação é o um-para-o-outro de uma identidade que não coincide consigo mesma, o que equivale a toda a gravidade de um corpo animado, isto é, oferecido ao outro ao expressar-se ou derramar-se. Esse derramamento, como um *conatus* ao revés, como uma inversão da essência, aparece enquanto relação com uma diferença absoluta, que não pode reduzir-se a nenhuma relação sincrônica e recíproca, como a que buscaria ali um pensamento totalizante e sistemático preocupado em compreender a união da alma e do corpo.[16]

Como esse oferecimento de si vibra na própria vulnerabilidade da sensibilidade, ele não consiste numa "generosidade" do ato de oferecer-se – atribuível ao sujeito –, e sim em "haver-sido-oferecido, sem reserva e sem proteção em nenhum tipo de consistência ou na identidade de nenhum estado"[17]. Antes de poder tomar posse de si mesmo e decidir-se em favor do outro, o sujeito – encarnado – já o traz sob a própria pele, padece por ele e, por isso e nessa medida, também se vê votado a viver para ele, uma vez que "reconhecer outrem" é, simultaneamente, "reconhecer uma fome" e dar, conforme se vê em *Totalidade e Infinito*[18].

O infinitivo passado do haver-sido-oferecido frisa o "não presente, o não começo, a não iniciativa da sensibilidade, à margem de liberdade e não liberdade, que é a própria an-arquia

---

15   E. Lévinas, *Autrement qu'être ou Au-delà de l'essence*, p. 114.
16   Ibidem.
17   Ibidem, p. 120.
18   Idem, *Totalité et infini*, p. 62.

do Bem"[19]. À margem de liberdade, pois, enquanto encarnado, o sujeito não tem o poder de não se abrir à alteridade do outro, não pode não saber-se para-o-outro, não pode contornar o chamado ao bem; mas também à margem de não liberdade, pois lhe resta o poder de recusar essa convocação pré-originária ao bem, a cujo apelo não tem como furtar-se. Para que a bondade an-árquica inscrita na sensibilidade de modo algum venha a confundir-se com uma disposição voluntária em poder do sujeito – com um "poder ser bom" –, Lévinas insiste que se trata de um para-o-outro "a seu pesar", de um sofrimento insuportável em meio ao "oferecer-se último" da sensibilidade, ainda "mais humilde" e desinstalador que o puro sofrer como tal[20]. Mais até que o sofrimento, a bondade despoja o eu de si mesmo.

O que significa, no entanto, para o sujeito encarnado, oferecer-se ao Outro? O que se trata propriamente de oferecer a outrem, nesse oferecimento de si?

Segundo Lévinas, eu me ofereço ao outro ao oferecer-lhe o que é "meu": não apenas minha posse – aquilo que tenho –, mas meu próprio *conatus*, isto é, minha insistência em ser, minha energia vital, aquilo de que vivo, a raiz que me liga à vida. Assim, muito mais do que dispensar-me do "conquistado" e do "acumulado", o oferecimento de mim mesmo, inscrito na vulnerabilidade da sensibilidade, despoja-me do que me é ainda "mais próprio que a posse", penetrando "o coração do 'para si' que alenta na fruição, na vida que se compraz em si mesma, que vive de sua vida"[21]. Dar-me a outrem é arrancar aquilo de que fruo para que ele o frua no meu lugar, o que não seria possível se, pela desacomodação axial e dolorosa promovida pela vulnerabilidade, eu não me colocasse em seu lugar para responder por ele. Sem a oferta da própria fruição, portanto, não haveria como consumar-se o estatuto ético da subjetividade como substituição. Sem dúvida, não se trata apenas de dividir com outrem aquilo de que fruo – meu pão, meu lugar ao sol –, ou mesmo de dar-lhe, pura e simplesmente, o objeto de minha fruição, mas – no limite do êxodo ético – trata-se de reconhecer a sua precedência, em relação a mim, quanto ao direito mesmo

---

19 Idem, *Autrement qu'être ou Au-delà de l'essence*, p. 120.
20 Ibidem, p. 93.
21 Ibidem, p. 94.

de fruir. Em suma, ver outrem já é reconhecer que o meu lugar no mundo lhe pertence antes que a mim mesmo.

Tendo como pano de fundo a fenomenologia da subjetividade em perspectiva intramundana, desenvolvida em *De l'Existence à l'existant* (Da Existência ao Existente) e em *Totalidade e Infinito*, centrada na primazia da fruição, Lévinas amiúde afirma não ser possível ao sujeito "dizer adeus ao mundo", isto é, passar do reino da ontologia à aventura ética, sem que a fruição (do mundo) venha dar lugar ao dom (para o outro): dar – "cuidar da necessidade de outrem" – não tem sentido senão como "arrancar-me a mim mesmo a meu pesar e não somente sem mim", isto é, "como arrancar-se à complacência de si mesmo na fruição"[22]. Por isso, e em contrapartida, Lévinas várias vezes chama a atenção para o fato de que, sendo o dom um "arrancar-se" da fruição, também não se pode perder de vista que ele é um arrancar-se "da fruição" e, pois, que não faz sentido sem uma referência intrínseca a esta. Assim, se não se pode conceber o para-o-outro senão para-além-da--fruição, é porque tampouco é possível pensá-lo sem partir da fruição[23]. Conforme já foi mencionado, não há como descortinar a vastidão infinita da aventura ética sem contrapô-la aos abismos fruitivos do egoísmo: "A fruição, em sua possibilidade de comprazer-se a si mesma, isenta de tensões dialéticas, é a

---

[22] Ibidem, p. 119-120. F. Perez, *D'une sensibilité à l'autre dans la pensée d'Emmanuel Lévinas*, p. 143-144, assim resume e articula esse percurso da sensibilidade que vai da fruição ao dom, de *Totalité et infini* a *Autrement qu'être ou Au-delà de l'essence*, respectivamente: "Em *Totalidade e Infinito*, seria preciso interpretar a sensibilidade no sentido da consumação e do prazer sem ser obnubilado pela necessidade, pela falta, pelo sobreviver... sem confundir a alimentação com o combustível, em resumo, sem negligenciar a felicidade. Seria preciso revelar a ancoragem de um sujeito do saber em um sujeito feliz cuja concretude é o egoísmo. Mas uma vez descrita esta sensibilidade, nada levava a nela deduzir uma atenção a outrem. [...] Porém, se é o para-o-outro que significa para o eu como em *De Outro Modo Que Ser ou Para Lá da Essência*, se é a responsabilidade que assinala o si mesmo em sua sujeição, nesse momento o eu se descobre singularizado no seu prazer em reconhecer, no próprio movimento do egoísmo, o sofrer que lhe foi necessário a fim de encontrar o para o outro. É preciso assumir a caminhada para trás em direção a esta responsabilidade do um-pelo-outro, em direção à significação a partir da qual toda metamorfose da sensibilidade começa. Doravante, pode-se dizer que a sensibilidade não se articula mais essencialmente pelo prazer, mas que ela era interpretada assim em *Totalidade e Infinito*."

[23] Nesse sentido, temos em E. Lévinas, *Autrement qu'être ou Au-delà de l'essence*, p. 111: "a análise da sensibilidade deverá partir do saborear e do fruir".

condição do para-o-outro da sensibilidade e de sua vulnerabilidade enquanto exposição ao outro."[24]

Em outras palavras:

A sensibilidade só pode ser vulnerabilidade ou exposição ao outro, só pode ser dizer, porque é fruição. A passividade da ofensa, a "hemorragia" do para-o-outro, é arrancar o pão à boca que o saboreia em plena fruição. Certamente a seu pesar, mas não como afecção de uma superfície indiferente. Golpe infligido de imediato à plenitude da complacência em si mesmo – que é também comprazer-se da complacência –, à identidade na fruição – mais idêntica que toda identificação de um termo no dito –, à vida na qual a significação consiste em engolir, à vida vivente ou que frui da vida.[25]

Em suma, não há êxodo ético – dom de si – sem arraigo mundano – fruição de si.

CORPOREIDADE

Coerente com a ênfase posta sobre a dimensão sensível da subjetividade desde o seu nascimento no mundo como "para si", Lévinas descreve o desarraigo operado pelo para-o-outro não somente como relação ainda sensível, mas como a mais sensível das relações, porque a sensibilidade abre suas mais extremas virtualidades[26]. Com efeito, "a imediatez da sensibilidade é o para-o-outro de sua própria materialidade", isto

24 Ibidem, p. 119.
25 Ibidem. Como mostra F. Perez, op. cit., p. 187, na relação para-o-outro a capacidade de fruir da sensibilidade não somente sobrevive intacta em sua função vegetativa, como é preciso que permaneça intacta, ou do contrário nem sequer haveria o que dar ao outro: "Não se trata de dar, mas de arrancar. Por quê? Seria por enfermidade natural ou por gosto pelo dolorismo, seria por benevolência natural ou por masoquismo? Não se pode inventar, pelas necessidades da descrição da sensibilidade, um ser que teria prazer em dar ao outro o que forneceria uma satisfação a seus próprios desejos. Não se trata de considerar um ser patológico que decifra seu gosto segundo uma educação em que ele teria aprendido a saborear com prazer apenas depois que todos os outros se alimentassem e se satisfizessem. É em um fundo vegetativo normal que as qualidades do gosto são entendidas, elas não se descobrem moralmente."
26 Nesse sentido, F. Perez, op. cit., p. 94: "O deslocamento da interpretação da sensibilidade como prazer e consumação em *De Outro Modo Que Ser ou Para Lá da Essência* será decisivo. A sensibilidade será portanto uma sensibilidade pensada até o fim."

é, a proximidade do outro é o "derramamento para o outro da imediatez da fruição e do saborear, a 'materialização da matéria' alterada pelo imediato do contato"[27]. O um-para-o--outro, todavia, não apenas implica a encarnação ou "altera" o seu tecido – antes constitui o seu sentido radical, a sua própria alma. Para Lévinas, as filosofias idealistas não dão conta da encarnação, pois, em princípio, nada justifica que o corpo – pensado como coisa material, opaca e singular, ou feixe de impressões sensíveis – esteja predisposto a ser animado pela (e para a) vida reflexiva atribuída ao espírito[28]. Quer o binômio espírito/corpo figure – em Platão, por exemplo – como o "prisioneiro" encarcerado na prisão, o "piloto" a dirigir o navio, ou o "cavaleiro" a conduzir a carruagem, os elementos em jogo nessas metáforas permanecem extrínsecos entre si e sua relação é, se não de conflito, ao menos de tensão. O espírito bate-se contra o corpo, ou comanda-o, controla-o, opera-o, serve-se dele, mas o importante é que suas vidas não se transfundem uma na outra. A corporeidade – a vida do corpo – não se oferece à atividade pensante do espírito, submete-se a ela, por assim dizer, a contragosto. O ponto de contato entre espírito e corpo não é, para Lévinas, a atividade da consciência, mas o um-para-outro: o corpo não é chamado à vida espiritual para pensar, mas para dar. É por ser votado ao outro que o sujeito é encarnado! Com efeito:

O corpo não é obstáculo oposto à alma, nem a tumba que a aprisiona, senão aquilo por meio do que o si mesmo é a suscetibilidade em sentido próprio. Passividade extrema da "encarnação"; estar exposto à enfermidade, ao sofrimento, à morte, é estar exposto à compaixão, e o si mesmo, ao dom do que custa dar. Aquém do grau zero da inércia e do nada, deficiente de ser em si e não no ser, sem lugar para pôr a cabeça,

---

[27] E. Lévinas, *Autrement qu'être ou Au-delà de l'essence*, p. 120.
[28] Segundo ibidem, p. 125, "qualquer que seja o abismo que separa a psiquê dos antigos e a consciência dos modernos", ambas pertencem à mesma tradição espiritual do Ocidente que, diante do problema posto por um sujeito que se pretende origem absoluta de si mesmo, mas ao mesmo tempo é de "carne e osso", interpreta a encarnação como "um avatar da representação de si, como uma deficiência de tal representação, como a ocultação de uma consciência translúcida e espontânea, convertida em receptividade e finitude. Daí a necessidade de remontar até o começo – até a consciência – apresentar-se como a própria tarefa da Filosofia: retornar à sua ilha para encerrar-se ali, na simultaneidade do instante eterno, para aproximar-se da *mens* instantânea de Deus."

no não lugar e, desse modo, sem condição, o si mesmo se mostrará portador do mundo – levando-o, sofrendo-o, fracasso do repouso e da pátria e correlativo da perseguição –, isto é, substituição do outro.[29]

E, mais adiante:

[O corpo] É uma recorrência a si a partir de uma exigência irrecusável do outro, um dever que deborda meu ser, dever que se converte em dívida e passividade extrema mais aquém da tranquilidade, inclusive daquela relativa à inércia e à materialidade das coisas em repouso, inquietude e paciência suportadas antes de ação e paixão. É o devido que deborda o ter, mas que torna possível o dar. Recorrência que é "encarnação" e onde o corpo, pelo qual é possível o dar, faz-se outro sem alienar-se, porque esse outro é o coração e a bondade do mesmo, a inspiração ou o próprio psiquismo da alma.[30]

A corporeidade – "nó ou desenlace do ser" – é, pois, tecida pela sensibilidade "enquanto proximidade, significação, para-o--outro, que significa no dar", isto é, "no alimentar, vestir, alojar, nas relações maternais nas quais apenas a matéria se mostra em sua materialidade"[31]. Assim, a matéria é lugar do para--o-outro – não em razão de qualquer decadência metafísica ou de alguma inescrutável engenharia que predispusesse *a res extensa* à atividade da *res cogitans* –, permitindo observar o sujeito que "é de sangue e carne, homem que tem fome e come, entranhas numa pele, suscetível de dar o pão de sua boca ou de dar a sua própria pele."[32] O sujeito encarnado não é uma consciência "não translúcida", ou a "materialização da consciência de si", mas "mãos que dão" – ou, como veremos logo em seguida, "corpo materno" –, e a sensibilidade não resulta de uma operação transcendental que relacionasse consciência e corpo, mas "tece o laço da encarnação numa intriga mais ampla que a apercepção de si", pela qual "estou atado aos outros antes que a meu corpo"[33].

Antes que se indigite o fato de que o corpo descrito em *Totalidade e Infinito* – que "se aguenta" e se afirma diante do

29 Ibidem, p. 172-173.
30 Ibidem.
31 Ibidem, p. 123-124.
32 Ibidem, p. 124.
33 Ibidem, p. 123.

outro enquanto "eu posso" – vê-se drasticamente alterado, em *De Outro Modo Que Ser ou Para Lá da Essência*, no próprio (não) lugar do um-para-outro, é preciso advertir que o sujeito aqui em vista não é o "corpo" como tal, e sim o eu, descrito nas dimensões chave de sua constituição: em relação ao mundo, nascendo em sentido ontológico como fruição; e em relação ao Outro, renascendo em sentido ético como dom. Não se trata, pois, de uma absurda coexistência de corporeidades incompatíveis entre si, mas de dimensões de constituição da mesma subjetividade.

A DOR DO DOM

Arrancar o pão da boca para dá-lo a outrem é, por excelência, para Lévinas, o gesto sensível do um-para-o-outro: "dar, ser-para-o-outro a seu pesar, interrompendo o para si, é arrancar o pão da própria boca, alimentar a fome do outro com meu próprio jejum"[34]. O filósofo frisa não tratar-se aí de um equívoco "dom do coração" (ou do "espírito"), mas "do pão de sua boca, de sua boca de pão"[35], a fim de resguardar ao máximo a concretude – e a profundidade – carnais do êxodo ético que está a descrever. A certa altura, no entanto, esclarece que "é necessário fruir de seu pão, não para ter o mérito de dá-lo, mas para dar com ele seu coração, para dar-se no ato de dá-lo"[36]. Não há, portanto, como arrancar-se de si – dar-se –, senão arrancando aquilo em que está posto o próprio "coração", ou seja, senão dando aquilo de que se vive e se frui. Assim, é somente a partir de uma estrita referência à integralidade vivente do ser – designada com o termo carne (*basar*) na tradição semítica, e na qual é impossível dissociar-se espírito, corpo, mundo e outro –, que a figura do coração vem a recobrar sentido enquanto metáfora do centro vivente do ser, sem o perigo de confundir-se com

---

34 Ibidem, p. 94.
35 Ibidem, p. 120.
36 Ibidem, p. 116.

"interioridades subjetivas" que antes se prestam a sugerir uma falsa independência do eu em relação ao mundo e aos outros[37]. Assistimos aqui a uma outra "abnegação", em relação àquela mencionada em *Da Existência ao Existente*. Com efeito, ao abordar a constituição da subjetividade a partir de sua relação com o mundo, Lévinas se refere nessa obra à fruição dos "alimentos terrestres" como uma primeira "abnegação", isto é, como uma primeira "saída de si mesmo", que, entretanto, conclui em retorno e afirmação de si. Pela referência a essa intrínseca, ainda que passageira, "saída de si" aos objetos de fruição, em *Le Temps et l'autre* (O Tempo e o Outro), o filósofo chega a caracterizar a fruição dos entes no mundo como o esboço de uma primeira moralidade – a "moral dos alimentos terrestres". Ora, trata-se agora justamente de uma segunda e definitiva abnegação, pela qual o sujeito oferece ao outro toda a pletora mundana por cuja fruição vem a constituir-se como eu, configurando-se, então, não uma mera "saída de si", e sim uma "entrega de si", a fundo perdido e sem qualquer possibilidade de retorno.

Cotejando os modelos de sensibilidade apresentados respectivamente em *Totalidade e Infinito* e em *De Outro Modo Que Ser ou Para Lá da Essência*, vemos que, se o gesto que instaura o nascimento do sujeito no mundo é o de agarrar as coisas para si e consumi-las, o gesto prototípico da vida ética consiste em arrancar de si as coisas para dá-las a outrem. Pelas mãos, em via dupla e simétrica, passam os dois modos fundamentais de relação com a existência: a posse e o dom. A passagem metódica da sensibilidade fruitiva e suficiente de *Totalidade e Infinito* à sensibilidade ferida e exposta de *De Outro Modo Que Ser ou Para Lá da Essência*, não deve, porém, ser linearmente interpretada, como se o ser se definisse primeiro pela fruição para, somente então, poder definir-se pelo dom, como se a fruição fosse condição metafísica do dom. Ainda que o dom não se aclare exceto em referência à fruição, ele guarda uma absoluta prevalência de sentido em relação a esta. Assim, mesmo

---

37 Em consonância com essa perspectiva semítica, M. Zambrano, *Hacía un Saber Sobre el Alma*, p. 53-54, descreve o coração como "largo e profundo", "obscura cavidade, recanto hermético; víscera, entranha, representação máxima de todas as entranhas da vida, a entranha onde todas as outras encontram sua unidade definitiva".

resguardando-se a independência, a suficiência e a gratuidade constitutivas da fruição – frui-se por fruir, em pura perda –, esta só recebe sua decifração à luz do dom. Não que a fruição seja "para" o outro – ela não tem fim fora de si! –, mas é o eu que, inspirado imemorialmente pelo outro, já desperta oferecendo a esse, com o seu próprio ser, a sua fruição de si. Caso contrário, reduzida à sua suficiência, a fruição estiolaria nos desertos da solidão[38]. Se as mãos que apresam não estivessem votadas a dar, não seriam mãos humanas, não sairiam do reino animal.

Certo é que, conforme insiste amiúde Lévinas, não há como arrancar de si o que se agarra, não há como passar das "mãos que tomam" às "mãos que dão", da posse e da fruição ao dom, sem dor[39]. O sofrimento não é mero tributo ou efeito colateral do dom, é seu próprio modo de ser:

> Por si mesmo, o dizer é o sentido da paciência e da dor; pelo dizer, o sofrimento significa sob as espécies do dar, inclusive no caso de que o preço da significação fosse sofrer sem razão. Se o sujeito não corresse esse risco, a dor perderia sua própria dolência. A significação, enquanto um-para-o-outro, sem que o outro seja assumido pelo um em meio à passividade, supõe a possibilidade do sem-sentido puro que invade e ameaça a significação. Sem essa loucura nos confins da razão, o um resistiria e, no coração de sua paixão, começaria de novo a essência. Ambígua adversidade da dor! O para-o-outro (ou o sentido) chega até o por-o-outro, até sofrer por um espinho que queima a carne, mas para nada. Somente desse modo o para-o-outro – passividade mais passiva que qualquer passividade, ênfase do sentido – guarda-se do para si.[40]

---

[38] L.C. Susin, op. cit., p. 349, previne contra as consequências desse equivocado condicionamento do sentido do dom ao da fruição: "Lévinas acena para o perigo da lógica e da prudência na doação: primeiro ter, produzir, acumular, para depois dar, distribuir. A doação não depende da lógica da produção, mas de mim mesmo, não é doação a partir das coisas objetivas, mas 'a partir de si', do Se que deborda, que envelhece e se perde, mas corpo animado, dando a mim mesmo e à minha boca – adoração – no bocado que é meu. O 'bocado' é o 'ter' original, adequado à boca, à satisfação e ao gozo, e por isso é o meu ter que mais imediatamente coincide com meu ser, é a minha riqueza fundamental. A doação de meu bocado decide mais e antes do tamanho do bocado. Só no seio da doação e da proximidade há aquisição, produção, multiplicação 'com sentido'."

[39] Ibidem, p. 347: "Doação sem jejum, sem traumatismo do gozo, sem sofrimento e derramamento de si, seria dar o supérfluo, mas não seria ainda dar-me. Dar casa ou lugar sem dar o meu lugar, seria cômodo, não seria ainda dar-me. Como ser e ter são o mesmo, o modo de doação do ter é o modo de doação do ser."

[40] E. Lévinas, *Autrement qu'être ou Au-delà de l'essence*, p. 85.

A dor do dom, no entanto, não é o contrário da fruição – não forma totalidade com esta –, mas um para-além-da-fruição, pois transcende o egoísmo do eu. Como Lévinas mostra em *Totalidade e Infinito*, mesmo nos vários modos de derrelição – tristeza, angústia e até no desespero –, o *conatus* da essência mantém sua regência, agarra-se a si, pois "foge-se da vida em direção à vida", e ainda as "dores do mundo" dão derradeira guarida à fruição do mundo. O dom de si, contudo, não é mera mitigação ou inversão da alegria de viver, na qual esta, por vias reversas, se insinuaria e continuaria a se afirmar; também não é fruição do sofrer, nem um perverso gozo em negar o gozo – ou niilismo –, o gozo dos impotentes, dos que não afirmam o gozo de viver e se voltam contra o *conatus* para "humilhar os valores da terra", como na crítica de Nietzsche ao judeu-cristianismo. O dom de si não é um viver menos ou mal, mas não viver para si. A dor nele entranhada não se soma às tantas "dores do mundo", mas é justamente a dor de arrancar-se ao mundo como reino. O dom de si não é negação do amor da vida, e sim outro amor – amor do outro – que, sem arrefecer em nada o poder imperioso do *conatus*, contesta e supera o seu império.

A possibilidade de reinstalar-se na fruição permanece instalada no coração do para-o-outro. A sombra do *conatus*, como a do ser, acompanha o sujeito para onde quer que ele vá. Não há como evadir-se do amor da vida. No entanto, para Lévinas, essa irrevogável ambiguidade entre fruição e dom, egoísmo e para-o-outro, não é mera carga ou um preço a pagar pela glória ética a que está votado o sujeito, mas antes constitui essa glória:

Certamente, há uma ambiguidade insuperável: o eu encarnado, o eu de carne e sangue pode perder sua significação, pode afirmar-se como um animal em seu *conatus* e sua alegria. É como o cão de Ulisses, a reconhecer o dono que vem tomar posse de seus bens. Mas essa ambiguidade é condição da própria vulnerabilidade, isto é, da sensibilidade enquanto significação; na medida em que se compraz em si mesma, enrola-se sobre si mesma, é eu, nessa medida, em sua benevolência para com o outro, a sensibilidade continua sendo para o outro, a seu pesar, não ato, significação para o outro e não para si mesma.[41]

---

41 Ibidem, p. 127.

O OUTRO-NO-MESMO

Passividade, exposição, expulsão e dom de si, sofrimento e inspiração pelo outro. Segundo Lévinas, estas e outras estruturas inscritas na vulnerabilidade da sensibilidade reportam à maternidade como o protótipo ou *analogon* da subjetividade ética[42]. Com efeito, de *Totalidade e Infinito* a *De Outro Modo Que Ser ou Para Lá da Essência*, a passagem do sujeito "hóspede" ao sujeito "refém" acompanha o deslocamento da "transubstanciação" paternal pela "substituição" maternal[43]. Se o próprio da paternidade descrita em *Totalidade e Infinito* é a fecundidade, que faz o sujeito multiplicar-se em outros eus separados de si, permitindo que o tempo se renove infinitamente – ou revelando o tempo como infinição do infinito –, a maternidade alcança uma relação ainda mais radical com a alteridade, por concernir à possibilidade de carregar o outro em si mesmo, de modo que "a corporeidade do outro me é ainda mais interior que a minha própria"[44], a ponto de o mesmo ocupar o lugar do outro, até o si mesmo dar lugar ao um-para-o-outro:

Aquém do ponto zero que significa a ausência de proteção e de cobertura, a sensibilidade é afecção pelo não fenômeno, uma posta entre parênteses pela alteridade do outro, antes da intervenção de uma causa, antes do aparecer do outro. Pré-original não repousar sobre si, inquietude do perseguido – onde e como devo estar? –, isto é, retorcimento nas angustiadas dimensões da dor, insuspeitadas de mais aquém da dor;

---

42 Assim o atesta P. Kayser, *Emmanuel Lévinas: La Trace du féminin*, p. 96: "*Totalidade e Infinito* destacou a paternidade para evocar um sujeito 'vivo no tempo infinito da fecundidade', enquanto *De Outro Modo Que Ser ou Para Lá da Essência* remete à obrigação advinda do 'passado pré-original' pela maternidade. Lembremos sucintamente que se de um lado Lévinas privilegia com razão, através da noção de paternidade, a multiplicidade do devir em relação à ficção de um sujeito idêntico e presente, a paternidade assim como a filialidade se revelam por outro lado, problemáticas em *Totalidade e Infinito*, porque a fecundidade se reduz à fecundidade do pai e ao amor paterno pelo 'filho único' é a matriz de todos os outros amores, ao passo que a maternidade se encontra secundarizada em relação à paternidade e à filha apagada pela relação com o filho. Em *De Outro Modo Que Ser ou Para Lá da Essência*, a subjetividade materna torna-se o análogo da subjetividade ética: 'Animação como exposição ao outro, passividade do para-o-outro na vulnerabilidade remontando à maternidade que significa a sensibilidade. Não se exprime melhor a sensibilidade falando da receptividade...'"
43 Ibidem, p. 100.
44 L.C. Susin, op. cit., p. 350.

arrancar-se a si mesmo, menos que nada, rechaço no negativo – por detrás do nada –, maternidade, gestação do outro no mesmo. A inquietude do perseguido não será, pois, senão uma modificação da maternidade, do "gemido das entranhas" feridas, naqueles que carregam ou carregarão esse gemido? Apenas na maternidade significa a responsabilidade para com os outros, chegando até a substituição destes, e até a sofrer tanto do efeito da substituição quanto do próprio perseguir, inclusive ali onde se abisma o perseguidor. A maternidade – o carregar por excelência – carrega inclusive a responsabilidade pelo perseguir do perseguidor.[45]

Sem dúvida, a maternidade a que se refere Lévinas não se reduz à "maternagem" cultural ou biologicamente considerada, sequer limita-se ao universo feminino, mas significa o sujeito enquanto "receptividade antes de todo ato consciente, numa impossibilidade de fechar-se no interior, sempre já numa 'incessante alienação [...] pelo hóspede a si confiado'"[46]. Não é menos certo, porém, que a "mulher grávida", inteiramente receptiva ao embrião do qual é a base nutriz, a um tempo "estrangeira a si mesma e acolhedora do estrangeiro" que carrega no ventre, fornece ao filósofo uma privilegiada metáfora da incondicional hospitalidade materna[47]. Seja como for, no nível em que é abordada em *De Outro Modo Que Ser ou Para Lá da Essência*, a maternidade revela o espírito como sensibilidade ou "afetabilidade primária", isto é, como outro-no-mesmo, "imperceptível e incontrolável, irrecuperável pelo ato do pensamento e, no entanto, comandando-o"[48]. Que a maternidade teça o estofo primário do sujeito, significa que este "não se afeta a si mesmo"[49], mas é já afetado "pelo outro que o toma como

45 E. Lévinas, *Autrement qu'être ou Au-delà de l'essence*, p. 121.
46 P. Kayser, op. cit., p. 97.
47 Ver ibidem e p. 99, quando Kayser adverte que, se Lévinas se serve de metáforas femininas, "não se trata no entanto de um uso metafórico tradicional, visto que a metáfora não remete mais à imagem, não reflete mais a divisão entre mundo próprio e figurado, mas designa a alteridade de um passado que jamais se tornou presente".
48 Ibidem, p. 98.
49 Nesse sentido, a reversibilidade da sensibilidade descrita por Merlau-Ponty, isto é, a sua capacidade de produzir e receber a sensação ao mesmo tempo – a capacidade de o corpo se sentir tocando-se e sendo tocado, por exemplo –, constituiria tão somente uma contrafação dessa "afetabilidade primária" mencionada por Lévinas, a qual, de um lado, não é mera suscetibilidade o ser afetado por quem faça as vezes de outro (ainda que seja eu mesmo), mas pelo ▶

refém antes de aparecer: desnucleação e fissão de si mesmo, sem começo, sem entidade nem autonomia prévia"⁵⁰.

Sob o regime da maternidade, o sujeito não apenas é suscetível de ser afetado pelo outro como algo que pudesse ou não suceder-lhe –, mas "torna-se afeição para o outro" em sua corporeidade mesma, sendo o afeto, então, "o primeiro teto: criando braços, regaço, abrigo, alimentação e medicina"⁵¹. Nessa afeição por e para o outro, dor e sofrimento abrem uma imprevista profundidade, como aliás já vimos, pois padeço "para além da doença e da dor que me reduzem a meu próprio corpo"; por sua vez, a angústia "não mais se relaciona ao nada ou à morte, à finitude ou à limitação, ou à insignificância" – não é angústia pelo vazio ontológico incrustado na consciência, mas pelo "demais pleno" do outro em mim, de cuja vulnerabilidade me encarrego; e a vigilância ou a "insônia" do espírito não têm doravante a conotação de correspondência solitária da consciência transcendental às essências, ou de cuidado do *Dasein* (ser-aí) pelo ser a si confiado – como em Husserl e Heidegger, respectivamente –, mas é não indiferença pela diferença do outro, cujo apelo fere o sujeito antes que este possa recusá-lo⁵². "Antes" – pois, como reitera de vários modos Lévinas, a maternidade é "an-árquica", isto é, dá ao sujeito um sentido anterior ao seu começo em si mesmo, vem de "passado irrecuperável, pré-ontológico"⁵³, do "pré-nascimento" da sensibilidade⁵⁴; é significação "pré-original", anterior à "perseverança no ser no seio da natureza"⁵⁵.

Por isso mesmo, a maternidade a que se refere o filósofo não se confunde com a "maternidade natural" descrita pela biologia e pela medicina, que começa com o feto, ainda *conatus*, ainda "instinto materno", de fêmea que estreita contra si a sua cria, não propriamente para sair de si e substitui-la, mas fundida e identificada com ela, a própria vida no ponto mais alto de sua

▷ Outro em sentido eminente; e não reduz-se à sensação de ser afetado, mas antes significa ser convocado ou responsabilizado por quem me afeta.
50 P. Kayser, op. cit, p. 98.
51 L.C. Susin, op. cit., p 350-351.
52 Ibidem, p. 352-355.
53 E. Lévinas, *Autrement qu'être ou Au-delà de l'essence*, p. 138.
54 Ibidem, p. 126.
55 Ibidem, p. 111.

renovação[56]. Por mais difícil que seja discernir na maternidade "natural" o *conatus* do para-o-outro, o fato é que, na perspectiva ética aqui considerada, a maternidade não somente não é momento do mundo, mas o modo por excelência de "dizer adeus ao mundo", sem dele sair.

Se a maternidade da sensibilidade acrescenta algo ao esforço de ser do sujeito – à sua hipóstase –, é somente na medida em que, já votado ao outro, o sujeito materno descobre em si mesmo forças inauditas para conquistar um mundo que, entretanto, de saída não lhe pertence. Se a maternidade acrescenta algo à fruição de ser, é por descortinar uma possibilidade estranha ao reino natural: a de gozar com o gozo do outro para quem se está votado. Como tal, porém, a maternidade da sensibilidade nada acrescenta ao esforço ou à fruição de ser – é esvaziamento de si; e, no entanto, em seu nada "menos que nada", acende na essência do ser um sentido – o mais radical dos sentidos – que ele simplesmente não tem como dar a si mesmo.

---

56 A interpretação da maternidade elaborada por J.-L. Thayse, *Eros et fecondité chez le jeune Lévinas*, inclina-se predominantemente nessa direção.

14. Lévinas e o Sentido do Amor

questões de uma palavra ética

*Sandro Cozza Sayão**

Em *O Olho e o Espírito*, ao fazer referência ao exílio de Cézanne, que em meio à guerra de 1870 resolve recolher-se em L'Estaque para pintar uma sequência de paisagens da região, sendo a mais famosa *Mer à l'Estaque* (*O Mar em Estaque*), Merleau-Ponty afirma que o pintor é o único a ter direito a olhar sobre todas as coisas sem nenhum dever de apreciação. Diferente do filósofo e do escritor, que frente às adversidades do mundo têm de assumir uma posição determinada, ao pintor caberia uma tarefa exótica, diferente daquela a que estamos acostumados no exercício acadêmico, como se houvesse na sua ocupação *uma* urgência que *excede* qualquer outra[1].

Lévinas, foco de nossa atenção aqui, diferente dos artistas, mas com certa conexão com eles, realiza-se enquanto filósofo. Assume-se artífice da palavra, tecendo suas reflexões a partir de uma posição crítica e clara perante o mundo e o tempo de

---

* Professor do Departamento de Filosofia da Universidade Federal de Pernambuco, onde integra o grupo de pesquisas em Ciência e Cultura de Paz.
1 M. Merleau-Ponty, *O Olho e o Espírito*, p. 15: "Ninguém censura Cézanne por ter vivido escondido em L'Estaque durante a Guerra de 1870, todos citam com respeito seu 'é assustadora a vida' enquanto qualquer estudante, depois de Nietzsche, repudiaria prontamente a filosofia se não fosse dito que ela não nos ensina a ser grandes viventes."

esgotamento vivido. E seu caminho acadêmico vai se pautar, ao longo de inúmeras obras – artigos, comentários e discussões, mesmo de cunho mais próximo às discussões talmúdicas –, na ruminação da realidade e propondo especulações a respeito de novos caminhos e sentidos à vida humana. Isso a partir do entrecruzamento de três grandes solos linguísticos, de três grandes paradigmas que se entremeiam. Diz Benedito Eliseu Cintra que é a partir desse entrecruzamento que sobressai a fertilidade, o caráter original e principalmente complexo do pensamento levinasiano[2]. Como bem nos lembra, nele estariam em confluência: o hebraico, decorrente de sua origem familiar judaica, e que na infância, principalmente pela influência paterna, seria incorporado à rotina diária de leitura e estudo das Escrituras Sagradas, nesse caso a *Torá* e o *Talmud*, o que posteriormente seria ainda aprimorado pela aproximação com M. Chouchani; o russo, língua falada na Lituânia onde nascera e na literatura que aprendera a amar com sua mãe, que apreciava Púschkin, Lérmontov, Tolstói e Dostoiévski; e o francês, língua metafórica da terra que escolheria para viver e da filosofia que viria a realizar.

É dessa confluência de mundos que se tateiam, se repelem e se complementam, como perspectivas e realidades que se entrecruzam, num solo espiritual, literário e filosófico, que suas teses tomariam corpo e viriam a se configurar. Pode-se observar com ainda maior nitidez, na sua clara adesão ao instrumental operacional do pensamento e da racionalidade herdada dos gregos e na dimensão de abertura, acolhimento e hospitalidade próprios de um modo de vida que aceita, no cotidiano, a presença ausente da transcendência e da devoção. Essas últimas como instâncias significativas inspiradas no viver do homem do deserto, no homem semítico, no qual a relação com o outro é sentida na proximidade do face a face.

Embora se diga comumente que Lévinas substitui um paradigma por outro, ultrapassando o universo de sentidos grego, para assumir o sentido semítico como fonte de orientação, o que ele faz no fundo é aproximar esses dois mundos, essas duas arquiteturas existenciais. Reservando, no entanto, para o estofo das teses que apresenta e justifica, o sentido maior proveniente

---

2 Ver B.E. Cintra, Emmanuel Lévinas e a Ideia do Infinito, *Margem*, n. 16.

da experiência do mundo hebraico. Como ele mesmo diria, a Europa é a *Bíblia* e os gregos. A Europa é a força vigorosa nascida de duas dimensões de realidade que se emulsionam e se opõe ao mesmo tempo que se completam. Daí o constante trabalho de *conexão, retorno e descrição fenomenológica* presente em sua obra. Isso não se dá alheio ao reconhecimento das armadilhas da totalidade, das artificialidades e dos fetiches a que estaria sujeito o pensar no ocidente.

Esse movimento é representado metaforicamente por Lévinas na necessidade de *evasão* que enuncia. Nesse caso, evasão das forças centrípetas do ser, que, numa espécie de vórtex, facilmente diluem todas as coisas em si. Em *De l'évasion* (Da Evasão), específica a esse respeito, Lévinas chama a atenção para a necessidade de se ultrapassar o contexto totalitário vicioso do *si mesmo* (das forças de mesmificação da realidade e de todos os sentidos aos quais nosso modo de pensar está sujeito e obnubilado). O desafio seria buscar novos horizontes e caminhos ao próprio saber. Tarefa que, segundo Jacques Rolland, conduziria ao coração da própria filosofia[3]. Ao abordar o antigo problema do ser enquanto ser e analisando sob que condições ele surge e se torna o conceito por excelência, a luz (*tó fós*) pela qual todas as coisas são vistas e assumem sentido, Lévinas adentra no jogo de poder sob o qual estamos dispostos, conseguindo, a partir daí, dispor de possibilidades alternativas[4] que culminam na exigência por se pensar além do ser, o que resulta no contra conceito de *outramente que ser*[5].

Lévinas é agudo nessa tarefa. Não quer distrações de espécie alguma, até mesmo aquela que a própria palavra transporta consigo. Embora se utilize da palavra francesa, por si mesma sujeita a torções quase poéticas, e mesmo que chegue em muitos momentos a empregar metáforas de difícil compreensão e clareza (como a que acabamos de analisar), ele assume o lugar da filosofia como aquele lugar duro com qual temos que nos

---

3 Em brilhante interpretação, J. Rolland, Notes, em E. Lévinas, *De l'évasion*.
4 E. Lévinas apud J. Rolland, op. cit., p. 15: "Falando claramente: a necessidade da evasão – plena de esperanças quiméricas ou não, pouco importa – nos conduz ao cerne da filosofia. Permite renovar o antigo problema do ser enquanto ser."
5 Ibidem, p. 17: "Numa palavra, pensamos que isso que se esconde atrás dessa metáfora, é a exigência de pensar para além do ser entendido no sentido verbal, exigência que não encontrará, entretanto, sua expressão filosófica adequada senão forjando o contraconceito do outramente que ser."

comprometer diante das absurdidades existentes. É na palavra, e mais especificamente naquela instrumentalizada pelos recursos da fenomenologia, que desde Husserl e Heidegger ensina a respeito de horizontes existenciais singulares e toda uma técnica capaz de fazer mostrar o que não se poderia olhar diretamente, é em tal palavra que ele encontra as ferramentas apropriadas para a tarefa com a qual se compromete, nesse caso: descrever e justificar a ética no papel de *prima philosophia* e o bem além do ser como uma dada inscrição de sentido a que o humano estaria devotado. Isso é absolutamente subversivo frente ao sentido ocidental belicoso, cuja liberdade é o eixo e o ego o pronto primacial de todos os movimentos. É como se Lévinas respondesse aos apelos do infinito, ao grito mudo que ecoa da alteridade nos rostos de quem nada tem, nada pode e nada merece, e daí fizesse emergir um novo modo de se pensar.

Em textos como *Difícil Liberdade*, *Do Sagrado ao Santo*, *Deus Que Vem à Ideia*, entre outros menores como *Quatro Leituras Talmúdicas* e *Novas Leituras Talmúdicas*, vamos compreender, de modo ainda mais claro, essa dimensão inspiradora, que será tensionada com ainda mais propriedade filosófica em obras como *Totalidade e Infino* e *De Outro Modo Que Ser ou Para Lá da Essência*. Embora trace uma crítica contundente à filosofia e à tradição do pensamento ocidental, mostrando como há no ocidente um círculo vicioso, do qual decorre o sempre presente esquecimento do que excede as cercanias e os contornos do ser e da ontologia (indiferença que produz violência e barbárie), ele sabe que o arranjo conceitual e a linguagem herdadas dos gregos possuem nelas uma contribuição significativa à humanidade. A maneira como os conceitos são aí tensionados, a forma como o argumento expõe e justifica uma determinada tese, como uma herança profícua aprendida e herdada dos helênicos, é algo significativo no trabalho que viria a realizar, ainda mais se considerarmos a adesão de Lévinas à maneira fenomenológica de filosofar e ao modo como essa permitiu, principalmente pela abertura de novos horizontes significativos, acessar instâncias antes impossíveis de serem ditas.

A fenomenologia, representada por Husserl e Heidegger, é sobremaneira significativa no trabalho levinasiano. Seu texto, *Descobrindo a Existência Com Husserl e Heidegger*, mostra claramente a importância do trabalho desses dois autores e reconhece neles o caminho de acesso à existência que permite se pensar e depois pensar além. Embora se possa dizer que Lévinas, em seus últimos trabalhos, alcance o que se pode chamar de uma *metafenomenologia*, e que *De Outro Modo Que Ser ou Para Lá da Essência* seria uma obra metafenomenológica em razão do modo como pensar numa pura abertura consiste já pensar na possibilidade de algo que é outro, isso não significa dizer que Lévinas dá as costas ao trabalho fenomenológico; muito ao contrário, o que aí se mostra é um novo desdobramento dessa mesma teoria e uma evolução do próprio conceito de existência. Deve-se isso certamente à provocação da ideia de criação *ex nihilo* que ele sorve das Escrituras Sagradas do judaísmo.

Nas muitas passagens dos textos de Lévinas que tratam do *Talmud* e da *Torá*, pode-se observar claramente a atenção que dá à espiritualidade refinada que emerge tanto dos aspectos litúrgicos como dos ensinamentos de caráter prático, que são tensionados e muito debatidos pelos doutores da ciência rabínica. Nelas, Lévinas encontraria a riqueza reflexiva do que chama de "modo de ser devotado", de uma palavra que não aponta senão para a responsabilidade do homem diante da vida e principalmente diante do outro. *Devoção* que, segundo ele, representaria o desinteresse de si, a desapropriação e a não coincidência do ego desde a qual se revelaria um modo de ser singular e um caminho ético como princípio e fundamento. Ou seja, da experiência concreta do homem diante do outro homem, em que este não se pode furtar à generosidade e à responsabilidade, porque todo o repouso em si seria por demais vergonhoso e insuportável, Lévinas encontrará novos termos para falar do humano. Um humano cuja consciência de si se confunde com a consciência do justo e do injusto, do ético e do antiético, do certo e do errado. Daí reverberaria uma outra noção do homem, donde o humano é em razão não mais da capacidade de se prostrar contemplativamente diante do mundo, o que levaria à ontologia e à pergunta pelo ser, mas da capacidade de ser inspirado, compreendendo *a priori* a noção do que significa uma dada nobreza a que estaríamos propensos.

Por certo, essas palavras provocam estranheza, embora de todo não sejam assim tão novas. Há muito as Escrituras Sagradas nos chamam a atenção para a interdição de *matar* e para a necessidade de "amar-se o estrangeiro". No entanto, a ética é não só desacreditada, mas suprimida diante de um jogo de vida calcado nas necessidades de um eu solitário, que a partir de si dita as regras e todas as prioridades. É como se diante de um mundo perverso, que sucumbe à astúcia de uma razão e consciência entregues a prazeres superficiais e toscos, desacreditássemos na fraternidade e na generosidade, restando-nos como caminho um cenário de desumanização, no qual nos perderíamos de nós mesmos e de todos os ideais de nobreza que nos dignificam. No entanto, Lévinas, como todos os grandes, não se fixa nessa obviedade, como tampouco permanece na ruminação da totalidade. Mesmo sabendo da barbárie e do perigo que os maus imprimem ao mundo, ele se compromete a uma tarefa ainda maior, talvez ainda mais subversiva àquela que se faz e permanece na crítica do real.

Catherine Chalier, em *Lévinas: A Utopia do Humano*, ao lembrar da Schoá e de toda a violência, dor e escárnio do mal vivido por Lévinas, num tempo em que a humanidade se perdeu, aprofundando-se no egoísmo e na banalização da vida, reforçará a ideia de que esse assumiu obedientemente a necessidade da palavra não apenas como ruminação do tempo, mas em sua capacidade de instaurar sentido, nos fazendo lembrar do que realmente importa e do que realmente nos compete. Ou seja, Lévinas usaria a palavra em sua positividade máxima, considerando que, por meio dela, o homem conseguiria tatear e tencionar infinitamente o que nenhum pensamento é capaz de conter ou mesmo gestar a partir de si mesmo. Às expensas do sentido corrente, Lévinas afirmará a modalidade de um modo de pensar alternativo, a força de uma palavra convertida, que se configura a partir da desnucleação do sujeito transcendental, sem restabelecer a ordem da representação e o sempre presente risco de síntese e simultaneidade.

Segundo Chalier, Lévinas "não hesita em subverter a racionalidade filosófica, abrindo-se para uma fonte de pensamento ignorada por muito tempo"[6]. Diante do positivismo e da formalidade conceitual, sem entregar-se ao niilismo e ao anti-humanismo, ou à desesperança e à distração, elabora uma filosofia obediente de uma obediência que precede o entendimento. Ele fará da filosofia palavra tencionada, o lugar em que se

---

6   C. Chalier, *Lévinas: A Utopia do Humano*, p. 10.

vai procurar extrair da desproporção que habita na ideia, termos de um novo contorno ao sentido do que é sermos humanos. E é por essa razão que Lévinas responde igualmente a uma dada urgência. Talvez a mesma que moveu Cézanne a pintar. Ou seja, se a pintura nos faz celebrar a visibilidade naquilo que nos é mais próprio, Lévinas, do mesmo modo, vai se comprometer a tonificar filosoficamente o que em nós não se resume a formalidades técnicas e a esquematismos frios e indiferentes. Ele assume a urgência de nos lembrar do mais próprio de nós mesmos, de nossa face humana e do que a significa e dignifica. Isso na contração e conversão da própria palavra para aquilo que lhe cabe, ou seja, nos conectar ao que em si tem uma determinada nobreza e altura, à fidelidade do que em nós mesmos se mostra como um traço dignificante que é a ideia do infinito em nós. Isso do mesmo modo como para a tradição judaica a palavra é o grande presente dado à condição humana, pela qual ultrapassamos a ligação umbilical com a terra e as circunstâncias toscas que nos convertem ao mal, no emergir de algo mais sublime (libertação do espírito). Ou seja, "o nascimento do livro marca, portanto, uma libertação do espírito. Graças a ele, o homem aprende que a pertença a uma terra não o determina e não o volta ao culto daquilo que é"[7].

Lévinas restabelece os sentidos, afirma a subjetividade escancarada, afetável e respondente em sua origem. Sabe que ao impulso ético que mobiliza é preciso seguir o caminho em direção ao erguimento de uma resposta igualmente ética, absurdamente responsável, e aqui se precisa da palavra. Se a palavra não é original, dá-se na sequência de um compromisso travado num momento anárquico anterior ao nascimento da própria consciência. E é por meio dela que se devem instrumentalizar os homens e a sociedade. Além disso, se nossa sociedade se esquece do compromisso original que funda a noção de humanidade, o que nos diz humanos no mundo, é pela palavra que nos lembraremos. Por ela, se retomaria o caminho, por vezes perdido ao egoísmo, e por ela ultrapassaríamos o paradoxo de uma sociedade esquecida de si mesma. E isso não se trata de "subordinação do espírito à letra, mas a substituição do solo pela letra. O espírito é livre na letra e acorrentado na raiz"[8].

7   Ibidem, p. 19.
8   E. Lévinas, *Difficile liberté*, p. 183.

Lévinas dispõe-se a pensar a partir de um *enigma*. Resolve se voltar para o sentido singular e absurdamente próprio que nos leva para além de nós mesmos, para um-outro-modo-que--ser que não aquele que trata da astúcia e do egoísmo. É essa a sua urgência. Como se ao descrever uma outra face de nós mesmos, na qual cintila a generosidade, encontrasse a força na fraternidade para que se possa humanizar a própria sociedade e todas as nossas escolhas. É a um dado momento de inspiração inscrito em nós mesmos, ao sentido mais fundamental que, segundo ele, já está presente nas falas dos profetas e nas Escrituras Sagradas pelo termo "devoção", que se dedica a pensar. As Escrituras Sagradas teriam interiorizado a lei que exprime a ética como condição fundamental. E Lévinas compreende o que significa fazer filosofia ao considerar a devoção não mais a Deus ou a algum transcendente projetado pela imanência, mas a devoção ao outro que me olha e interpela.

Sua intenção é olhar para o que, nas *Quatro Leituras Talmúdicas,* chama de momento de inocência sem ingenuidade, de retidão sem simploriedade, retidão absoluta que é também crítica de si, "lida nos olhos daquele que é o objeto dessa retidão e cujo olhar me coloca em questão. Movimento para o outro que não retorna ao seu ponto de orige, como para aí retorna o divertimento incapaz de transcendência. Movimento para além do cuidado e mais forte que a morte"[9].

Fecundidade lembrada e exaltada por Jacques Derrida em *Adeus à Emmanuel Lévinas,* que, segundo ele, deu novo sentido à reflexão filosófica. Diante da mesmice e repetição a que ela estaria sujeita, após anos de um mesmo sentido, Lévinas abriria a possibilidade de se pensar de outro modo. Um modo fundado agora sobre a ética, sobre a responsabilidade e sobre a justiça. Para Derrida, suas teses conduziram: "a um outro pensamento sobre o outro, a um pensamento mais novo que tantas novidades, porque ele se ordena na anterioridade absoluta do rosto do outro"[10]. E nisso assumiria nova perspectiva, capaz de deflagrar novos horizontes de possibilidades.

Embora o que se refere esteja entre nós há muito e venha sendo dito pelas Escrituras Sagradas, na forma da necessidade de se seguir

9   Idem, *Quatro Leituras Talmúdicas*, p. 98-99.
10 Cf. Ibidem, p. 18.

a lei de justiça e amor, Lévinas adere à filosofia demonstrando uma dada ordem que emerge do rosto do outro e que ensina a respeito da anterioridade do compromisso ético. Via fenomenologia, argumenta filosoficamente como, antes da pergunta pelo ser, já estamos em um estado de devotamento ao outro, como pura responsabilidade por aquele que chega. Isso antes da abertura, oferta e disposição. Responsabilidade que repercutirá como necessidade da razão deixar-se inspirar, dispondo-se a um sentido alternativo àquele ensinado pelos gregos, no qual toda pergunta que se fez, desde a intenção pela arqué até as mais elaboradas disposições da metafísica, foi sempre a de pensar para enfim dominar.

O sentido aqui é de outra ordem, e toda palavra que se tece é contornada por um novo impulso, por uma força e um desejo subversivo em relação às disposições clássicas que ensinam sempre sobre a permanência em si. E, por isso, se falaria na subversão ao tradicional constructo que afirma a necessidade do amor à sabedoria como elemento *primevo*. Para Lévinas, a necessidade maior que nos compromete diante do outro, é por uma sabedoria do amor, na qual a responsabilidade é para que se ergam e teçam discursos capazes de potencializar a vida e consequentemente a nós mesmos. Isso como resposta ao compromisso fundamental que nos faz humanos quando se é ético.

Derrida, em *Adeus à Emmanuel Lévinas,* relata um dos momentos singulares de seu encontro com o autor judeu/lituano/francês, em que este lhe declara diretamente: "você sabe, fala-se frequentemente de ética para descrever o que eu faço, mas o que me interessa, afinal de contas, não é a ética, apenas a ética, é o santo, a santidade do santo"[11]. Ou seja, santidade como o momento mais singular e anárquico em que nos erguemos no mundo. Momento humano por excelência, no qual, para além do peso do egoísmo e da necessidade de ter que dar conta de si, nos mostramos livres do medo, da angústia e de todo interesse precário por si. Isso como instância original em que somos simplesmente *para*. Momento generoso, no qual estamos com as mãos dispostas e de braços abertos.

A partir daí teríamos condições para pensar sobre nossa cultura, e como essa vive uma ambiguidade destrutiva, num

---

11   Ibidem, p. 19.

caminho contrário ao sentido do humano que, no alvorecer da consciência, em nós demarcou possibilidades.

Lévinas acessa uma concretude humana desconhecida pela tradição filosófica ocidental, diz de uma face tecida aquém de toda justificação e compromisso prévio, como evento ético-existencial que resulta numa significação elementar, significação da significação que excede a todo dito conhecido e a todo sistema[12].

A grandiosidade e nobreza dos atos humanos são aqui convocadas a partir da exclamação filosófica e da redução fenomenológica ética de um simples olhar, do rosto que não faz número com a identidade do ser panorâmico. O humano é exaltado aí não mais pela clausura de um transcendental egológico ou absoluto, não mais pela confabulação da própria razão estendida que exige essência, mas pelas pistas tecidas na e pela relação que se tem com o outro; quer dizer, a humanidade não é passível de ser concebida apenas dentro de um tema, ela é invisível dentro de um esquema lógico ou mesmo ontológico. Isso repercute em horizontes espirituais existenciais que se mostram além das estruturas gnosiológicas presentificadoras, numa abertura a um fundamento ainda mais elementar que a própria pergunta por si e pelo ser. Trata-se aí de um pensar rigoroso, centrado no acusativo ético de que todo fechamento é sempre mal. Nisso repercute um novo contexto capaz de orientar a razão e a vontade no universo social das ações humanas e nas suas criações. Ao assumir o homem como ser de relação, percebendo a subjetividade como intersubjetividade, assume como proposição do sentido do humano uma trama ética, recorrente e respondente, interessada pelo outro e tecida elementarmente a partir do primado do rosto antes que todo e qualquer fechamento em si, antes que todo e qualquer interesse por si. Desde aí, a questão norteadora será a possibilidade filosófica do des/interesse pelo ser e o *interesse* pelo outro. Condição essa que implicará no redimensionamento e na re-significação aguda de uma série de conceitos e de perspectivas caras à tradição filosófica, como, por exemplo, a histórica noção de liberdade.

O humano em Lévinas, diferente do homem da tradição filosófica ocidental, será dito homem responsável e interessado

---

12 Cf. E. Lévinas, *Autrement qu'être ou Au-delà de l'essence*, p. 162.

não por si, mas pelo outro, a ponto de se tornar *refém* do outro – responsável até mesmo pelas ações que o outro é capaz de fazer, inclusive o mal que o outro lhe dirige[13]. Responsabilidade infinita sem a medição de um princípio, sem o anteparo de idealidades, nesse caso pura anarquia de uma proximidade sem conexão[14]. Em outros termos, o rosto do outro é significativo e fértil de sentido, tem força imperativa capaz de chamar à responsabilidade e à consciência. E aqui também se encontra a justificativa da aproximação dele com Merleau-Ponty, em que seria possível pensar numa abertura ao mundo que não tem significação prévia a não ser pelo corpo que a suporta.

Corpo como carne e sangue, que não remete a estruturas transcendentais idealizáveis, capazes de sustentar as relações e toda e qualquer percepção, mas um corpo disponível enquanto corporeidade inseparável da própria atividade criadora. A partir disso, fala não de um projeto ou de um sujeito que serve a um determinado impulso da história ou de qualquer absoluto, mas de um sujeito encarnado, exposto e afetável. Por isso a exaltação de categorias como rosto, olhar, pele, ferida que, por si mesmos, expressam uma exata possibilidade de afecção que enunciam que pelo corpo se mergulha no mundo, se está exposto e disponível, mesmo que ainda separado em relação a ele.

Lévinas considera que, ao celebrar o mundo, na abertura ao mundo como poesia, se coloca o homem de fato do lado de cá, junto a objetos, coisas e seres, sem emulsão, sem diluição ou panteísmo, mas como um ser capaz de ser afetado, atingido, traumatizado, uma singularidade como pura exposição[15]. Isso acaba por configurar plenamente uma virada do esquema gnosiológico que afirma o sujeito como ator, e que por trás de todo acontecimento, percepção ou fenômeno encontra-se uma significação nos bastidores do ser.

A partir disso vemos em seu pensamento uma espécie de desejo de reconciliação. Ao descrever a subjetividade sob novos contornos e considerar que a sociedade e o que vivemos em meio à totalidade vai num caminho completamente oposto,

---

13 Ibidem, p. 197.
14 Ibidem, p. 158.
15 E. Lévinas, *Humanisme de l'autre homme*, p. 27: "O gesto corporal não é uma descarga nervosa, mas celebração do mundo, poesia."

vigoroso de atos egoístas e viciados em necessidadesególatras, Lévinas afirmará a necessidade de se escolher um novo sentido civilizatório, realinhado com o mais fundamental de nós mesmos. A tarefa seria, partindo de um novo ponto elementar no qual a ética se impõe, responder ao outro, ao chamado do outro e, com isso, defender a vida. O que não significa desprezar a absurdidade e os maus. A bestialidade nos ronda e a humanidade está sempre em risco. Mas estruturar a sociedade considerando que o homem é lobo do próprio homem, seria negligenciar que precisamos uns dos outros, que solitários nos degradamos e simplesmente deixaríamos de ser. Somos o que somos porque estamos uns com os outros. Tudo que conhecemos é em razão desse encontro.

Nessa *démarche*, Lévinas reclama pelo sentido maior implícito na palavra "bondade"; aquilo que nela está impregnado e que trata de uma dimensão alternativa de sentido, que é outra em relação à dimensão fruto do egoísmo. A palavra "bondade", dita por ele como "virtude infantil"[16], suporta em si um sentido singular e extraordinário. Ela extrapola os limites do interesse por si mesmo e o fechamento das estruturas dos entes obstinados por si mesmos para mostrar-se caridade, misericórdia, responsabilidade e, acima de tudo, "possibilidade do sacrifício em que a humanidade do homem desabrocha"[17].

Precisamos redescobrir em nós a alegria da comunhão: a leveza da fraternidade, a fertilidade do encontro e a força que nasce das relações de uns para com os outros. Curamos a nós mesmos em sociedade e pelos outros redescobrimos caminhos. Somos humanos porque estamos em relação, e somos consciência porque fomos afetados, sensibilizados e movidos pela alteridade que em algum momento nos chegou. E por isso, se desejamos uma sociedade e uma cultura humanas, se desejamos humanizar nossas instâncias, para que se corrobore com a vida, é preciso sintonizar-se a um sentido civilizatório diferente, perseguindo um caminho que vai de mim ao outro, na oferta de quem sabe dividir, compartilhar e amar. Enfim, precisamos reaprender a viver, reaprendendo a amar. Eis o nosso maior desafio.

---

16 Cf. E. Lévinas, *Entre nous*, p. 217.
17 Ibidem.

15. Da Ética do Prisioneiro à Ética do Sobrevivente

*François-David Sebbah**

As cortinas que caem no meu palco de Alençon também dizem respeito a coisas. As coisas se decompõem, perdem seu sentido: as florestas se tornam árvores – tudo o que a floresta significava na literatura francesa – desaparece. Decomposição subsequente dos elementos – pedaços de madeira que permanecem após a partida do circo ou no palco […]. Porém não quero simplesmente falar do fim das ilusões; mas, sim, do fim do sentido. [O sentido, ele próprio como uma ilusão] Forma concreta desta situação: as casas vazias e a permanência nessas casas. Queijo e champanhe às 5 horas da manhã.[1]

A pilhagem de vitrines – pessoas que tiram o que não faz sentido: um pacote de papel de carta.[2]

Não é a situação da inversão de valores que quero descrever – a mudança de autoridade – mas a nudez humana da ausência de autoridade.[3]

LÉVINAS, *Carnets de captivité*.

---

* Professor de Filosofia na Universidade de Nanterre, é autor de *L´Éthique du survivant*. Tradução de Leonardo Meirelles.
1 E.Lévinas, *Œuvres 1*, p. 132.
2 Ibidem, p. 135.
3 Ibidem, p. 146.

Trabalhei a hipótese de que o "palco de Alençon" descrito por Lévinas em seus *Carnets de captivité* e em seus esboços de romances (que expressa uma ruptura, um trauma, que é como o coração de uma derrocada[4], com uma repercussão indefinida) tem o valor de *epoché* fenomenológica, *epoché* levinasiana, uma *epoché* que manifesta o que, em *Da Existência ao Existente*, em 1947, ele chamará de um mundo em pedaços.

Eis uma redução muito singular: não a revelação de como ocorre a operação do sentido, mas a do colapso de qualquer sentido e de todos os valores – o sentido inerente a teatros, à civilização e à cividade, à justiça e aos tribunais, até o próprio mundo percebido em sua coerência; o *legein* (a reunião harmoniosa) de todas as coisas se desfaz.

Enfatizemos que essa interrupção, uma vez ocorrida, só pode continuar indefinidamente, não podendo mais ser escondida, apagada ou obturada.

A revelação da ausência de sentido pode ser descrita sob o enfoque ontológico e, mais especificamente, do existente humano.

Essa *epoché* descobre um se atolar na existência: a existência pesa, é árdua, e os seres estão, por assim dizer, condensados em sua forma, encurralados em seu ser. Por isso, essa metáfora, que constantemente se repete na escrita de Lévinas: na debandada, os fugitivos ficam sobrecarregados de bagagem inútil e absurda (imagem que reaparece, aliás, em outros autores); o ser pesa como um ter. No entanto, ao mesmo tempo, esse ser sob a redução levinasiana é a indeterminação, é fantasmagórico. Em certo sentido, não pesa. Pesa demasiado sob um ponto de vista, e não pesa sob outro ponto de vista. E isso não é contraditório[5]. Basicamente, quando o mundo se desfaz, quando não há mais constituição de um mundo com seus horizontes, a indeterminação do *il y a* (há) aflora mesmo quando as coisas estão presas em sua forma. *Elas não são mais habitadas pelo dinamismo da existência* e, portanto, tendem a desmoronar. Esse é o lado ruim da nudez. Há ao menos dois tipos de nudez em Lévinas: de um

---

4   Utilizo o termo inspirando-me naquele utilizado para designar a derrocada francesa de 1940, quando do avanço das tropas alemãs na Segunda Grande Guerra.
5   Nós encontramos essa ou uma ideia muito próxima, em passagens sobre a arte em *Da Existência ao Existente*.

lado, há a nudez do rosto (nudez, pelo lado ético); e, de outro, há a nudez que retira sua forma das coisas, até trazê-las de volta ao *il y a* (há), quando isso não constitui mais um mundo e as coisas não são mais consideradas em suas formas (já que essas formas eram consideradas, como tal, em meio a coerência de um espectro perceptivo). As coisas despidas de sua forma são matéria pura e pesam segundo sua pura dimensão material. Então, o mundo é um fantasma: em certo sentido, não pesa e, por outro lado, pesa demasiadamente. É ao mesmo tempo a fixidez da coisa que se desmorona em pedaços e a indeterminação de uma existência em que nada realmente chega a existir, isto é, a ter uma forma e um dinamismo de existência – *il y a* (há), mundo de espectros para Lévinas.

E do ponto de vista do ente humano, do existente humano, a partir da redução levinasiana, a partir da revelação do desmoronamento do sentido, o que aparece é que efetivamente o ente humano se torna um fantasma no pior sentido da palavra.

Ele é ameaçado pela indeterminação do *il y a* (há). E está sobrecarregado, encurralado em sua existência. Ambos de uma só vez. Ora, em muitos aspectos, esse existente humano, descoberto pela derrocada como *epoché*, é o *Dasein* (ser-aí) de acordo com Heidegger. Lévinas escreve isto, aliás: "o eu que existe é sobrecarregado por todos estes existentes que ele domina. A sobrecarga da existência era para mim a forma que tomava a famosa 'preocupação' heideggeriana".

Gostaria de trabalhar com uma hipótese de leitura que deverá ser confirmada mais adiante, por exemplo, por meio de uma leitura cuidadosa de certas passagens de *Da Existência ao Existente* – entretanto, arrisco-a aqui sem mais precaução: parece-me que a leitura que Lévinas faz acerca do ser-aí segundo Heidegger – isso não é surpreendente, do ponto de vista de sua formação intelectual, nem mesmo das referências explícitas daqueles anos, ainda que possa parecer curioso à primeira vista – é, em certo sentido, muito *bergsoniana*.

Lembremos do que chamou a atenção de Lévinas em sua leitura de Heidegger: Heidegger nos ensinou o caráter verbal do ser, a entender o "ser" como um evento. O ser é evento do ser.

E o *Dasein* (ser-aí), na medida em que é esse ser para quem "o que ocorre com o ser tem a ver com seu próprio ser", é – de acordo com a descrição heideggeriana – preocupação (*Sorge*). Ele é esse ser que é imediatamente preocupação, que é esse ser que se preocupa em ser. Ora, tudo acontece como se, de acordo com Lévinas, esse evento fosse imediatamente uma crispação. O que ouvimos a partir da noção de evento geralmente é a manifestação, o êxtase: o que faz o evento, o que chama a atenção, o que sobressai de um movimento, de um élan extático. Ora, o evento do *Dasein* já é crispação, já é uma maneira de se apegar a si mesmo. Daí o fato de Lévinas não hesitar em comparar o *Dasein* ao *conatus essendi*. Certamente, isso é uma "heresia" do ponto de vista heideggeriano, uma vez que Heidegger descreve o *Dasein* como uma existência que surge, precisamente, por não se reduzir de modo algum à vida de um vivente – mas, é isto o que Lévinas orgulhosamente afirma: o *Dasein* de Heidegger é o mais interessado dentre os vivos – quase um "sobrevivente" no sentido em que Canetti descreve o "sobrevivente" como aquele que se atém a sua vida mais do que a qualquer outra coisa, e mais do que todos os outros, até o ponto de desfrutar da maldade de "viver por último". O *Dasein* heideggeriano exprimiria, assim, de forma exemplar, a perseverança do ser em si mesmo, mas não de qualquer modo: enquanto for esse evento que já é crispação, enquanto for a saída de si que não é nada mais do que o movimento de crispação sobre si mesmo. Essa comparação, obviamente, deve ser estudada de forma mais precisa, mas parece-me que isso lembra as descrições de Bergson sobre o élan vital. O impulso sempre é tensão e esforço. O impulso e o que emerge sempre são tensão e esforço porque o élan vital encontra a matéria, enfrenta a matéria; ele deve se encarregar de sua própria materialidade. E, novamente, porque o impulso vital já é duração em Bergson, e porque a duração sempre supõe que haja uma compenetração de todos os seus momentos: a duração avança em si mesma e consigo mesma. Também o élan nunca é separável de um movimento de reunião e de contração. Ao mesmo tempo, emerge e tensiona.

O *Dasein* de acordo com Heidegger, descrito por Lévinas, é aquele movimento de êxtase do ser que já é tensão sobre si mesmo. Há aqui uma espécie de descrição original do existente humano por Lévinas que, muito livremente, coloca Bergson "em" Heidegger: como um retrato estranho do *Dasein* vivendo habitado pelo élan vital.

E se considerarmos a medida dessa descrição, entenderemos que, por fim, o mais aterrador não é o movimento da existência imediatamente egoísta que habita todo ser, nem mesmo essa crispação sobre si mesmo (ponto em que damos uma parada, em geral com bastante razão, quando lemos Lévinas). Na verdade, essa crispação, pelo menos, é o existir de um existente: é uma existência no mundo. Ora, quando o mundo entra em colapso – e é aí que a descrição terá um tom realmente bergsoniano – quando se dá a derrocada, "sob a derrocada", os *Dasein* se relaxam, se encontram sem tensão, não há sequer essa crispação sobre si mesmos, não vivem como uma crispação sobre si mesmos. Como em Bergson, o relaxamento e a distensão são o inverso inevitável da tensão e do élan. Há, portanto, muito pior do que a crispação egoísta do existente, exemplarmente do existente humano, há sua verdade secreta: esses fantasmas nas estradas que tanto mexeram com Lévinas são esses *Dasein* sem tensão que em seu relaxamento se juntam à indeterminação do *il y a* (há).

Ao lermos os rascunhos de romances, vemos que a derrocada liberta várias formas de existência que são encenadas em uma variedade de personagens (que não desenvolvo aqui). Libera o "tudo é permitido" no colapso dos valores (encontramos, por exemplo, ao virarmos uma página, o "cínico" que rouba carros). Lévinas é bastante nietzschiano sob esse ponto de vista: o colapso dos valores no ser, por mais desestabilizador que seja, liberta; ele liberta a possibilidade do evento messiânico no coração do que há de mais comum na vida: o para-outrem desinteressado como esse cabeleireiro que corta gratuitamente o cabelo dos rapazes do contingente, na guerra, em meio à derrota. A derrocada também libera uma certa leveza. Se tivermos em mente as passagens de *Totalidade e Infinito* que tratam disso, sabemos que o elemental e o gozo que promete e permite são muito próximos do *il y a* (há). Não será, portanto, surpresa ao ver o quanto o cativo está preso no "canibalismo do erotismo" de acordo com as próprias palavras de Lévinas: o pente em si não é mais uma ferramenta ou instrumento, já é cabeleira; o corpo de outrem, o das mulheres apenas vislumbrado, não é mais o instrumento magnificamente articulado que faz sentido funcionando no mundo, surpreendido em uma rede de referências finalizadas pela utilidade ou eficiência; ele é somente carne para ser desfrutada, consumida. Eis também o que o tempo intervalar da derrocada, esse tempo suspenso, revela aquém do mundo. Devemos nos lembrar, por exemplo, quando lemos os textos do último Lévinas sobre "o amor sem concupiscência", "a caridade"; recordaremos que, em sua ambiguidade, Eros nunca elimina o canibalismo que o habita.

De qualquer modo, todas essas formas de existir referem-se, em última instância, à verdade crua descoberta pela derrocada: um mundo partido em pedaços, no qual os existentes humanos já não conseguem nem mesmo se fundamentar.

O mais terrível é que a derrocada não acaba com isso: uma vez ocorrida a interrupção, não pode ser recoberta. A derrocada trouxe à luz uma verdade, a verdade do ser e do existente humano em particular, de que a lucidez jamais poderá se esquivar: certamente a guerra acabou, o curso das coisas humanas será retomado, o mundo vai se reconstituir, mas agora não pode ser mais que uma comédia absurda – revelada como tal. As palavras de Lévinas são lembradas em seu breve texto biográfico, "Sans nom"(Sem Nome)[6]: "nada foi capaz de preencher ou mesmo recobrir o abismo. [...] e a vertigem que nos assalta a bordo é sempre a mesma"[7].

Isso ocorre porque a tensão não retornou: certamente não pode retornar porque a verdade não reside tanto no fato de que a derrocada tenha sido "distensão", a verdade mais profunda se encontra, sim, no fato de que a derrocada teria revelado que qualquer tensão é intrinsecamente insuficiente, *já sendo* distensão. De agora em diante, os *Dasein* representam o papel de serem *Dasein* ou, em vez disso, não podem mais ignorar que eles nunca representaram nenhum outro papel senão o de *Dasein*. Os existentes humanos representam o papel de serem existentes humanos. E isso é o mais terrível.

No romance, encontramos esta fórmula: "continue a viver depois de ter se suicidado com o revólver"[8]. Tal é a condição pós-derrocada – e não é uma condição histórica que viria após

---

6 E. Lévinas, *Noms propres*, p. 141 e s.
7 Ibidem, p. 142.
8 Idem, *Œuvres 3*, p. 56, p. 101, ecoa uma vez mais o estranho *slogan* "com nosso revólver suicidar-se é um prazer".

um evento histórico, é a verdade da existência, uma vez que a natureza e a lei de seu reinado são reveladas.

É como se a derrocada tivesse revelado que a existência totalmente ativa, isto é, a existência do existente que se sabe tenso, que se sabe preocupado consigo próprio, sempre tivesse se mostrado como uma comédia no plano do fantasmagórico. As personagens de Lévinas, no período imediato do pós-guerra, ou tentam negar essa verdade – elas "roem as raízes da vida"[9], escreve Lévinas – ou representam a comédia. Que mais fazer? E isso é o que Lévinas não quer se obrigar a decidir – ele que não se esquivou da lucidez que ordena reconhecer que, depois da derrocada, depois de "ter se suicidado com o revólver", a existência tensa dos *Dasein* que se preocupam com sua existência, se ela puder voltar a se constituir, nunca será senão uma comédia e não terá sido outra coisa senão uma comédia – a chama de fogo foi vendida.

No fundo, o que a derrocada realmente revela é que, do próprio interior da existência e do seu estar no mundo, não há acesso ao sentido (à significância) para existentes humanos, que eles mesmos não conseguem, embora às vezes o neguem, adquirir um fundamento. Uma vez que se revelou em sua crueza o que é essa existência, uma vez que alguém partiu o mundo em pedaços e viu o que está por baixo, todas as tentativas de recuperação desse abismo são inúteis.

No entanto, a experiência crucial desse ponto de vista é, para Lévinas, o relacionamento com a *morte* de outrem: isso pode ser visto em filigrana nos seus textos de guerra, mas será na outra ponta de sua obra (nos textos dos anos 1970 e 1980) – como se somente depois de um longo período de latência, de recusa ou de hesitação talvez, ou depois de uma tentativa de gerar outras formas, não sei – que essa verdade vai se impor, chegando a se tornar explícita e até mesmo obsedante.

Há uma crítica violenta e recorrente, em romances e livros e nas *Cadernetas de Cativeiro*, acerca da piedade e da compaixão.

Em particular, pode-se notar novamente um confronto com Heidegger sobre essa questão. No parágrafo 26 de *Ser e Tempo*, Heidegger tematiza a *Fürsorge* (solicitude) e distingue dois modos

---

9   Ibidem, p. 57.

a partir dela. Um deles consiste em se substituir a outrem, mas devemos entender aqui a substituição em um sentido bem fraco (não levinasiano): colocar-se no lugar de outrem para carregar seus problemas, isto é, para carregar seu fardo ou sua existência. Formulo assim porque é também uma imagem recorrente do romance inacabado e das *Cadernetas de Cativeiro*, acerca dessas multidões sobrecarregadas de bagagens irrisórias, quando um carrega a bagagem do outro (como um circo que se desloca, escreve Lévinas). Mas ao lado do *Fürsorge,* como um se substituir ao outro, existe um modo mais autêntico de solicitude, que consiste em ajudar outrem a refazer a preocupação, a reassumir a preocupação (*Sorge*), a reassumir a preocupação por seu próprio ser. Pode-se dizer, mas Heidegger não diz isso assim: para reter, para restaurar a tensão ao problema. Tal será, para Heidegger, o modo mais autêntico da solicitude. Não se vai carregar no lugar dos outros a existência deles. Devemos ajudá-los a assumir sua existência, isto é, a se preocuparem de novo quando o nó da preocupação com a existência se afrouxar. Mas, de acordo com Lévinas, toda essa operação continua inscrita no mundo, é do mundo; ela implica crer que, a partir dos recursos do mundo (no mundo, num horizonte mundano) e a partir dos recursos da existência do *Dasein*, pode-se ter uma relação autêntica com outrem.

Porém, como sabemos agora, para Lévinas, após a derrocada, aparece, numa luz impiedosa, que o papel da preocupação só se exerce na superfície do *il y a* (há), e que essa é sua verdade, e que nem o sentido verdadeiramente (a "significância") nem o existente (ipseidade) poderão jamais surgir no mesmo plano. Depois de ter se suicidado com o revólver, para retomar essa imagem, torna-se absolutamente patético para Lévinas acreditar que a partir do mundo e da existência no mundo: 1. um sujeito possa se "ipseizar"; 2. possa encontrar a abertura do sentido; 3. e, a relação autêntica com outrem (estas três dimensões, para Lévinas, vêm juntas, são uma mesma e única experiência).

Se há algum sentido, isto é, se existe uma relação autêntica com outrem, isso se dá, o último Lévinas enfim o formula, somente a partir dessa provação radical que se observa no horizonte de todas as provações de outrem: a partir do "morrer-para", "morrer para" nunca tão intenso do que no acompanhamento de outrem, que morre. De acordo com a descrição que ele propõe – resumida aqui de forma bastante sumária e desenvolta – no momento em que outrem morrer, posso acompanhá-lo, encontrando-me absolutamente desinteressado por mim mesmo – amor sem concupiscência –, estando assim aberto diante de um futuro que não será mais um futuro de interesse (que não será nem o meu, nem o dele).

A figura levinasiana do sobrevivente (à morte de outrem e à sua própria, que o tocará) é, desde então, atingida por uma grande ambivalência. Ela é habitada pela *culpa* do sobrevivente, uma culpa irredutível, uma vez que não posso tomar para mim a morte de outrem, já que não posso assumir em seu lugar a experiência do morrer. *No ser*, outrem morrerá e não posso nada diante disso. Eis o que a guerra e em seguida a derrocada revelaram de uma vez por todas, e esse conhecimento não pode ser recoberto: o *Dasein* e o *Fürsorge* não passam de comédias irrisórias. E, *no entanto*, acompanhando outrem em sua morte, tomado de compaixão – Lévinas então se reapropria do termo "compaixão", na medida em que renovará completamente o seu sentido – posso experimentar o desinteresse mais radical e me ipseizar diferentemente de uma crispação sobre mim mesmo (numa radicalidade que a noção de "sacrifício" exprimirá, ainda que o heroísmo do sacrifício e a recomendação desse heroísmo nunca poluam as páginas desses textos tardios – ao contrário). Essa compaixão, bem singular, refere-se a uma substituição completamente diferente, entendida no seu sentido levinasiano: não que eu me coloque no lugar de outrem, mas que eu me exponha a um sequestro tão radical por outrem a ponto de que este último tenha sido sempre meu primeiro habitante, inscrito no meu coração ou na minha maior intimidade, como uma fenda constituinte da minha personalidade.

No amor sem concupiscência que sinto ao acompanhar outrem em seu morrer, até a experiência do "morrer por", sinto que, mesmo no seio da derrocada, a partir do *il y a* (há) que os fantasmas invadem – e talvez até na medida em que essa amarga verdade do ser não pode mais ser negada –, a abertura para o além do ser ocorre, ou pelo menos pode ocorrer, já que nada mais, a partir do ser, poderá garanti-la.

Nos últimos anos, eis o que me apareceu durante a minha leitura de Lévinas: a ética do prisioneiro, a que se busca a partir da luz impiedosa da derrocada, podia, em certo sentido, apenas efetivar-se como ética da culpabilidade do sobrevivente, que é, sem contradição, ética do amor sem concupiscência, tendo, por assim dizer, proibido todas as figuras compassionais no sentido mais corrente da palavra, tendo particularmente proibido a solicitude, a *Fürsorge* heideggeriana, e tendo mostrado que o existente como tensão e crispação na existência é assolado pelo seu reverso, isto é, o relaxamento. Desde que haja tensão, há relaxamento. Essa lei (bergsoniana no sentido de que Bergson deu um alcance metafísico ao princípio da entropia), finalmente, Lévinas reconhece como sendo a lei do *Dasein*.

E se houver sentido de significância, será apenas na interrupção do reinado da existência com base no mundo: a significância só pode surgir a partir da abertura além do ser e do seu "estar no mundo". Essa abertura, que só se abre realmente visto não ser de modo algum garantida, nem mesmo antecipável a partir da lógica do ser – o que pressupõe talvez contrariá-la –, ocorre na "bondadezinha": acompanhar um moribundo, vivendo a impotência de salvá-lo a ponto de não ser mais do que um movimento por e em direção a ele, cuidar do outro sem considerar seus próprios interesses, naquilo que há de "pequeno" que podemos fazer em meio ao mais prosaico deste mundo que habitamos, que a partir daí realmente habitamos, isto é, diferentemente de sermos como fantasmas que assolam a terrível *no man's land* (terra de ninguém) do *il y a* (há).

Durante anos, meditei que a ética levinasiana do *para-outro* supunha que a descrição do ser enquanto ser o manifesta como o mal ou a guerra, para retomar os termos de Lévinas. E prestei atenção à antipatia que pode somente reinar entre os *conatus essendi* que se chocam inelutavelmente, cada um tendo em vista apenas sua própria existência. Da mesma maneira, prestei atenção à provação de outrem que vem sacudir o reinado da guerra. A história não estava errada, mas não estava concluída: não bebemos o copo até termos chegado à borra do vinho. Dito isso, mais do que nunca, a partir da derrocada, o futuro pode se abrir. A incrível lucidez levinasiana, na medida em que definitivamente não se esquiva em nada da verdade fantasmática do ser, transforma sua melancolia em significância, em amor por outrem e em futuro. *En passant*, ela marca até mesmo um inalienável direito à felicidade:

já que estamos no mundo, e ainda que ele deva ser contrariado, o prazer do ser nos retorna. Aliás, não é verdade que apenas um ser que pode provar do seu pão e da tranquilidade de sua casa poderá tomar o pão de sua boca para dá-lo a outrem?

Tudo isso levará tempo, numa vida aprofundada, mas a ética que o prisioneiro procurava no núcleo da derrocada acabará se encontrando a si mesma como ética do sobrevivente reatando sem contradição o aparentemente contraditório: ética impiedosa renovando, entretanto, por inteiro o sentido da compaixão e assim reivindicando-a; culpa irredutível e necessária que preserva, porém, mesmo no coração do mais sombrio, o inalienável direito à felicidade do sujeito, transformando-o radicalmente de si mesmo em sujeito "para o outro".

Tal ética não é fácil nem de ser entendida nem de ser vivenciada. Vêm circulando hoje em dia algumas caricaturas do pensamento levinasiano as quais devem ser constantemente dissipadas: é necessário reafirmar com força que outrem não é, segundo esse pensamento, hipostasiado como uma entidade que acabaria sendo abstrata à força de ter sido tanto magnificada; uma entidade que, além disso, seria a própria bondade (como se se tratasse de seu predicado essencial). Outrem é sempre este ou aquele outro em sua singularidade. A bondade, o bem, concernem a mim, e não a outrem. E me atreveria a acrescentar o que, por muitas razões, Lévinas nunca escreveu diretamente: após a derrocada, ou melhor, em uma situação de derrocada interminável, *também sei* que, em certo sentido, outrem é também culpado estruturalmente (senão mau, o que seria excessivo); até mesmo o mais inocente dos outrens – "a criança, a viúva, o órfão" – o é: não se trataria de um *conatus*, não seria enquanto perseverança no ser que ele pode morrer, que é vulnerável, chama por mim e suplica "salve-me"?

Por certo, não tenho de modo algum o direito de, do ponto de vista levinasiano, dizer que outrem é mau e egoísta, nem tenho o direito de considerá-lo a partir dessa óptica – a ética me proíbe de fazê-lo; ela é, em todo seu sentido, essa proibição (pelo menos em relação à proibição do assassinato) – mas *eu sei disso*, já que outrem é inteiramente o apelo de perseverar em seu ser. (Seu apelo trai sua natureza: ele quer perseverar no ser, por isso, ele me incomoda, me faz mal.)

* * *

Assim vivem os sobreviventes, juntos, após Lévinas. Assim vivemos nós, na ambiguidade não absorvível, na ambivalência desta condição: o *conatus* desde sempre tomado como refém e que negocia, à beira do abismo assim como à beira da "santidade". Entre a intensidade hiperbólica de cada uma dessas duas bordas – o fantasma do "*il y a* (há)" e a "santidade" –, na maioria das vezes vivemos nossas pequenas vidas de sobreviventes, no difícil esforço da cortesia do "primeiro, o senhor" (sem relação com a hipocrisia social) e do compromisso. Por um lado, na maioria das vezes, não estamos presos nem nas experiências-limite da derrocada nem nas experiências-limite do sacrifício, por outro, na experiência, talvez, do surgimento do segundo no âmbito da primeira (porém, sabemos, por uma certeza irrefutável, que isso pode acontecer de novo a qualquer momento). Então fazemos "pequenas coisas" que, juntas, dão um pequeno sentido ao mundo; negociamos uns com os outros para repelirmos cada dia novamente o evento de uma derrocada definitiva (que nada poderia evitar de uma vez por todas). Devemos aceitar o pouco de nossas ações, o compromisso e a negociação retomadas sem descanso entre o *conatus*-no-limite--do-abismo; devemos nos desafiar dia a dia com a aparência da radicalidade. Mas essa modéstia necessária busca, no entanto, sua fonte de sentido – vamos enfatizá-lo – na hipérbole ou no excesso do para-o-outro e na sombra carregada do excesso sombrio da derrocada.

Após a derrocada, na derrocada interminável que tem o valor de desvelar uma verdade que não pode ser recoberta, depois de tantos outros genocídios que não cessam de confirmar uma vez mais essa verdade cruel, mas também após Fukushima, depois que a promessa da tecnologia se reverteu em ameaça (para falar como Hans Jonas), ou ainda diante de tantas novas guerras em um mundo globalizado, com o aumento de perigos climáticos, e enquanto tantos outros refugiados põem de novo o pé na estrada (sempre, a derrocada continua), estamos no limite do abismo: o colapso, um "nada", "sem nós", é possível. Somos mais do que nunca obrigados ao retorno à ética hiperbólica, a essa "santidade", se houver, se ela vier. Mas esse piscar, dia a dia, na impossibilidade de cancelar suas duas bordas extremas, só pode ser negociado, por exemplo, no compromisso, na cortesia, efetivamente, perante a falta de santidade.

Em um parágrafo dedicado à "substituição", em *De Outro Modo Que Ser ou Para Lá da Essência*, Lévinas escreve: "É pela condição de refém que pode haver no mundo piedade, compaixão, perdão e proximidade. Mesmo o pouco que encontramos, mesmo o simples 'primeiro, o senhor'."[10] Se é preciso primeiro ouvir nessas frases que os bons sentimentos só fazem sentido na medida em que estão relacionados à terrível "condição de refém" do sujeito, também ouço, por esse caminho, que muitas vezes nos encontramos, provavelmente na maioria das vezes, no "pouco".

Bem mais que o sacrifício, esse "pouco" de cortesia ou de "bondadezinha" ilumina os acordos e os compromissos que, no ser, estabelecemos, nós que somos ineluctavelmente *conatus* crispados à beira do abismo.

Então, tratemos de continuar a transformar a derrocada em significância e em amor – pequenas coisas, bondadezinhas, incansavelmente repetidas à beira do abismo, negociando constantemente com a irredutível crispação egoísta de nossas existências –, tão longe, tão perto dos fantasmas.

---

10   Idem, *Autrement qu'être ou Au-delà de l'essence*, p. 186.

16. O Infinito do Direito à Justiça

José Tadeu Batista de Souza[*]

SOLOS E MODOS DE PENSAR

Emmanuel Lévinas é um pensador de origem lituana nascido em 12 de janeiro de 1906, na cidade de Kaunas, a qual tinha duas partes bem distintas, uma antiga e outra nova. A primeira era habitada, em sua maior parte, por judeus. A sua família morava ali e estava situada no seio da pequena burguesia judaica. Nas palavras de Lévinas:

> Meu pai tinha uma livraria em Kovno. Era uma cidade sede da prefeitura, sede de governo, como chamávamos na Rússia. Havia também ginásios, ou seja, liceus. Meu pai tinha uma clientela da chancelaria e do liceu. Uma livraria com uma prateleira de papelaria, mas o principal era a livraria. Período de febre, período de encomendas, no começo dos anos escolares provavelmente, tudo isso me vem à memória.[1]

Vivia-se ali em um ambiente de grande expressão cultural, além de ser aquela uma região propícia às relações comerciais. Trata-se de um espaço que favoreceu o desenvolvimento da

---

[*] Professor vinculado ao Programa de Pós-Graduação em Ciências da Religião da Universidade Católica de Pernambuco.
[1] F. Poirié, *Emmanuel Lévinas: Ensaios e Entrevistas*, p. 52.

economia e da cultura. No âmbito da cultura, teve grande importância o judaísmo. Na Lituânia houve enorme crescimento espiritual e do pensamento judaico. Disse Lévinas:

> quando se pronuncia a palavra Lituânia, talvez não se saiba que ela designa uma das partes dessa Europa Oriental, onde o judaísmo conheceu seu mais alto desenvolvimento espiritual: o nível do estudo talmúdico era muito elevado, e havia toda uma vida baseada nesse estudo e vivida como estudo [...] É o país do famoso Gaon de Vilna do século XVIII, o último grande talmudista de gênio. As formas intelectuais mais abertas sobre cultura geral e civilização moderna que já se haviam imposto em meu tempo não puderam apagar o prestígio desse passado. A geração de meus pais, tendo recebido, ao mesmo tempo, essa cultura e continuado a iniciar a juventude no hebraico, via o futuro dos jovens na língua e na cultura russas. Era esse o porvir, por mais incerto que fosse[2].

O ambiente familiar no qual Lévinas viveu seus primeiros anos de vida parece ter sido tranquilo e harmonioso com uma aura de doçura e muita amabilidade. As perturbações mais importantes nessa fase foram vividas por toda família que teve que deixar a Lituânia e migrar para a Ucrânia por causa da guerra de 1914. Em 1920, o governo russo libera a saída de famílias refugiadas da guerra. Toda a família Lévinas retorna para a Lituânia. A seguir, em 1923, Lévinas migrou para a França e se instalou em Estrasburgo, onde fez seus estudos universitários. É a partir desse momento que ele entra em contato profundo com o pensamento ocidental e com a tradição filosófica que vem dos gregos.

Seu pensamento está marcado por três grandes tradições culturais: a literatura russa, que fez parte de sua vida desde a infância; a tradição judaica, que vivenciou os horrores do holocausto; e a tradição filosófica Ocidental. Do lado russo, figuras exponenciais como Lérmontov, Gógol, Turguêniev, Dostoiévski, Tolstói, Púschkin; do lado judaico, a *Torá* e o *Talmud* com seus exegetas; e, do lado da tradição grega, a fenomenologia de Edmund Husserl e Martin Heidegger se constituem nas fontes originárias de sua filosofia.

É importante considerar essas tradições quando se pretende compreender com rigor uma obra em particular, ou um tema trabalhado por ele. É claro que há profundas diferenças entre essas

2   Ibidem, p. 52-53.

tradições. Alguns intérpretes sustentam que existe até profundas diferenças que não podem ser relacionadas, e muito menos conciliadas. Ora, as relações não podem ser feitas, necessariamente, em função de possíveis conciliações. Elas podem ser feitas no resguardo de suas diferenças. Ousamos pensar que, para sermos fiéis à ideia de alteridade, quaisquer que sejam as modalidades de relações devem expor sua excelência exatamente na manutenção da identidade do outro. Ou seja, proceder a relação sem a pretensão de reduzir as diferenças à sua mesmidade.

O termo grego *oida* significa, ao mesmo tempo, "ver" e "saber". Essa aproximação semântica entre visão e saber acompanha o pensamento filosófico desde as suas origens na Grécia antiga até os dias atuais. É importante considerar, no entanto, que não se trata da visão óptica no sentido físico, mas da visão intelectual. É nessa perspectiva que Nietzsche critica a famosa "metáfora óptica" que confere importância e privilégio à luminosidade e claridade da dimensão apolínea em detrimento da sombra e obscuridade da dionisíaca. É do intelecto que derivam termos fundantes da linguagem da filosofia, tais como: *theorein*, que tem o sentido de "contemplar" e dá origem ao termo "teoria"; *idein*, que significa "ver" e origina a categoria "ideia".

Do mesmo universo semântico da visão fazem parte os termos, "reflexão", "especulação" e "evidência". O filósofo grego do século V, Parmênides de Eleia, em seu famoso poema sobre a natureza, já havia feito a distinção entre noite e dia, luz e escuridão: "O eixo flamejante no cubo colocava em movimento uma tonância vibrante de flauta (pois ela se acelerava de ambas as direções em duplos círculos dia-ferentes), quando as heliades meninas, deixando a morada da noite ser, e impelindo para trás com as mãos os véus de suas cabeças, se lançavam em me conduzir para a luz. Lá é o portal das sendas da noite e do dia."[3]

Mais ou menos dois séculos depois, no momento de maturidade da filosofia grega, Platão, em *A República*, se referiu ao sol como o bem:

O que veria mais facilmente seriam, em primeiro lugar, as sombras; em seguida, as imagens dos homens e de outros seres refletidas na água e, finalmente, os próprios seres. Após, ele contemplaria, mais facilmente,

---

3   C. Leão, *Os Pensadores Originários*, p. 43.

durante a noite, os objetos celestes e o próprio céu, ao elevar os olhos em direção à luz das estrelas e da lua – vendo-o mais claramente do que ao sol ou à sua luz durante o dia. Por fim, acredito, poderia enxergar o próprio sol – não apenas sua imagem refletida na água ou em outro lugar –, em seu lugar podendo vê-lo e contemplá-lo tal como ele é.[4]

Nos primórdios da modernidade, René Descartes exigiu, para o pensamento, ideias claras e distintas. É nesse momento que surgem termos tais como "esclarecimento", "ilustração" e "iluminismo". Chegado o pensamento contemporâneo, Heidegger propõe a ideia do ser como aquilo que "ilumina o existente". Pode-se resumir toda essa abrangência da "metáfora óptica" no termo da língua alemã *Weltanschuung*, que expressa visão de mundo ou cosmovisão.

O predomínio da visão como fonte de saber e conhecimento deixou de lado e até suspeitou de outras fontes, como, por exemplo, a escuta. A recusa e suspeita pode ser justificada pelo fato de a escuta não ter a segurança do controle como tem a visão.

Lévinas se insere na vertente dos críticos da hegemonia da visão e a denomina de "metáfora heliocêntrica" baseada em *helios*, o sol. A crítica levinasiana assume como ponto de referência a compreensão heterônoma da ética. Nisso, contrapõe-se a toda perspectiva da filosofia tradicional que postula uma ética fundada na autonomia. Portanto, trata-se do conflito entre duas modalidades de éticas: a autônoma e a heterônoma. Todavia, Lévinas não quer apenas postular a oposição entre as éticas. O seu interesse é recuperar a excelência do outro que foi obscurecida pela mesmidade na trajetória da filosofia.

O postulado socrático "conhece-te a ti mesmo" resulta na permanência do sujeito na sua própria interioridade. O conhecimento que tem a pretensão da verdade, caso a encontre, esta será simplesmente a verdade de si mesmo. Nessa perspectiva, toda dinâmica do pensamento se dá em torno do mesmo. Parece que o outro causa certo terror à filosofia ocidental. E, por conseguinte, ela padece de uma espécie de alergia incurável em relação a ele. E, mesmo quando ela considera o outro, não o mantém na sua condição de alteridade. Por isso, Lévinas disse:

---

4   Platão, *República*, Livro VII.

A filosofia Ocidental coincide com o desvelamento do outro no qual, ao manifestar-se como ser, o outro perde sua alteridade. Desde sua infância, a filosofia foi aterrorizada pelo outro que permanece sendo outro, tem sido afetada por uma alergia insuperável. Por isso, trata-se essencialmente de uma filosofia do ser. A compreensão do ser é sua última palavra e estrutura fundamental do homem. Pela mesma razão, se converte em uma filosofia da imanência e da autonomia, ou ateísmo.[5]

No entanto, podemos nos perguntar se todo tipo de visão foi recusado por Lévinas, ou se há uma forma diferenciada que possa respeitar o outro, a alteridade. Quer dizer, haverá uma visão que possa ser considerada heterônoma? Pensa Lévinas que a visão entendida como uma possibilidade de "levantar a vista à dimensão da altura do outro, visão da revelação", pode ser aceita. Todavia, esse tipo de visão requer certo "esforço – como a imagem do rosto radiante de Moisés na sua descida do monte Sinai e que, sobretudo, acentua o lado obscuro e inacessível, o mistério da alteridade, marca do infinito no rosto do outro, que para Lévinas significa no não matarás"[6].

Ora, o não matarás se constitui no núcleo dos mandamentos que Moisés ouviu da voz que lhe falou no monte. A escuta assume aqui um papel fundamental. Ela tem, na tradição judaica, a importância que tem a visão na tradição grega. A fórmula "escuta Israel" foi central na tradição judaica antiga. A escuta tem uma dimensão simbólica importante; significou a escuta da lei e não um tipo de saber. Portanto, tornou possível exercitar a liberdade e a experiência ética. Cabe aqui lembrar que a escuta da lei mudou a condição de vida dos escravos no Egito e os tornou homens livres. Assim, "a escuta da lei exterior, do mandamento, é a heteronomia que garante a liberdade"[7].

Em torno da escuta está a orelha e o ouvido. O ouvido é, por essência, um órgão de recepção, percebe o que vem de fora dele, o que está na exterioridade e não faz parte do seu si mesmo. Converte-se assim em instância de acolhimento e hospitalidade daquilo que é outro, o diferente. É óbvio que o ouvido e as orelhas supõem a cabeça com os outros órgãos, como a boca que ingere alimentos e possibilita a comunicação com os

---

[5] E. Lévinas, *Do Sagrado ao Santo*, p. 49.
[6] S. Rabinovich, Una Especie de Sordera, em E. Cohen (org.), *Lecciones de Extranjería: Una Mirada a la Diferencia*, p. 92.
[7] Ibidem, p. 16.

outros, o nariz que obtém o ar que garante a respiração e pode distinguir odores, os olhos que podem enxergar e distinguir a multiplicidade de objetos e de pessoas. Por fim, orelhas e ouvidos estão na cabeça com seus próximos, no corpo. Em outras palavras, na cabeça estão os órgãos de recepção e acolhimento do outro e os que tornam possível a saída de si, como os olhos, que, saindo de si, enxergam o que está fora, mas traz para si.

Pensamos que a descrição desses órgãos e suas respectivas funções não faz sentido em si mesmo como uma espécie de caracteriologia do corpo. Por um lado, podem significar a materialidade da pessoa humana que existe como realidade no mundo e, portanto, se distingue da generalidade e abstração do conceito de pessoa ou de ser humano. Por outro lado, podem suscitar a pergunta sobre qual o sentido que eles podem ter, quando considerados na trama das relações que estabelecemos com os outros na particularidade do exercício de nossas atividades profissionais e na convivialidade que estabelecemos nos espaços do nosso habitar humano.

Pensar rigorosamente sobre o sentido ou os sentidos que nossos próprios órgãos têm para nós mesmos e que sentidos eles podem ter para os outros é, de algum modo, nos deixar interrogar pelo sentido da alteridade. Por certo, isso pode implicar algum sofrimento, tornando-se até um sacrifício. Mas, talvez, o sofrimento signifique a nossa possibilidade de fazer a experiência da transcendência. É nessa perspectiva que ganha sentido eminente a declaração de Lévinas: "o pensamento, a interioridade, são a própria fratura do ser e a produção da transcendência. Só conhecemos essa relação – por isso mesmo notável – na medida em que a efetuamos. A alteridade só é possível a partir de mim"[8].

Portanto, Lévinas está sugerindo-nos experimentar a transcendência que não nos arranca do solo mundo, nem nos eleva aos espaços trans-nuvens. Ao contrário, sugere que façamos o sacrifício de renunciar ao absolutismo dos nossos interesses, à insistência permanente em afirmar o nosso eu, ao nosso egoísmo e corramos o risco de nos abrir para as demandas dos outros. Assim, podemos constituir para nós mesmos outra identidade. Poderíamos chamá-la de subjetividade substituída. De

---

8 E. Lévinas, *Totalidade e Infinito*, p. 27.

modo que a nova condição de ser será, daí em diante: "ser-para-o-outro". Temos, com isso, uma nova ontologia do humano e, por conseguinte, outra forma de racionalidade. Sendo assim, a abertura para o outro poderá significar para cada um o desmantelamento do seu próprio ser, a loucura do seu pensamento bem organizado. Mas, sobretudo, significará uma inteligência nova. A possibilidade de um novo alvorecer humano. Nessa perspectiva, Lévinas disse o seguinte:

> Ao interessamento do ser, à sua essência primordial que é o *conatus essendi*, perseverança com e contra tudo e todos, obstinação a ser – aí, o humano – amor do outro, responsabilidade pelo próximo, eventual morrer – pelo – outro, o sacrifício até o louco pensamento em que o morrer do outro pode me preocupar bem antes, e mais que minha própria morte – o humano significa o começo de uma racionalidade nova e de além do ser. Racionalidade do bem, mais alta que toda a essência. Inteligibilidade da bondade.[9]

Isso expressa a busca de Lévinas por superar a condição ontológica do humano entendida como a insistência em afirmar a si mesmo. Por outro lado, manifesta a possibilidade humana da excedência de sua própria humanidade, o que pode ser concretizado pela responsabilidade para com o outro, o próximo, o terceiro, os outros. O assumir a responsabilidade sem poder recusar e nem substituir-se, a torna o novo nome grave do CUIDADO PELO OUTRO.

O INFINITO DA EXIGÊNCIA DE JUSTIÇA

> *Aquele que contrata operários e manda que eles comecem cedo e acabem tarde não pode obrigá-los a isso, se começar cedo e acabar tarde não está de acordo com o costume do local. Onde o costume exige que eles sejam alimentados, ele está obrigado a alimentá-los; onde exige que lhes sirva sobremesa, deve servi-lhes sobremesa. Tudo tem de estar conforme o costume do lugar. Um dia, o rabi João ben Matias disse ao filho: "Vá, contrate operários." O filho incluiu a alimentação entre as condições. Quando voltou, o pai disse: "Meu filho, mesmo que você lhes preparasse uma refeição igual à que o rei Salomão servia, não estaria quite com eles, porque estes são*

---

9 Idem, *Entre Nós*, p. 292.

descendentes de Abraão, de Isaac e de Jacó. Enquanto eles não começarem o trabalho, vá especifique: vocês só poderão ter pão e legumes secos." O rabi Simão ben Gamaliel disse: "Não seria preciso dizer, porque, em todas as coisas, a regra é sempre seguir o costume do lugar."[10]

A primeira consideração significativa é que a *Mischná* faz uma afirmação "dos direitos da pessoa" mesmo que ela se encontre em situação de inferioridade e de perigo para sua liberdade como operário contratado. O perigo consiste no fato de o empregado contratado perder a sua liberdade "sem sofrer violência", uma vez que foi contratado mediante uma relação comercial e "interpessoal de troca".

Segundo Lévinas, o texto ensina que "não se pode comprar tudo e nem se pode vender tudo"[11]. Ora, se não se pode vender e nem comprar tudo, impõem-se restrições ao comércio. Em outras palavras, a liberdade de comércio e negociação "tem limites que se impõem em nome da própria liberdade"[12]. Conta, sobretudo, "o princípio do limite", que, segundo Lévinas, "é para maior glória da liberdade". Colocam-se em questão as "condições materiais da vida: o sono e a alimentação, sublime materialismo", diz ele[13].

Há uma referência clara sobre costumes como fixadores, limites que já expressam certa "resistência ao arbitrário e à violência, e, mesmo tendo uma condição precária, genérica, tribal e um pouco infantil", acaba sendo "matriz da universalidade e da lei"[14].

É curioso que na referência à comida, Lévinas perceba que há sublimidade na preocupação com a sobremesa. Talvez ela signifique algo além da alimentação, que ultrapasse a função puramente nutritiva da comida: "a comida não é o necessário à máquina humana, a comida é refeição"[15]. Nisso ele vê a chegada do humanismo: "humanismo autêntico, humanismo materialista"[16]. Na materialidade do humanismo, Lévinas reverencia o marxismo humanista que diz: "o homem é o bem supremo para o homem". A partir disso ele se pergunta: "Como o homem,

10 Idem, *Do Sagrado ao Santo*, p. 15.
11 Ibidem, p. 20.
12 Ibidem.
13 Ibidem.
14 Ibidem.
15 Ibidem.
16 Ibidem.

amigo do homem, pôde, em determinadas condições, fazer-se inimigo dele?"[17]

O fato de o homem deixar de ser um bem para o outro homem foi possível por causa da "anomalia que se chama alienação"[18], explicável "pela estrutura da economia"[19]. Nesse sentido, a economia constitui-se num perigo ameaçador à liberdade e à afirmação da dignidade do humano. Por isso, ele diz que "Nossa *Mischná* pretende também impor um limite ao arbítrio da economia e a essa alienação."[20]

Essa palavra limite, decerto dirigida à liberdade e à economia, ecoa como grito reverberador da necessidade de se pôr em questão a espontaneidade da liberdade e atentar para as injustiças possíveis de que ela pode ser a produtora no seu arbítrio, ou melhor, das injustiças que já fez, faz e das possíveis no futuro.

Esse questionamento é bem apropriado ao sistema econômico atual que tem como lei de salvação a livre concorrência, a liberdade de mercado. O mercado na cultura ocidental estabeleceu-se como absoluto livre. Cada um, cada empresa ou outras associações podem entrar no jogo na e com a ostentação da autonomia, de sua liberdade plena. Pôr em questão esse sistema vai acusar, em primeiro lugar, o imenso afastamento das vias que levam ao cumprimento de seu dever ou função primária que é o atendimento das necessidades básicas das pessoas, além da alimentação e repouso, como apontou Lévinas. O sistema vigente encarna em si contradições ininteligíveis a qualquer razão de bom senso, pois ao lado de sofisticados edifícios, com todas as instalações feitas com os mais avançados equipamentos eletrônicos, existem inumeráveis barracões de lona, papelão e tábuas velhas. Quer dizer, o morar humano não está assegurado para todos! Ao lado de hospitais e clínicas médicas equipados com os mais sofisticados aparelhos de diagnóstico e intervenção cirúrgica, há crianças que são impedidas de nascer por causa das condições precárias nos exames de pré-natal. Ao lado dos sadios produtos agrícolas, de aves e carnes que são exportados

---

17 Ibidem, p. 21.
18 Ibidem.
19 Ibidem.
20 Ibidem.

para o exterior, há ainda (no retorno do caso brasileiro), o fenômeno da subnutrição e da fome.

Enfim, pode-se dizer que o caráter absoluto do mercado ainda não percebeu que suas dinâmicas para se afirmar nas possibilidades de futuro e manutenção, ocorrem ao negar o que seriam suas condições de possibilidades. *Pois o homem negado do acesso às condições básicas de sua existência e o banimento das condições da natureza nos seus mais variados aspectos, faz* do sistema vigente não apenas negador de direitos do homem e disseminador da voraz injustiça, mas também negador de si mesmo. A destruição autodestrutiva ou autofagia pode ser denunciada pelo ensinamento humanista da *Mischná* que afirma: "O homem cujos direitos devem ser defendidos é, em primeiro lugar, outro homem, não é inicialmente o eu."[21] Esses outros homens que têm seus direitos e possibilidades negados pela injustiça e alienação do sistema, não são somente os contemporâneos do aqui e agora, mas também os de gerações vindouras que, desde já, são negadas dos direitos de poder ser, no futuro. Ora, os direitos do outro não podem ser fixados na imanência finita do agora, mas na transcendência do infinito como direito infinito.

Nessa perspectiva, Lévinas comenta o fragmento da *Mischná* citado na epígrafe, trazendo à tona, inicialmente, a abrangência "do direito do outro" que se apresenta como direito "praticamente infinito"[22]. O outro que descende de Abraão, Isaac e de Jacó não é referência exclusiva à etnia particular de Israel, "povo que fez aliança com Javé e recebeu a Lei". Trata-se, por conseguinte, da "humanidade que atingiu a plenitude de suas responsabilidades e de sua consciência de si"[23]. Ou seja, ultrapassou a ingenuidade e, por consequência, não precisou mais do trabalho de base educativa. O curioso é que justamente devido não ter mais essa necessidade de educação, seus "deveres não têm limites". Ao dizer que se o filho tivesse servido uma mesa comparável às de Salomão e, mesmo assim, não teria cumprido o dever, quer mostrar justamente que as obrigações que temos para com os outros são ilimitadas. Portanto, um direito exige também obrigações e deveres infinitos. A referência a Abraão

21 Ibidem.
22 Ibidem, p. 22.
23 Ibidem.

traz, ao mesmo tempo, a referência ao pai de uma nação que se projeta como "universalidade mais alta do que uma classe explorada e em luta"[24].

Os descendentes de Abraão também têm o sentido de um testemunho exemplar: "aquele que soube receber e alimentar homens; aquele cuja tenda era aberta aos quatro ventos"[25]. Veja-se que Lévinas acentua dois aspectos: receber e alimentar. Trata-se do traço básico estruturador de uma nova natureza humana: a acolhida e a hospitalidade. A tenda aberta indica justamente a abertura ilimitada para o acolhimento do outro. A refeição que ele ofereceu "aos três anjos, sem saber que eram anjos", mas pensando que poderiam ser passantes nômades, ou beduínos. Ele os chama de "meus senhores". Enfim, significa:

homens a quem o ancestral legou uma condição difícil de deveres, na relação com o outro, nunca completada, uma ordem que nunca cumprimos totalmente, mas com a qual o dever toma antes de tudo a forma de obrigação a respeito do corpo, o dever de alimentar e de abrigar [...] a descendência de Abraão é qualquer nação, todo homem verdadeiramente homem é, com muita probabilidade, da descendência de Abraão[26].

Sendo Abraão o modelo de hospitalidade, abertura e cuidado com as necessidades dos outros, ganha força e expressividade a palavra do rabino lituano, Israel Salanter: "As necessidades materiais do meu próximo são necessidades espirituais para mim."[27] No ponto particular sobre os descendentes de Abraão, termina afirmando que "todo esplendor do rei Salomão não seria suficiente para garantir a dignidade dos descendentes de Abraão"[28].

Vemos a comparação entre o pai de uma grande descendência e um representante do Estado. A sugestão é surpreendente. Há uma espécie de excelência na família abraâmica em relação "às promessas do Estado". Isso significa que, para Lévinas: "Não é pelo Estado e pelo progresso político da humanidade que se satisfará a pessoa."[29] Ou seja, o Estado está excluído das suas funções de atendimento das necessidades. Precisa cumprir seu

24 Ibidem, p. 22-23.
25 Ibidem, p. 23.
26 Ibidem.
27 Ibidem, p. 24.
28 Ibidem.
29 Ibidem.

papel. No entanto, as normas serão delineadas pela família de Abraão: "Mas a família de Abraão fixa as normas."[30]

Na consideração do contrato, Lévinas resume a grande tese defendida por ele: "tudo começa pelo direito do outro e por minha obrigação infinita em relação a ele"[31]. Como já foi dito, trata-se de direitos e deveres infinitos. Direitos e deveres infinitos! Não seria necessária uma delimitação? É o que ele propõe. Assumindo a difícil ideia de que o "humano está acima das forças humanas"[32], aponta a sociedade como limitação do direito e da obrigação. Diz: "a sociedade segundo as forças do homem não é senão essa limitação"[33]. Isso é muito importante porque ele acredita que "o contrato por si mesmo não põe fim à violência do outro nem a uma ordem ou desordem na qual o homem é o lobo do homem"[34].

Parece sugerir que numa circunstância onde imperam os lobos, não há possibilidade de "introduzir nenhuma lei". Porém, na situação em que o outro é infinito em relação a mim, pode-se, todavia somente numa certa medida, fazer-se a limitação do horizonte dos meus deveres. Contudo, diz: "Trata-se, no contrato, de limitar meus deveres mais do que defender meus direitos."[35] Vemos que mesmo sendo posto um limite para direitos e obrigações, a prioridade direciona-se para o outro.

Quanto à delimitação dos alimentos: "Vocês só poderão ter pão e legumes secos", Lévinas considera o cardápio um tanto rigoroso ou modesto. Todavia garante o princípio da variedade na alimentação indicado pela conjunção "e". Mas, sobre essa conjunção se lançou a dúvida: "pão e legumes secos ou pão de legumes secos?" A pergunta suscita todo um trabalho hermenêutico que pode interferir não apenas na forma gráfica da proposição, mas também ter consequências gravíssimas para a vida dos operários contratados. Pois a presença ou ausência da partícula modifica radicalmente o sentido da formulação. Muda, por conseguinte, o seu significado. A consequência será a supressão do princípio da variedade: "Pão e legumes secos se

30 Ibidem.
31 Ibidem, p. 25.
32 Ibidem.
33 Ibidem.
34 Ibidem.
35 Ibidem.

transformariam em apenas pão." Isso afetaria decisivamente o potencial alimentar dos trabalhadores. Por isso, a resposta à questão foi: "Por Deus, essa conjunção é necessária. Essa conjunção é tão importante aqui quanto é necessário o leme para navegar-se em um rio perigoso."[36]

É muito importante atentarmos para o fato de que a determinação limitadora da alimentação, "pão e legumes", sofrendo outra limitação ao se suprimir a conjunção, configuraria uma limitação do limite. Isso sendo efetivado redundaria tanto na violência ou negação de um direito, como numa injustiça, na medida em que banisse o caráter de refeição da alimentação e garantisse tão somente o indispensável vital. Por isso, diz Lévinas: "É preciso rigorosamente, mesmo quando um contrato limita o infinito de nossas obrigações, que a própria limitação tenha limites. Alimentar o outro é manter para a alimentação o caráter de refeição; não é jamais transformá-la no mínimo vital. É preciso, alimentando os outros, satisfazer, numa medida qualquer, seu capricho; senão, é naufrágio."[37]

O último parágrafo traz a palavra do rabi Simão ben Gamaliel: "Nada havia para dizer, porque, em todas as coisas, o costume do lugar é que faz a regra."[38] Lévinas acentua que Gamaliel considera o costume demarcador dos limites e não recusa "o infinito das obrigações". No entanto, coloca somente o costume como fixador dos limites e da limitação destes. Quase numa tonalidade irônica, pergunta: "que os costumes não sejam ultrapassados; que a justiça esteja na natureza das coisas não é manter uma resistência à renovação?"[39]

Por fim, indicada a necessidade de renovação e da superação de "velhos odres e da crença em todas as mentiras". Diz: "destruamos os altares dos falsos deuses! Abaixo os bosquezinhos sagrados! Não os consagraremos ao verdadeiro Deus"[40]. Há um claro questionamento à postura resistente às mudanças propostas por Gamaliel. Na verdade, todo processo histórico faz emergir novidades na cultura e, por conseguinte, nos costumes. Não é

---

36 Ibidem, p. 26.
37 Ibidem.
38 Ibidem.
39 Ibidem.
40 Ibidem, p. 27.

possível, portanto, defender a manutenção de costumes como se eles fossem constituídos pela natureza e destinados à perenidade no tempo, a menos que se queira ostentar uma posição naturalista dos fenômenos sociais. Isso tem como consequência produzir feridas no pulsar criativo e dinâmico da vida.

* * *

O texto teve como perspectiva mais geral refletir sobre a compreensão levinasiana da intrigante e exigente questão do direito infinito à justiça. Ativemos-nos à singularidade de um fragmento do *Talmud*, a *Mischná*. Podemos perceber que a literatura talmúdica é um componente delineador de toda sua trajetória filosófica especulativa. O contato com a tradição judaica não é uma casualidade fútil ou um assessório de elegância acadêmica. Ao contrário, move a sua pulsão espiritual e o seu trabalho de investigações filosóficas.

Lévinas imergiu na tradição do *Talmud* não com a finalidade de vivenciar o ritualismo ou a mística religiosa, mas de refinar suas habilidades nas análises em um solo rico de significações ético-antropológicas. Foi aí que ele foi seduzido a buscar possibilidades de sentido para a vida humana e cavar alternativas novas para o rigor do filosofar. O livro foi, de certo modo, sua sedução e obsessão. Podemos dizer que grande parte das temáticas e categorias apresentadas em suas obras têm raízes profundas no *Talmud* e são sugeridas como provocações alternativas à filosofia originada da tradição grega que constituiu, em grande parte, a racionalidade ocidental. As reflexões feitas sobre o fragmento referido podem ser tomadas como horizontes abertos, tanto para a filosofia quanto para as ciências do direito, que devem primar pela defesa e promoção da justiça como uma exigência infinita.

Na mesma perspectiva, elas sugerem às ciências econômicas e políticas a chance de organizarem os modelos produtivos de acordo com a garantia da alimentação e potencialização da vida humana e todas as condições que a tornam possível.

17. Lévinas e a Resposta Ética à Violência Biopolítica
por uma crítica da razão idolátrica

*Ricardo Timm de Souza**

*Para meus amigos Renata Guadagnin
e Grégori Elias Laitano.*

A TERRA DEVASTADA, A VIDA NUA E A POSIÇÃO DE LÉVINAS NO SÉCULO XXI

A inteligência é uma categoria moral.
T. Adorno[1]

Ich bin du, wenn ich ich bin.
P. Celan[2]

Partamos de uma premissa que parece simples: em uma paisagem devastada, o trabalho intelectual sério é necessariamente muito árduo. De fato, nas dimensões agrestes das falsas suavidades, coloridos e encantamentos retóricos, à enormidade da tarefa desconstrutiva dos esteios que sustentam e legitimam a injustiça, o intolerável, que procuram, com sutilezas extremas, o convencimento dos relutantes em *suportar o insuportável*,

---

* Professor Titular da Escola de Humanidades da PUCRS, em Porto Alegre.
1 T. Adorno, *Minima Moralia*, § 127, p. 173.
2 Cf. P. Celan, Lob der Ferne, *Die Gedichte*. "Eu sou você quando eu eu sou" (trad. nossa).

em que os cantos de sereia se confundem com as trombetas do triunfo, soma-se ainda o cinismo das apologéticas tardo modernas e de seus acólitos cooptados em todos os campos do saber, ainda naquele, origem de todos, que deveria estar desde sempre imunizado contra uma tal tentação mortal: a filosofia. Quando as próprias intenções do filosofar se constituem, como amiúde acontece na contemporaneidade, em objeto de dúvida para quem observa o arrolar bem organizado de argumentos sutis, os quais pressupõem um mundo paralelo e são incapazes de dar conta de suas reais intenções a quem neles se aprofunde, resta pouco além de lamentar.

Porém, esse pouco pode ser muito. A profundidade do abismo que se divisa dá a extensão do perigo que espreita. Trazer à tona, eis a palavra de ordem que se insinua entre dois blocos maciços de horror, mas, além disso, o *novum*: apresenta-se uma nova tarefa ao intelectual em geral e ao filósofo em particular. Trata-se não mais apenas de, arqueológica ou genealogicamente, ao estilo de uma psicanálise da cultura, desentranhar o entranhado e o recalcado na espessura dos acontecimentos indiferenciantes – da violência – que se precipitam; trata-se, também, de assumir definitivamente a responsabilidade do que surge à consciência, de contrapor ao indiferenciado a diferença da metaconsciência ética capaz de ditar à consciência cognitiva as razões de sua degeneração, de sua conivência com aquilo que não se pode conviver, expondo-as com a segurança que só é dada aos que dispõem de uma só oportunidade e não podem desperdiçá-la.

Trata-se assim, em termos concretos, não apenas de desconstruir ordens desumanas, sistemas monstruosos travestidos de aceitabilidades diversas, insinuantes discursos bem-comportados que não são mais do que formas hipermodernas – ou hipersofisticadas – de ovos de serpente; mas de desnudar a tal ponto a indecência do indecente que a mera ideia de reconstruir algo do mesmo teor já soe, por si mesma, indecente, ou seja, eticamente inaceitável. Pois não há trabalho intelectual digno desse nome na contemporaneidade que não se constitua em uma resposta cabal – embora, sem dúvida, não necessariamente exaustiva – a alguma questão ética radical: essa é a real dimensão das transformações epistêmicas, ou epistemológicas, que ora atravessamos: a dimensão de seu verdadeiro sentido. Que tal não tenha, nem de longe, sido percebido como deveria, não desonera ninguém de sua obrigação precípua, quando se propõe a mergulhar nas entranhas da realidade que nos cerca e de lá retornar com o resultado de sua ousadia desconstrutiva.

Assim, tal mergulho significa a desarticulação argumentativa dos constituintes profundos de modelos eticamente inaceitáveis de compreensão das questões candentes da contemporaneidade[3], como uma resposta de consistência extrema a uma questão imperativa, a uma provocação de imensa importância que a proliferação de tais modelos significa no mundo de hoje. Pois análises rigorosas e consequentes, domínio da tradição, percepção aguda dos tempos que correm – tudo isso anuncia o que, de modo muito incisivo, apenas se anuncia na contemporaneidade do que dá o que pensar a quem opta pela verdadeira vida do espírito, contemporaneidade assoberbada pelo tumulto que assola a terra devastada e a vida nua, o ecossistema e a vida em geral, e mesmo o universo das culturas: a questão da radicalidade do sentido que luta para, de algum modo, assomar à consciência de uma época – a *esperança ética*.

O pensamento de Emmanuel Lévinas, de modo geral incompreendido de muitas formas – conscientes e

---

3 O desfazimento da posição idolátrica de Heidegger após a publicação dos *Schwarze Hefte* é um grande passo nesse sentido; a leitura de Lévinas, entre outros autores, exige a passagem da fenomenologia à metafenomenologia, ou permanecerá credora de lógicas e categorias impossibilitadas de realizar seu pleno potencial no processo de crítica da realidade, como tentei mostrar em outros momentos. Mas em que poderia consistir a "metafenomenologia" proposta? Ela surge a partir justamente de uma ambiguidade perigosa que consiste em se falar de algo que, no sentido mais radical, não se curva a uma linguagem ontologizante, pois traz consigo sua linguagem própria em sentido estrito. Essa linguagem não é decifrável, pois não é cifrada; não se abre em um sentido discursivo, não se resolve em seu desmembramento lógico nem sobrevive às reduções que a banalizam em um mosaico sujeito a experiências e deduções cognitivas "neutralizantes". A modalidade como essa linguagem se oferece é fundamentalmente não neutra, não equilibrada por sua própria natureza: é o desequilíbrio mesmo da equação linguística que tem no verbo "ser" seu fundamento. Em outras palavras, apesar de toda a tradição, o ser "não se encontra" nela, nem em sua falta de consistência ontológica e de "espessura de ser". Essa linguagem é ética, não secundária às predeterminações da ontologia soberana, mas primária em relação a si mesma, em sua lei própria, heterônoma em relação à autonomia do ser soberano.
Cf. R.T. Souza, *Totalidade & Desagregação*; *Sujeito, Ética e História*; e, especialmente, *Lévinas e a Ancestralidade do Mal*, entre outros.

inconscientes – assoma nesse início desastroso de novo milênio como uma resposta de inusitada potência ao ruidoso ódio ao intelecto, ao quietismo moral-mental e ao silêncio dos cemitérios. Ergue-se como uma oferta de superação de barreiras com relação às linguagens de seus mestres diretos ou indiretos – Kant, Hegel, Schelling, Kierkegaard, Hermann Cohen, Franz Rosenzweig, Bergson, Husserl, Heidegger – bem como em relação a seus contemporâneos e pósteros – Buber, Derrida, Walter Benjamin, Adorno, Bloch, Agamben, Flusser, Celan, Jabès, Kafka e tantos outros – tal como tenho objetivado mostrar em uma série de publicações já de longa data[4]. Na verdade, a essas alturas estou absolutamente convicto de que uma imensa série de pensadores contemporâneos de primeira linha mantém com o mestre de Kaunas aquilo que ele mesmo referia no tocante à sua relação com Derrida: "uma amizade no coração de um quiasma" – e isso de modo consciente ou inconsciente, conhecido ou desconhecido. Compreender Lévinas hoje é compreender de que modo essas amizades "no coração de quiasmas", muitas vezes idiossincráticas e paradoxais, epistemológicas, éticas e estéticas, podem se desenvolver no sentido de fornecer o arsenal de que tão urgentemente necessitamos para enfrentar de modo efetivo as potências brutas dos inimigos da vida e da ética, inimigos da "loucura pela justiça" derridiana.

Quanto à questão da ética propriamente, da ética da subjetividade constituída pela liberdade investida, o que permanece, hoje como antes, é a plena convicção de que a urgência do tema não permite meras releituras de clássicos ou apenas atualizações teóricas de autores e temas da tradição, ainda que da mais próxima. Urge que a própria temática seja posta em questão, ou seja, que se redefina radicalmente o que se deseja e se pretende construir a partir da própria ideia de "ética". Seu conteúdo mais estrito deve ser, de algum modo, deslocado à centralidade das referências, pois éticas "acessórias" a ontologias totalizantes e seus desdobramentos já existem mais que suficientes ao longo da já longuíssima história da filosofia, e lamentavelmente permanecem, quase sem exceção, na prática, tão inócuas à vida real quanto uma bondosa prescrição a ouvidos moucos – talvez

---

[4] Cf. referências no fim do livro.

um bom eufemismo para a infeliz inutilidade do espectro intelectual incapaz de vibrar na pulsão – na pulsação – do ritmo vital, e de uma vida em urgência.

E o que seria então, nesse contexto preciso, ética? É a *essentia* da realidade (Spinoza), ou seja, do tempo, aquilo sem o que nem a realidade nem o tempo – sua expressão fenomenal básica – são propriamente concebíveis, mas apenas de modo acessório. Ética não define apenas o humano essencialmente, como condição e exposição de sua existência, mas também a forma como a realidade como um todo pode ser percebida temporalmente, pois é também dela a *essentia*. A isso se pode chamar *ethos*, a estrutura da realidade que cria seu tempo, pois é ele e se dá de infinitas formas, élan vital bergsoniano que se desdobra como natureza-cultura e se apresenta na forma da irmã gêmea da ética, ou, o que dá no mesmo, da ética expressa de outro modo: a estética (Adorno), em todas as suas ramificações possíveis, ainda as mais remotas, pois todas se nutrem da mesma *fons vitae*, ao tempo que, em sentido mais radical, a constituem. Ética é a raiz e a medula de toda realidade e do que dela finalmente se mostra e sobrevive à destruição fática e conceitual.

O FACTUM CONTEMPORÂNEO: A VIOLÊNCIA BIOPOLÍTICA

> *Para a filosofia, a experiência da guerra*
> *e da totalidade não coincide com a experiência*
> *e a evidência em si mesmas?*
>
> E. LÉVINAS[5]

"Funes el Memorioso", definido por seu autor, Jorge Luis Borges, como uma "longa metáfora da insônia", trata das desventuras dessa estranha personagem incapaz de esquecer e de não perceber, e que acaba morrendo por excesso de lembranças. Incapaz de conceptualizar, de abstrair? Interessa-nos, aqui, o Funes opaco e insone, que é simplesmente incapaz de ser hipócrita: é-lhe vedada a possibilidade de fingir que não vê o que vê, de

---

[5] E. Lévinas, *Totalité et infini*, p. 9.

fingir que não sente o que sente, de fingir que não sofre o que sofre. Tal como a criança, não pode fingir que o rei não está nu.

É interessante a abordagem que se faz possível em termos de consciência coletiva contemporânea no que diz respeito a esse tema. Pois vivemos, *grosso modo*, na era anti-Funes, na idade do *esquecimento* e da não percepção. Ao contrário de Funes, e mesmo do senso comum e estreito, nossas sociedades são capazes de esquecer até o *inesquecível*; o que ontem era notícia de absoluta relevância, hoje é atirado à vala comum da superprodução de dados midiáticos. O que ontem era questão de vida ou morte, hoje torna-se, como que ao natural, tema de pilhérias e leviandades – o limbo que precede o abismo da não existência. Vivendo em uma frenética sociedade de produção, consumo, obsolescência e descarte, acostumamo-nos a pensar que absolutamente tudo o que nos diz respeito deve seguir o mesmo ciclo; também as indignações com o abjeto e admirações com o grandioso são efêmeras, e acabam no lugar-comum do mediano – talvez uma forma pior de esquecimento do que o próprio esquecimento. Pois o mediano é o medíocre, onde tudo é igualado a tudo, e no qual toda qualidade é transformada em quantidade; o suspiro de uma musa televisiva tem exatamente o mesmo valor que o suspiro final de uma criança morrendo de fome ou destroçada por uma bomba. Grita-se tanto, que já não se ouve nada, exceto o ruído cacofônico do entorpecimento dos sentidos e da racionalidade comum. A razão entorpecida, fragmentada em pequenos espasmos de sobrevivência diuturna, instrumentalizada ao extremo, transforma-se em uma grande máquina de aniquilação da memória; promete-se implícita ou explicitamente o prazer, desde que imediato. Incapaz de entrar em uma verdadeira crise, a mônada racional moderna, a unidade psíquica fabricada em série, é evidentemente incapaz de sair dela[6]; o mundo das vivências consiste na postergação *sine die* da percepção do radical – daquilo que vai, verdadeiramente, às raízes da crise; o universo do lugar-comum social, transformado em um fátuo suceder-se de imagens (como veremos a seguir) – eventualmente desligáveis com uma leve pressão no botão do controle remoto – reduplica a racionalidade

---

6 Cf. R.T. Souza, *Sobre a Construção do Sentido*.

instrumental que se aninha em certas dimensões da realidade e dali coordena o todo segundo sua vontade. O mundo é o lugar onde os acontecimentos só têm sentido no presente do indicativo que flui, ágil, em uma miríade de cores, antes que seu peso real seja aferido; a memória é continuamente esvaziada, para dar lugar a mais quinquilharias produzidas em série pela agilidade das racionalidades imagéticas que se sucedem sem fim no espectro psíquico colonizado pelo tardo-capitalismo. Repleto de tudo, o presente encontra-se, na verdade, vazio, pois a multiplicação do irrelevante que toma o lugar do notável tomou para si exatamente essa função: pela demiurgia de artistas que, hábeis como os mágicos de outrora, se especializaram em carregar os cérebros de ilusões, onde o que é verdadeiramente decisivo – em todos os sentidos – fica recalcado pelo excesso de resíduos físicos e mentais que sobraram do momento que já desapareceu. Nesse sentido, o mundo contemporâneo é o mundo da antimemória, e é esse o universo de exercício de toda violência biopolítica possível[7]. Em síntese: ainda a mais deslavada mentira, a mais abjeta hipocrisia, a mais terrível violência, o mais agudo sofrimento e injustiça acabam na vala comum das casualidades, dos acasos mutuamente intercambiáveis – e aqui, ressalte-se como exemplo maior as mercadorias, objetos de uso e troca, pois, hoje, gente, valores, vida, recursos naturais, e mesmo a possibilidade do futuro foram realocados na posição de mercadorias no universo do delírio tardo-capitalista[8] – porque pretensamente irrelevantes em sua incapacidade de paralisar a roda do mundo. Quando se desloca

---

7 Cf. Idem, *Lévinas e a Ancestralidade do Mal*. Essa é uma das razões principais para a obsessão pela extirpação de ciências como a história, as línguas, a filosofia por parte dos arautos do *status quo*; esses repositórios de memória viva são, permanentemente, ameaças incendiárias questionando o estatuído.

8 Na excelente e sintética análise de R. Casara, *Estado Pós-Democrático*, p. 38-39: "Mercadoria, por definição, é um bem, mas nem todo bem é (ou era, antes da pós-democracia) uma mercadoria. As mercadorias são bens com valor de troca, bens produzidos para serem negociados e, assim, gerarem lucro [...] O que caracteriza a mercadoria..., mais do que a existência de um valor de uso, é a possibilidade de sua substituição e seu descarte. [...] vale registrar, por oportuno, que o tratamento do que é humano como mercadoria não é algo novo [...] O que caracteriza a pós-democracia, portanto, não é que pessoas e valores sejam tratados como mercadorias, mas o fato de essa utilização se dar explicitamente, de forma cínica, sem pudor e sem qualquer limite (jurídico, ético etc.) em um Estado que se afirma democrático."

a lógica do pensar – onde tudo é permitido – para a lógica do agir – onde nem tudo é humana e ecologicamente suportável nem deveria ser permitido – então temos à nossa frente uma paisagem inóspita, uma "terra devastada" incapaz de perceber até mesmo o que se perdeu nesse processo. Em outros termos: se o concreto é banal e tudo cabe dentro de um mero conceito instrumental ou operacional, é porque se banalizou ao extremo a vida. Assim, nossas sociedades são capazes de esquecer até o inesquecível, porque perdoam o imperdoável e justificam, teoricamente – muitas vezes com os mais argutos ardis da venerável tradição da *amnistia* –, o injustificável. Aprendeu-se, com a lógica dos conceitos que só tem realidade na cabeça de quem a pensa, a justificar os desencontros da realidade do concreto que existem para além de uma cabeça que os pense – derivação hipertardia da confusão parmenídica entre ser e pensar? É muito provável. A vida em geral, a vida humana em particular, transforma-se e reduz-se de uma questão vital em uma questão lógica e metodológica: mercadológica. E, por mais que sejam muitos os que, desconfiados, mantenham um tenaz crivo crítico em relação ao que se passa, muitos são também os sofistas no pior sentido do termo – profetas ao inverso – sempre prontos a chafurdar nos esquemas mentais de intelectos frágeis, para convencê-los de que, com facilidade, as palavras se substituem às coisas. É aí, nesse deserto mental cuidadosamente cultivado, que acontece o fundamental para o que o estado de exceção em que vivemos se perpetue: as formalidades são petrificadas. Todo o vital escorre e é devorado por este solo devastado: o tempo, a memória, os tecidos que um dia significaram algo. A forma acabada de violência legitimada apenas por seu poder se instaura: a violência biopolítica[9].

---

9   Cf. R.T. Souza, Três Teses Sobre a Violência, *Ética Como Fundamento 2*.

OS DESAFIOS ÉTICOS DA VIOLÊNCIA BIOPOLÍTICA: POR UMA CRÍTICA DA RAZÃO IDOLÁTRICA

> *Idolatria: incapacidade de decifrar os significados da ideia, não obstante a capacidade de lê-la, portanto, adoração da imagem.*
>
> V. FLUSSER[10]

Antes de mais, o que é idolatria? A impossibilidade de viver a realidade da qual se foge – desvio do real – assume para si uma máscara, em uma singularidade, em uma configuração de conivências que sussurram uma covardia, na idolatria. Medo. Medo de si na profundidade de sua fátua consciência; medo do real no abismo de sua inconsciência. A idolatria é em essência uma privilegiada expressão de medo, que derivadamente serve a outros fins. A distância flusseriana entre a capacidade de ler uma ideia e a capacidade de interpretá-la não é oca, nem acidental ou circunstancial; ela é preenchida pelos retalhos da miséria que o medo significa.

Adiante-se que a idolatria resiste ferozmente a qualquer medo que se lhe tente impingir, quer dizer, a qualquer medo falso; apenas o outro temor que incide a si desde seu interior mais recôndito, como se fora a imagem plástica de uma planta que desafia a natureza e nasce em uma junta no concreto, é que a assombra definitivamente. Assim como a temporalidade desconstrói a loucura de quem com ela não sabe lidar, o tempo real, erodindo a rigidez desde suas entranhas – é um de seus constitutivos – desconstrói o delírio da idolatria e de suas razões. Trata-se, como toda realidade, de uma questão de tempo.

Estamos, portanto, no coração do impasse. A filosofia, que nasceu em contraposição às visões de mundo particulares e, em princípio, sem a capacidade de processamento do que, "invisível", condiciona ou determina o visível, o fático, o que porta a evidência de sua realidade ao sentido, aos sentidos, comum(ns), tem de evoluir à medida em que as ideologias – visões particulares de realidade alçadas, pela racionalidade ardilosa[11], a uma pretensa validade universal – têm de ser desmascaradas em

---

10 *Filosofia da Caixa Preta*, p. 18.
11 Cf. R.T. Souza, O Nervo Exposto 2. *Justiça & Sociedade*, n. 1.

sua proteção de onipotência ou em seu delírio totalizante. Mas nada para por aqui.

O mundo segue, e a filosofia encontra-se novamente em apuros; em um universo povoado pela lógica da absolutização da mercadoria, real ou simbólica, na qual pretensamente tudo se esgota em seu valor de uso ou de troca, as velhas ideologias dão lugar à novidade – paradoxalmente, velha como a humanidade e renascida das dimensões atávicas do medo, da violência e das lógicas de poder – da *idolatria* como inimigo principal da vida e, por extensão, da filosofia. Idolatria na forma de imagem[12] que nega e se impõe à linguagem e ao pensamento, pronúncia presumida do absoluto[13], portanto, corroboração infinita do estatuído e do *status quo*.

Em síntese, o mundo contemporâneo, em seu veio principal e por exigência do tardo-tecnocapitalismo, é *de facto* uma imensa e infernal máquina, ou maquinismo, de transformação contínua de qualidades, singularidades, em quantidades, generalidades, ou seja, de transformação do diferente em in-diferenciado. E isso não apenas nos melhores interesses do momento "pós-democrático" em que vivemos, mas também em função da lamentável atrofia relacional que experimentamos relativamente aos mais diversos âmbitos da realidade, como tentei mostrar alhures[14]. E nesse sentido, filosofar hoje

---

12 Cf. V. Flusser, op. cit., p. 23-24: "Imagens são mediações entre homem e mundo. O homem 'existe', isto é, o mundo não lhe é acessível imediatamente. Imagens têm o propósito de lhe representar o mundo. Mas, ao fazê-lo, entrepõem-se entre mundo e homem. Seu propósito é serem mapas do mundo, mas passam a ser biombos. O homem, ao invés de se servir das imagens em função do mundo, passa a viver em função de imagens. Não mais decifra as cenas da imagem como significados do mundo, mas o próprio mundo vai sendo vivenciado como conjunto de cenas. Tal inversão da função das imagens é idolatria. Para o idólatra – o homem que vive magicamente –, a realidade reflete imagens. Podemos observar, hoje, de que forma se processa a magicização da vida: as imagens técnicas, atualmente onipresentes, ilustram a inversão da função imaginística e remagicizam a vida."

13 Cf. R.T. Souza, *Kafka, a Justiça, o Veredicto e a Colônia Penal*.

14 Embora não seja tema explícito do aqui tratado, cumpre neste momento, obviamente, destacar em um nível mais profundo e em toda sua substancialidade e importância, que esse modo de pensar e agir está precariamente assentado sobre uma base categorial muito frágil devido à intensidade da crise que se mostra definitivamente aguda pelo menos desde meados do século xx. A compreensão da realidade de tal crise não é fácil; exige o domínio não só de processamentos históricos complexos como também, e especialmente, de um processo interpretativo rigoroso capaz de radicalizar – ir às raízes – da ▶

é, primária e fundamentalmente, colocar-se na posição oposta ao estatuído, ou seja, desconstruir toda e qualquer lógica de sustentação da idolatria que se configura sempre, em última análise, como legitimadora da violência biopolítica. Eis então, hoje mais que nunca, o *dever* da filosofia: ser *crítica da razão idolátrica*, ou seja, ser completamente ela mesma.

LÉVINAS: A PODEROSA RESPOSTA ÉTICA À VIOLÊNCIA BIOPOLÍTICA

> *Só há uma expressão para a verdade:*
> *o pensamento que nega a injustiça.*
>
> T. ADORNO; M. HORKHEIMER[15]

Emmanuel Lévinas se constitui em um dos mais potentes e vívidos representantes do pensamento anti-idolátrico, como tenho evidenciado ao longo de vários textos[16]. Indo além, posso dizer que o pensamento de Lévinas, apreciado em seu conjunto – e afinado com outras grandes expressões de potência intelectual contemporânea – se configura, não só implícita, mas também explicitamente, como uma das frentes intelectuais maiores de combate à violência biopolítica e a suas lógicas as mais diversas.

Em outros termos, a obra de Lévinas como um todo se constitui num extraordinário arsenal anti-idolátrico, o que significa, hoje, que se trata de uma frente de extrema solidez contra a devastação espiritual e fática da violência biopolítica.

Veja-se aqui um, e apenas um dos aspectos – embora sumamente importante – que ratificam essa constatação: aquele, que muito tenho trabalhado, que diz respeito ao tempo do outro, ou seja, ao tempo que se opõe, por seu próprio aparecer, à pretensão de absolutização do tempo idolátrico-violento da paralisia do *agora* da violência.

▷ teia categorial que pretensamente deveria fornecer segurança aos alicerces da contemporaneidade e que se encontra, pela própria inegabilidade da crise socioecológica que vivemos, fragilizada ao extremo.

15 T. Adorno; M. Horkheimer, *Dialética do Esclarecimento*, p. 204.
16 Cf. R.T. Souza, *Totalidade & Desagregação*; idem, (Dis)pensar o Ídolo, *Quadranti*, n. 2; idem, Lévinas e Adorno: Apontamentos Sobre Uma "Filosofia Judaica", *Estudios*, n. 34, entre outros.

Para Lévinas, o outro não é lógico, não pertence ao passado do mesmo, não integra o conteúdo do passado lógico do ser, não se aninha entre as conquistas do ser. O passado do ser é o resultado de uma sincronização dialética entre o ser e o não ser, onde o não ser ocupa o espaço a ele destinado pela *Aufhebung* a que esteve sujeito; tratam-se, no fundo, de uma mesma realidade. Esse passado do ser foi neutralizado e integrado ao presente da configuração fática do momento da totalidade. Ele permanece uma presença reflexiva, esclarecida, um troféu na história do ser, a conjugação violenta de tempos diversos, testemunho heraclitiano de uma guerra original. O tempo do mesmo tem sentido quando todos os instantes concebíveis estão puntualmente concentrados em um momento sintético da atualidade total, onde tudo se concentra em um espaço sem possibilidade de respiração temporal. O passado está presente ao mesmo quando não permaneceu passado, quando não pôde permanecer outro em relação ao tempo do todo. Mas também o tempo do futuro do mesmo está concentrado no presente obsessivo e delirante no qual tudo o que existe é potencialmente estraçalhado pela loucura do poder totalizante[17]. O que pode ser o futuro da totalidade exceto a antecipação lógica de sua totalização, uma pro-jeção em seu sentido mais estrito? O futuro do mesmo é a confirmação de sua dinâmica própria, é um futuro necessariamente fechado em si e no presente, aprisionado desde sempre em si mesmo, pois a ele converge teleologicamente o seu fim como completação da totalidade e como completação em si mesmo. O futuro é o limite presente da totalidade, pois está nela, em seu tempo antecipado, em si e não fora de si. Um futuro real preso à cadeia presente da totalidade significaria um germe de destruição imediata da totalização mesma, a promulgação de sua absoluta in-definição: o fim da lógica da pronúncia fora do tempo, ou seja, da violência biopolítica[18].

Porém, o tempo do outro, como já destaquei, não é o tempo da totalidade. O seu sentido não se estabelece por qualquer ordenação na dinâmica sincronizadora da *Aufhebung*, que se encontrou aqui e agora, e somente e definitivamente aqui e agora. O sentido do tempo do outro consiste justamente em *não* pertencer ao tempo

17 Cf. R.T. Souza, *Totalidade & Desagregação*.
18 Cf. R.T. Souza, *Kafka, a Justiça, o Veredicto e a Colônia Penal*.

do mesmo, em não se ordenar segundo a lógica do mesmo. A presença do outro ao mesmo somente se pode dar desde sua *ausência* na cronologia do mesmo. O outro não está no *script*. Os tempos do mesmo não esclarecem o tempo do outro. A atualidade da presença do outro nega sua atualização na presença do mesmo. Em outras palavras: a totalidade não tem tempo suficiente para esclarecer o tempo absolutamente outro; o tempo da presença do outro é "ao mesmo tempo" perfeitamente presente e ausente. É sempre tarde demais para que se possa corresponder totalmente à dignidade do outro que chega *como* outro, estranho viajante vindo de outro tempo; é sempre cedo demais para que se possa perceber totalmente a grandeza da inauguração ética significada pela presença – a-presentação traumática – do tempo do outro ao tempo do mesmo. O tempo do outro é um passado absolutamente imemorial, o "passado que nunca foi presente" levinasiano, que aponta para um futuro indivisável, um futuro que está sempre adiante de toda sincronia do aqui e agora; esse é o fulcro da esperança de uma dia-cronia verdadeira, quer dizer, um encontro *entre* tempos, ou seja, a intriga de um *outro* tempo.

Esse "passado imemorial e intolerável ao pensamento"[19] postula assim uma formulação de passado mais antiga que o conceito mesmo, pois não retrojeta o presente ao já acontecido, mas reserva ao passado seu próprio tempo não representável. É o passado absoluto, aquilo que é anterior a qualquer lógica de atualização. Se o olhar (*visage*) é "significação sem contexto"[20], o seu tempo é um tempo paradoxal, pois é não cronológico, apenas ético-significante: aproximação de um encontro, tempo traumático para quem encontra o que não se divisa previamente em seu horizonte de sentido, seja esse entendido como *Lebenswelt* ou de outro modo qualquer. A memória do mesmo não alcança esse passado pré-memorial, essa vida antes da presente vida da totalidade, transcendência por assim dizer irremediavelmente "passada". E o outro concentra em si, além disso, todo seu passado antiquíssimo de uma só vez, em um convite traumático, um convite tão intenso eticamente que nunca se deu antes, um convite ao futuro absoluto, ético – o ainda-não – *Noch-nicht* (E. Bloch) – já, ali à frente, nesse momento irrecuperável, nesse

---

19 E. Lévinas, *Autrement qu'être ou Au-delà de l'essence*, p. 192.
20 Idem, *Ethique et infini*, p. 111.

"tempo certo que está aí" (F. Rosenzweig), nesse ápice da loucura da decisão (Kierkegard), nessa loucura pela justiça (Derrida). O trauma do encontro entre mesmo e outro, fulcro infinito, convida à aventura no reino inexplorado de um futuro propriamente futuro, que nunca foi presente e que portanto nunca foi resolvido em seu sentido, e em relação ao qual as ideias que dele se possa ter são infinitamente assimétricas e desproporcionais, pois não mensuráveis pela geometria do ser.

Fim dos tempos? Ou início de um tempo tão novo que não se deixa subsumir na dialética dessa categoria? Isso não são sombras de um passado, mas vida da novidade *in statu nascendi*; não é a circularidade de um tempo do eterno retorno ou de um modelo controlável, espacial, de tempo, e sim a in-definição, imponderabilidade do que "ainda nem acabou de iniciar": realidade *metafenomenológica* possível de uma história ética para além de qualquer fenomenologia ou hermenêutica da neutralidade dos tempos domesticados, leia-se, os tempos da totalidade idolátrica da violência biopolítica.

O tempo da totalidade, futuro que simplesmente se presentifica *ad infinitum*, tempo do mesmo, sofre assim o maior de todos os embates pelo peso disruptivo de uma antiguidade infinita, de um tempo irrecuperável que a presença do absolutamente outro porta, essa antiguidade anárquica, em cuja presença anarquicamente ética "nada será como antes". É esse o sentido do tempo do outro para além de toda crono-logia. É essa a possibilidade da expectativa, não irreal ou escapista, de uma *evasão ética* da violência do presente. Significa a possibilidade da consciência, na ruptura de todos os recalques e diversionismos culturais, daquilo que atrás foi denominado "ética" – não como realidade nova (nova é apenas a percepção), mas como condição de pensar o próprio conceito de realidade.

Assim tão longe pode levar o pensamento de Lévinas: *como a respiração da esperança no entremeio do bloco maciço do horror*. E ele não está só; gerações de pensadores podem se aglutinar em torno de uma súbita lucidez que permite a percepção do invisível que condiciona o visível, e perceber a que ponto tal percepção se torna não apenas cada vez mais fecunda, mas igualmente inadiável. Os sismógrafos da inteligência estão inquietos – é só uma *questão de tempo*.

Bibliografia

1. A Interpretação Ética de Trabalhos Literários: Uma Leitura Literal dos Escritos Éticos de Lévinas

DERRIDA, Jaques; ROUDINESCO, Elisabeth. *For What Tomorrow: A Dialogue*. Stanford: Stanford University Press, 2004 (trad. bras.: André Telles: *De Que Amanhã... Diálogo*. Rio de Janeiro: Zahar, 2004).
EAGLESTONE, Robert. *Ethical Criticism: Reading After Levinas*. Edinburgh: Edinburgh University Press, 2008.
KOLITZ, Zvi. *Yossel Rakover Dirige-se a Deus*. Trad. Fabio Landa. São Paulo: Perspectiva, 2003.
LÉVINAS, Emmanuel. *De Outro Modo Que Ser ou Para Lá da Essência*. Trad. José Luis Pérez e Lavínia Leal Pereira. Lisboa: Centro de Filosofia da Universidade de Lisboa, 2011.
____. *Les Imprévus de l'histoire*. Paris: LGF, 2000.
____. *Difficult Freedom*. 2. ed. Baltimore: John Hopkins University Press, 1997.

2. Amor, Justiça, Perdão

ARENDT, Hannah. *Journal de pensée, v. 1*. Trad. S. Courtine-Denamy. Paris: Seuil, 2002.
____. *Condition de l'homme moderne*. Paris: Calmann-Lévy, 1961.
DERRIDA, Jacques. Pardonner: l'impardonnable et l'imprescriptible. In: MALLET, Marie-Louise; MICHAUD, Ginette (dir.) *Cahier de L'Herne: Derrida*. Paris: L'Herne, 2005.
LÉVINAS, Emmanuel. *En découvrant l'existence avec Husserl et Heidegger*. Paris: Vrin, 1994.

_____. *Entre nous: Essais sur le penser-à-l'autre*. Paris: Grasset, 1991.
NIETZSCHE, Friedrich. *Além do Bem e do Mal*. São Paulo: Companhia de Bolso, 2011.
_____. *Aurora*. São Paulo: Companhia das Letras, 2004.
ROSENZWEIG, Franz. *L'Étoile de la rédemption*. Trad. Schlegel e Derczanski. 2. ed. Paris: Seuil, 2003.
ROUSSEAU, Jean-Jacques. *Emile ou De l'éducation*. Paris: Garnier, 1964.

3. Dignidade Humana e Ordem Jurídica do Desejo

BITTAR, Eduardo C.B. Hermenêutica e Constituição: A Dignidade da Pessoa Humana Como Legado à Pós-Modernidade. In: FERRAZ, Anna Candida da Cunha; BITTAR, Eduardo C.B. (orgs.). *Direitos Humanos Fundamentais: Positivação e Concretização*. Osasco: EDIFIEO, 2006.
BLANCHOT, Maurice. Paix, paix au lointain et au proche. In: HALPÉRIN, Jean; HANSSON, Nelly (orgs.). *Difficile justice: Dans la trace d'Emmanuel Lévinas: Actes du XXXVIe colloque des intellectuels juifs de langue française*. Paris: Albin Michel, 1998.
BOJANIC, Petar. Esse Paladar de Violência: Sobre Violência Contra Violência. In: MARCOS, Maria Lúcia; COUTINHO, Maria João; BARCELOS, Paulo (orgs.). *Emmanuel Lévinas: Entre Reconhecimento e Hospitalidade*. Lisboa: Edições 70, 2011.
CHALIER, Catherine. *La Fraternité, un espoir en clair-obscur*. Paris: Buchet / Chastel, 2003.
_____. *Lévinas: A Utopia do Humano*. Trad. António Hall. Lisboa: Piaget, 1996.
COMPARATO, Fábio Konder. *A Afirmação Histórica Dos Direitos Humanos*. 7. ed. rev. e atual. São Paulo: Saraiva, 2010.
CUNHA, Paulo Ferreira da. *Filosofia Jurídica Prática*. Belo Horizonte: Fórum, 2009.
ENGISH, Karl. *Introdução ao Pensamento Jurídico*. Trad. João Baptista Machado. Lisboa: Calouste Gulbenkian, 2001.
FERRAZ JR., Tercio Sampaio. *Introdução ao Estudo do Direito: Técnica, Decisão, Dominação*. 5. ed. rev. e ampl. São Paulo: Atlas, 2007.
GUIMARÃES ROSA, João. A Terceira Margem do Rio. *Primeiras Histórias*. Rio de Janeiro: Nova Fronteira, 2001.
HÄBERLE, Peter. A Dignidade Humana Como Fundamento da Comunidade Estatal. In: SARLET, Ingo (org.). *Dimensões da Dignidade: Ensaios de Filosofia do Direito e Direito Constitucional*. Porto Alegre: Livraria do Advogado, 2005.
HABERMAS, Jürgen. *Sobre a Constituição da Europa*. Trad. Denilson Luis Werle, Luiz Repa e Rúrion Melo. São Paulo: Unesp, 2012.
LÉVINAS, Emmanuel. *Deus, a Morte e o Tempo*. Trad. Fernanda Bernardo. Lisboa: 2015.
_____. *Alteridad y Trascendencia*. Trad. Miguel Lancho. Madrid: Arena Libros, 2014.
_____. *De La Evasión*. 2. ed. Trad. Isidro Herrera. Madrid: Arena, 2011.
_____. *De Outro Modo Que Ser ou Para lá da Essência*. Trad. José Luis Pérez e Lavínia Leal Pereira. Lisboa: Centro de Filosofia da Universidade de Lisboa, 2011.
_____. *Algunas Reflexiones Sobre la Filosofía Del Hitlerismo*. Trad. Ricardo Ibarlucía e Beatriz Horrac. Buenos Aires: Fondo de Cultura Económica, 2006.

_____. *Los Imprevistos de la Historia*. Trad. Tania Checchi. Salamanca: Sígueme, 2006.

_____. Paz y Proximidad. *Revista Laguna*, n. 18, mar. 2006. Trad. Francisco Amoraga Montesinos e Andres Alonso Martos.

_____. Quelques réflexions sur la philosophie de l'hitlérisme. In: CHALIER, Catherine; ABENSOUR, Miguel (orgs.). *Cahier de L'Herne: Emmanuel Lévinas*. Paris: L'Herne: 2006.

_____. Transcendencia y Altura. *La Realidad y Su Sombra; Libertad y Mandato; Transcendencia y Altura*. Trad. Antonio Domínguez Leiva. Madrid: Minima Trotta, 2001.

_____. *Da Existência ao Existente*. Trad. Paul Albert Simon e Ligia Maria de Castro Simon. Campinas: Papirus, 1998.

_____. *Descobrindo a Existência Com Husserl e Heidegger*. Trad. Fernanda Oliveira. Lisboa: Piaget, 1997.

_____. *Totalidade e Infinito: Ensaio Sobre a Exterioridade*. Trad. José Pinto Ribeiro. Lisboa: Edições 70, 1980.

_____. *Noms propres: Agnon, Buber, Celan, Delhomme, Derrida, Jabès, Kierkegaard, Lacroix, Laporte, Picard, Proust, Van Breda, Wahl*. Montpellier: Fata Morgana, 1976.

MAIRAL, Javier Barraca. Emmanuel Lévinas y la Dignidad Humana, a La Luz Del Acontecimiento Antropológico. *Prisma Jurídico*, São Paulo, v. 7, n. 1, enero/junio 2008.

MANDERSON, Desmond. *Proximity, Lévinas, And the Soul of Law*. Quebec: McGill-Queen's University Press, 2006.

OUAKNIN, Marc-Alain. *Lire aux éclats: Éloge de la caresse*. Paris: Seuil, 1994.

PESSOA, Fernando. *Poemas de Fernando Pessoa*. Disponível em: <http://www.dominiopublico.gov.br/download/texto/jp000001.pdf>. Acesso em: 22 abr. 2018.

PRADO, Adélia. Previsão do Tempo. *Poesia Reunida*. 3. ed. Rio de Janeiro: Record, 2016.

ROLLAND, Jacques. Notas. In: LÉVINAS, Emmanuel. *De La Evasión*. 2. ed. Tradução de Isidro Herrera. Madrid: Arena, 2011.

SALANSKIS, Jean-Michel. *L'Humanité de l'homme: Lévinas vivant 2*. Paris: Klincksieck, 2011.

SOUZA, Ricardo Timm de. *Totalidade & Desagregação: Sobre as Fronteiras do Pensamento e Suas Alternativas*. Porto Alegre: EDUPUCRS, 1996.

4. Uma Perspectiva Levinasiana Sobre Estado de Exceção e Invisibilidades

AGAMBEN, Giorgio. *Estado de Exceção*. Trad. Iraci D. Poleti. São Paulo: Boitempo, 2004.

BENJAMIN, Walter. *Escritos Sobre Mito e Linguagem: (1915-1921)*. Organização, apresentação e notas Jeanne Marie Gagnebin. Trad. Susana Kampff Lages e Ernani Chaves. São Paulo: Duas Cidades / Editora 34, 2011.

BRASIL. Supremo Tribunal Federal. *Ação Direta de Inconstitucionalidade 4.439 Distrito Federal*. Relatoria Ministro Roberto Barroso. Disponível em: <http://politica.estadao.com.br>. Acesso em: 29 nov. 2017.

CRUZ, Álvaro Ricardo de Souza (coord.). *(O) Outro (e) (o) Direito*. Belo Horizonte: Arraes, 2015.

CRUZ, Álvaro Ricardo de Souza; GUIMARÃES, Frederico Garcia. Supremo Tribunal Federal: Entre a Última Palavra e Diálogos Interinstitucionais ou Entre Autonomia e Alteridade. *Revista de Estudos e Pesquisas Avançadas do Terceiro Setor*, v. 3, 2016.

CRUZ, Álvaro Ricardo de Souza; DUARTE, Bernardo Augusto Ferreira; TEIXEIRA, Alessandra Sampaio. *A Laicidade Para Além de Liberais e Comunitaristas.* Belo Horizonte: Arraes, 2017.

DERRIDA, Jacques. *Força de Lei: O Fundamento Místico da Autoridade.* 2. ed. São Paulo: WMF Martins Fontes, 2010.

DUSSEL, Enrique. Ética da Libertação na Idade da Globalização e da Exclusão. Trad. Ephraim Ferreira Alves; Jaime A. Clasen; Lúcia M.E. Orth. 4, ed. Petrópolis: Vozes, 2012.

LÉVINAS, Emmanuel. *De Outro Modo Que Ser ou Para lá da Essência.* Lisboa: Fundação da Universidade de Lisboa, 2007.

____. *Totalidade e Infinito.* Lisboa: Edições 70, 1988.

LINHARES, José Manuel Aroso. O Dito do Direito e o Dizer da Justiça. Diálogos com Lévinas e Derrida. *Revista da Faculdade de Direito da UNL*, a. 8, n. 14, 2007.

SCHMITT, Carl. *Teologia Política.* Belo Horizonte: Del Rey, 2006.

TOLERÂNCIA à Ditadura Atinge Maior Índice Desde 1989. *Jornal O Tempo.* Disponível em: <http://www.otempo.com.br>. Acesso em: 2 out. 2017.

ZAFFARONI, Eugenio Raúl. *O Inimigo no Direito Penal.* Trad. Sérgio Lamarão. 3. ed. Rio de Janeiro: Revan, 2011.

5. O Liberalismo Como Tragédia no Pensamento de Lévinas

LÉVINAS, Emmanuel. *Descubriendo la Existencia Con Husserl y Heidegger.* Trad. Manuel E. Vázquez. Madrid: Síntesis, 2005.

____. *Difícil Libertad.* Trad. Manuel Mauer. Buenos Aires: Lilmod, 2004.

____. *Quelques réflexions sur la philosophie de l'hitlérisme.* Paris: Payot & Rivages, 1997.

6. Da Solidão Trágica ao Convívio Com os Filhos dos Homens: Ipseidade e Amor

BERGSON, Henri. *Cursos de Filosofia Grega.* Trad. Bento Prado Neto. São Paulo: Martins Fontes, 2005.

HEGEL, G.W.F. *Fenomenologia do Espírito: Parte 1.* Trad. Paulo Meneses. Petrópolis: Vozes, 1992.

HEIDEGGER, Martin. *Ser e Tempo.* Trad. Márcia de Sá Cavalcanti, Petrópolis: Vozes, 2002.

____. *Les Problèmes fondamentaux de la phénoménologie.* Trad. Jean-François Courtine. Paris: Gallimard, 1985.

KIERKEGAARD, Søren. *Pós-Escrito às Migalhas Filosóficas, v. 1.* Trad. Álvaro L.M. Valls e Marília M. de Almeida, Petrópolis: Vozes, 2013.

____. *Aut-Aut.* Trad. K.M. Guldbrandsen e Remo Camoni, Milano: Arnoldo Mondadori Editore, 2001.

_____. *Miettes philosophiques*. Trad. Paul-Henri Tisseau e Else-Marie Jacquet-Tisseau. Paris: L'Orante, 1973.
LÉVINAS, Emmanuel. *Totalité et infini: Essai sur l'extériorité*. Paris: Le Livre de Poche, 2014.
_____. *Autrement qu'être ou Au-delà de l'essence*. Paris: Le Livre de Poche, 2013.
_____. *De l'existence à l'existant*. Paris: Vrin, 2013.
_____. Visage et violence première: Entretient sur phénoménologie et éthique. *Europe*, nov./déc. 2011.
_____. *Oeuvres 2*. Paris: Grasset/IMEC, 2009.
_____. *Dieu, la mort et le temps*, Paris: Grasset, 1993.
_____. *A l'heure des nations*, Paris: Minuit, 1988.
LÉVINAS, Emmanuel; POIRIÉ, François. *Essai et entretiens*. Arles: Actes Sud, 1996. (Ed. brasileira: POIRIÉ, François. *Emmanuel Lévinas: Ensaio e Entrevistas*. São Paulo: Perspectiva, 2007.)
ROSENZWEIG, Franz. *L'Étoile de la rédemption*. Trad. Schlegel e Derczanski. Paris: Seuil, 1982.

7. É Preciso Começar de Novo: Entre a Sabedoria do Amor e o Amor à Sabedoria

ARENDT, Hannah. *A Condição Humana*. Rio de Janeiro: Forense Universitária, 2014.
_____. *O Que é Política?* Rio de Janeiro: Bertrand Brasil, 2006.
BERGSON, Henri. *A Evolução Criadora*. Lisboa: Edições 70, 2001.
DEKENS, Olivier. *Politique de l'autre homme: Lévinas et la fonction politique de la philosophie*. Paris: Ellipses, 2003.
DERRIDA, Jacques. *Força de Lei*. São Paulo: Martins Fontes, 2007.
FLUSSER, Vilém. *Língua e Realidade*. São Paulo: Annablume, 2010.
JABÈS, Edmond. *Le Livre de l'hospitalité*. Paris: Gallimard, 2012.
LÉVINAS, Emmanuel. *Le Temps et l'autre*. 7. éd. Paris: PUF, 2004.
_____. *L'Au-delà du verset: Lectures et discours talmudiques*. Paris: Minuit, 2002.
_____. *Autrement qu'être ou Au-delà de l'essence*. Paris: Kluwer Academic, 2001.
_____. *Totalité et infini: Essai sur l'extériorité*. Paris: Kluwer Academic, 2000.
MOSÈS, Stéphane. *Au-delà de la guerre: Trois études sur Lévinas*. Paris/Tel Aviv: L'Éclat, 2004.

8. Fenomenologia da Corporeidade em Lévinas

BAUMANN, Zigmunt. *A Modernidade Líquida*. Trad. Plínio Augusto de Souza Dentzien. São Paulo: Zahar, 2001.
CALIN, Rodolphe. Le Corps de la responsabilité: Sensibilité, corporeité et subjectivité chez em Lévinas. *Les Études Philosophiques*, n. 78, Paris: Presses Universitaires de France. Disponível em <https://www.cairn.info>. Acesso em: 20 mar. 2018.
HENRY, Michel. *Encarnação: Uma Filosofia da Carne*. Trad. Carlos Nougué. São Paulo: É Realizações, 2014.
_____. *Filosofia e Fenomenologia do Corpo: Ensaio Sobre a Ontologia Biraniana*. Trad. Carlos Paulo Rouanet. São Paulo: É Realizações, 2012.

LÉVINAS, Emmanuel. *Totalidad e Infinito: Ensayo Sobre la Exterioridad*. Trad. e intr. Daniel E. Guillot. Salamanca: Sígueme, 2006.

____. *Descobrindo a Existência Com Husserl e Heidegger*. Trad. Fernanda Oliveira. Lisboa: Piaget, 1997.

____. *De Dios Que Viene a la Idea*. Trad. Graciano González R. Arnáiz y Jesús M. Ayuso Díez. Madrid: Caparrós, 1995.

____. *Entre Nosotros: Para Pensar en el Outro*. Trad. José Pardo. Valencia: Pre-textos, 1993.

____. *De Otro Modo Que Ser o Más Allá de la Esencia*. Trad. e intr. Antonio Pintor Ramos. Salamanca: Sígueme, 1987.

9. À Escuta do Rosto nas Imagens: Aproximações Entre Lévinas, Butler e Didi-Huberman

BUTLER, Judith. Vida Precária. *Contemporânea*, n. 1, 2011. Disponível em: <http://www.contemporanea.ufscar.br>. Acesso em: 20 mar. 2018.

CASA NOVA, Vera. Cascas Sobre o Papel: Memória do Dilaceramento. *Aletria*, v. 24, n.2, 2014.

DIDI-HUBERMAN, Georges. Cascas. *Serrote*, v. 13, 2013.

____. *Peuples exposés, peuples figurants: L'Oeil de l'Histoire, 4*. Paris: Minuit, 2012.

____. Coisa Pública, Coisa dos Povos, Coisa Plural. In: NAZARÉ, Leonor; SILVA, Rodrigo (orgs.). *A República Por Vir: Arte, Política e Pensamento Para o Século XXI*. Lisboa: Fondation Calouste-Gulbenkian, 2011.

____. La Emoción no Dice "Yo": Diez Fragmentos Sobre la Libertad Estética. In: AAVV. *Alfredo Jaar: La Política de Las Imágenes*. Santiago de Chile: Metales Pesados, 2008.

____. *La Demeure, la souche: Apparentements de l'artiste*. Paris: Minuit, 1999.

LÉVINAS, Emmanuel. *De Outro Modo Que Ser ou Para lá da Essência*. Trad. José Luiz Pérez e Lavínia Leal Pereira. Lisboa: Centro de Filosofia da Universidade de Lisboa, 2011.

____. *Humanismo do Outro Homem*. Petrópolis: Vozes, 2009.

____. *Ética e Infinito*. Lisboa: Edições 70, 2007.

____. *Alterity and Transcendence*. New York: Columbia University Press, 1999.

____. *Totalidade e Infinito*. Lisboa: Edições 70, 1980.

MONDZAIN, Marie-José. Le Documentaire, geste d'hospitalité. *Images documentaires*, n. 75-76, déc. 2012.

MONDZAIN, Marie-José. Nada, Tudo, Qualquer Coisa: Ou a Arte Das Imagens Como Poder de Transformação. In: NAZARÉ, Leonor; SILVA, Rodrigo (orgs.). *A República Por Vir: Arte, Política e Pensamento Para o Século XXI*. Lisboa: Fundação Calouste-Gulbenkian, 2011.

____. *A Imagem Pode Matar?* Lisboa: Nova Veja, 2009.

NANCY, Jean-Luc. *À Escuta*. Belo Horizonte: Chão de Fábrica, 2014.

RANCIÈRE, Jacques. *O Espectador Emancipado*. São Paulo: Martins Fontes, 2010.

____. Le Travail de l'image, *Multitudes*, n. 28, 2007.

VIEIRA, F.; MARQUES, A.C.S. Rosto e Cena de Dissenso: Aspectos Éticos, Estéticos e Comunicacionais de Constituição do Sujeito Político. *Questões Transversais: Revista de Epistemologias da Comunicação*, v. 4, 2016.

10. Amor e Justiça em Lévinas

ABENSOUR, Miguel. L'Éxtravagante hypothèse. In: COHEN-LEVINAS, Danielle (éd.). *Emmanuel Lévinas*. Paris: PUF, 1998.
CHALIER, Catherine. [1993]. *Lévinas: L'Utopie de l'humain*. Paris, Albin Michel, 2004.
COHEN-LÉVINAS, Danielle; SCHNELL, Alexander (Eds). *Relire Autrement qu'être ou Au-delà de l'essence d'Emannuel Lévinas*. Paris: Vrin, 2016.
LÉVINAS, Emmanuel. *Autrement qu'être ou Au-delà de l'essence*. Paris: Le Livre de Poche, 2004.
____. *Le Temps et l'autre*. 7. éd. Paris: PUF, 2004.
____. *En découvrant l'existence avec Husserl et Heidegger*. 3. ed. Paris: Vrin, 2001.
____. *Ethique et infini*. Paris: Le Livre de Poche, 2000.
____. *Entre nous: Essais sur le penser-à-l'autre*. Paris: Le Livre de Poche, 1998.
____. *Hors sujet*. Paris: Le Livre de Poche, 1997.
____. *Nouvelles lectures talmudiques*. Paris: Minuit, 1996.
____. *Totalité et infini: Essai sur l'extériorité*. Paris: Le Livre de Poche, 1990.
____. *Autrement que savoir*. Paris: Osiris, 1988.

11. A Imanência e a Transcendência em Lévinas e Dostoiévski

BAKHTINE, Mikhaïl. *La Poétique*. Trad. Isabelle Kolitcheff. Paris: Seuil, 1970.
BLITZ, Mark. Understanding Heidegger on Technology. *The New Atlantis*, n. 41, hiver 2014.
DOSTOÏEVSKI, Fedor. *Les Démons*. Trad. Sylvie Luneau e Boris de Schlœzer. Paris: Gallimard, 1955.
____. *Les Frères Karamazov*. Trad. Henri Mongault et al. Paris: Gallimard, 1952.
____. *Crime et châtiment*. Trad. D. Ergaz. Paris: Gallimard, 1950.
____. *Discours sur Pouchkine*, Paris: La Bibliothèque russe et slave, 1880. Disponível em: <https://bibliotheque-russe-et-slave.com>. Acesso em: 21 mar. 2018.
FRANK, Joseph. *Dostoevsky: A Writer in His Time*. Princeton: Princeton University Press, 2002.
GUARDINI, Romano. *L'Univers religieux de Dostoïevski*. Trad. Henri Engelmann e Robert Givord. Paris: Seuil, 1963.
GUIGNON, Charles B. *The Cambridge Companion to Heidegger*. Cambridge: Cambridge University Press, 1993.
HEIDEGGER, Martin. *Bremen and Freiburg Lectures*. Trad. Andrew J. Mitchell. Bloomington / Indianapolis: Indiana University Press, 2012.
____. *L'Introduction à la métaphysique*. Paris: Gallimard, 1967.
LÉVINAS, Emmanuel. *En découvrant l'existence avec Husserl et Heidegger*. 3. ed. Paris: Vrin, 2001.
____. *Dieu, la mort et le temps*. Paris: Grasset, 1995.
____. *Entre nous: Essais sur le penser-à-l'autre*. Paris: Grasset, 1991.
____. *De Dieu qui vient à l'idée*. 2. ed. Paris: Vrin, 1986.
____. *Ethique et infini*. Paris: Fayard, 1982.

____. *L'Au-delà du verset*. Paris: Minuit, 1982.
____. *Autrement qu'être ou Au-delà de l'essence*. Den Haag: Martinus Nijhoff, 1978.
____. *Difficile liberté*. Paris: Albin Michel, 1976.
____. *Totalité et infini: Essai sur l'extériorité*. Den Haag: Martinus Nijhoff, 1961.
LÉVINAS, Emmanuel; POIRIÉ, François. *Essai et entretiens*. Arles: Actes Sud, 1996. (Ed. brasileira: POIRIÉ, François. *Emmanuel Lévinas: Ensaio e Entrevistas*. São Paulo: Perspectiva, 2007.)
PATTISON, George. *Heidegger on Death*. Burlington: Ashgate, 2013.
SANDOZ, Ellis. *Political Apocalypse: A Study of Dostoevsky's Grand Inquisitor*. Wilmington, Del: ISI Books, 2000.
SCHMID, Ulrich. "Heidegger and Dostoevsky": Philosophy and Politics. *Dostoevsky Studies, New Series*, v. 15, 2011.
TARKÓVSKI, Andrei. *Andrei Rublióv*. Rússia: Mosfilm, 1966. 35mm.

12. Direito, Direitos Humanos e Alteridade a Partir da Ética de Lévinas

AKAMATSU, Etienne. *Comprendre Lévinas*. Paris: Armand Colin, 2011.
BOBBIO, Norberto. *A Era Dos Direitos*. Trad. Carlos Nelson Coutinho. Rio de Janeiro: Campus, 1992.
FREIRE, Wescley Fernandes Araujo. *A Significação Ética do Rosto em Emmanuel Lévinas*. Dissertação (Mestrado em Filosofia), Universidade Estadual do Ceará – UECE, 2007.
LÉVINAS, Emmanuel. *Totalité et infini: Essai sur l'extériorité*. 4. ed. Den Haag: Martinus Nijhoff, 1971.
LYRA FILHO, Roberto. *O Que é Direito?* São Paulo: Brasiliense, 2006.
MARX, Karl. *O Capital: Crítica da Economia Política, Livro 1. O Processo de Produção do Capital*, v. 2. Rio de Janeiro: Bertrand Brasil, 1989.
MOUFFE, Chantal. *En Torno a lo Político*. Buenos Aires: Fondo de Cultura Económica, 2007.
NUNES, Etelvina Pires Lopes. *O Outro e o Rosto: Problemas da Alteridade em Emmanuel Lévinas*. Braga: Publicações da Faculdade de Filosofia da UCP, 1993.
PARREIRA, Anny Marie Santos; TRAMONTINA, Robinson. A Ética da Alteridade de Emmanuel Lévinas: Primícias Para Uma (Re) Fundamentação Dos Direitos Humanos, 2013. Disponível em: <http://www.publicadireito.com.br>. Acesso em: 24 out. 2017.
PIKETTY, Thomas. *O Capital no Século XXI*. Trad. Monica Baumgarten de Bolle. Rio de Janeiro: Intrínseca, 2014.
PINTO, João Batista Moreira; COSTA, Alexandre Bernardino (orgs.). *Bases da Sustentabilidade: Os Direitos Humanos*. 2. ed. Rio de Janeiro: Lumen Juris, 2014.
PINTO, João Batista Moreira. Os Direitos Humanos Como um Projeto de Sociedade. In: PINTO, João Batista Moreira; SOUZA, Eron Geraldo de (orgs.). *Os Direitos Humanos Como um Projeto de Sociedade: Desafios Para as Dimensões Política, Socioeconômica, Ética, Cultural, Jurídica e Socioambiental*. Rio de Janeiro: Lumen Juris, 2015.
SAMPAIO, José Adércio Leite; PINTO, João Batista Moreira. Democratic Constitutionalism and Human Rights Greening: Challenges and Common

Constructions. *Veredas do Direito*, Belo Horizonte, v. 13, n. 26, maio/ago. 2016.
SANTOS, Boaventura Sousa. Direitos Humanos, Democracia e Desenvolvimento. In: SANTOS, Boaventura de Sousa; CHAUI, Marilena. *Direitos Humanos, Democracia e Desenvolvimento*. São Paulo: Cortez, 2013.

13. "O Eu, dos Pés à Cabeça, Até a Medula dos Ossos, É Vulnerabilidade": A Sensibilidade Como Paradigma Ético em Lévinas

KAYSER, Paulette. *Emmanuel Lévinas: La Trace du féminin*. Paris: PUF, 2000.
LÉVINAS, Emmanuel. *De l'existence à l'existant*. Paris: Vrin, 1990.
____. *Le Temps et l'autre*. Paris: PUF, 1983.
____. *De Dieu qui vient à l'idée*. Paris: Vrin, 1982.
____. *Totalité et infini: Essai sur l'extériorité*. Den Haag: Martinus Nijhoff, 1980.
____. *Autrement qu'être ou Au-delà de l'essence*. Den Haag: Martinus Nijhoff, 1978.
____. *Humanisme de l'autre homme*. Montpellier: Fata Morgana, 1973.
PEREZ, Félix. *D'une sensibilité à l'autre dans la pensée d'Emmanuel Lévinas: Ce n'est pas moi, c'est l'autre*. Paris/Montréal/Budapest: L'Harmattan, 2001.
SUSIN, Luis Carlos. *O Homem Messiânico: Uma Introdução ao Pensamento de Emmanuel Lévinas*. Porto Alegre: Escola Superior de Teologia São Lourenço de Brindes / Petrópolis: Vozes, 1984.
THAYSE, Jean-Luc. *Eros et fecondité chez le jeune Lévinas*. Paris: L'Harmattan, 2000.
ZAMBRANO, Maria. *Hacía un Saber Sobre el Alma*. Madrid: Hispánica, 1987.
ZIELINSKI, Ágata. *Lecture de Merleau-Ponty et Lévinas: Le Corps, le monde, l'autre*. Paris: PUF, 2002.

14. Lévinas e o Sentido do Amor: Questões de uma Palavra Ética

CHALIER, Catherine. *Lévinas: A Utopia do Humano*. Lisboa: Instituto Piaget, 1993.
CINTRA, Benedito E. Emmanuel Lévinas e a Ideia do Infinito. *Margem*, n. 16, dez. 2002.
DERRIDA, Jacques. *Adeus à Emmanuel Lévinas*. São Paulo: Perspectiva, 2004.
FABRI, Marcelo. *Desencantando a Ontologia: Subjetividade e Sentido Ético em Lévinas*. Porto Alegre: EDIPUCRS, 1997.
LÉVINAS, Emmanuel. *Quatro Leituras Talmúdicas*. São Paulo: Perspectiva, 2003.
____. *Totalité et infini: Essai sur l'extériorité*. Den Haag: Martinus Nijhoff, 2003.
____. *Entre nous: Essais sur le penser-à-l'Autre*. Paris: Grasset, 1991.
____. *De l'évasion*. Paris: Fata Morgana, 1982.
____. *Humanisme de l'autre homme*. Montpellier: Fata Morgana, 1978.
____. *Difficile liberté: Essais sur le judaïsme*. Paris: Albin Michel, 1976.
____. *Autrement qu'être ou Au-delà de l'essence*. Den Haag: Martinus Nijhoff, 1974.
MERLEAU-PONTY, Maurice. *O Olho e o Espírito*. São Paulo: Cosac Naify, 2004.

OLIVEIRA, Manfredo. *O Deus Dos Filósofos Contemporâneos*. Petrópolis: Vozes, 2002.
ROLLAND, Jacques. Notes. In: LÉVINAS, Emmanuel. *De l'évasion*. Paris: Fata Morgana, 1982.

15. Da Ética do Prisioneiro à Ética do Sobrevivente

LÉVINAS, Emmanuel. *Œuvres 3*. Dir Jean-Luc Nancy, Danielle Cohen-Lévinas. Paris: Grasset/Imec, 2013.
____. *Œuvres 1*. Dir. Rodolphe Calin e Catherine Chalier. Paris: Grasset/Imec, 2009.
____. *De l'existence à l'existant*. Paris: Vrin, 1990.
____. *Noms propres*. Paris: Le Livre de Poche, 1987.

16. O Infinito do Direito à Justiça

LÉVINAS, Emmanuel. *Do Sagrado ao Santo*. Rio de Janeiro: Civilização Brasileira, 2001.
____. *De Otro Modo Que Ser, o Más Allá de la Esencia*. Salamanca: Sígueme, 1999.
____. *La Huella Del Outro*. México: Taurus, 1998.
____. *Entre Nós: Ensaios Sobre a Alteridade*. Petrópolis: Vozes, 1997.
____. *Ética e Infinito*. Lisboa: Edições 70, 1982.
____. *Totalidade e Infinito*. Lisboa: Edições 70, 1980.
LEÃO, Carneiro. *Os Pensadores Originários*. Petrópolis: Vozes, 1993.
PLATÃO. *República*. Trad. Elza MoreiraMercelina. São Paulo: Ática, 1989.
POIRIÉ, François. *Emmanuel Lévinas: Ensaios e Entrevistas*. São Paulo: Perspectiva, 2007.
RABINOVICH, Silvana. Una Especie de Sordera. In: COHEN, Esther (org.). *Lecciones de Extranjería: Una Mirada a la Diferencia*. México: Siglo XXI, 2002.

17. Lévinas e a Resposta Ética à Violência Biopolítica: Por uma Crítica da Razão Idolátrica

ADORNO, Theodor. *Minima Moralia*. São Paulo: Ática, 1993.
ADORNO, Theodor; HORKHEIMER, Max. *Dialética do Esclarecimento*. Rio de Janeiro: Jorge Zahar, 1985.
CASARA, Rubens R.R. *Estado Pós-Democrático: Neo-Obscurantismo e Gestão Dos Indesejáveis*. Rio de Janeiro: Civilização Brasileira, 2017.
CELAN, Paul. *Die Gedichte: Kommentierte Gesamtausgabe In Einem Band*. Frankfurt: Suhrkamp, 2003.
DERRIDA, Jacques. *Adeus a Emmanuel Lévinas*. São Paulo: Perspectiva, 2004.
____. *Da Hospitalidade*. São Paulo: Escuta, 2003.
____. *Margens da Filosofia*. Campinas: Papirus, 1991.
____. Force of Law: The "Mystical Foundation of Authority". In: CORNELL, D.; ROSENFELD, M.; CARLSON, D. (orgs.). *Deconstruction and The Possibility of Justice*. New York: Routledge, 1992.
____. *L'Écriture et la différence*. Paris: Seuil, 1967 (*A Escritura e a Diferença*. 4. Ed. São Paulo: Perspectiva, 2009).

FLUSSER, Vilém. *Filosofia da Caixa Preta*. São Paulo: Annablume, 2011.
LÉVINAS, Emmanuel. *Oeuvres 3*. Paris: Grasset/IMEC, 2013.
____. *Oeuvres 1*. Paris: Grasset/IMEC, 2009.
____. *Oeuvres 2*. Paris: Grasset/IMEC, 2009.
____. *Quatro Leituras Talmúdicas*. São Paulo: Perspectiva, 2003.
____. *De Deus Que Vem à Ideia*. Petrópolis: Vozes, 2002.
____. *Do Sagrado ao Santo: Cinco Novas Leituras Talmúdicas*. Rio de Janeiro: Civilização Brasileira, 2001.
____. *Da Existência ao Existente*. Campinas: Papirus, 1998.
____. *Entre Nós: Ensaios Sobre a Alteridade*. Petrópolis: Vozes, 1997.
____. *Humanismo do Outro Homem*. Petrópolis: Vozes, 1995.
____. *Le Temps et l'autre*. Paris: PUF, 1994.
____. *Ethique et infini*. Paris: Fayard, 1986
____. *Difficile liberté: Essais sur le judaïsme*. Paris: Albin Michel, 1976.
____. *Autrement qu'être ou Au-delà de l'essence*. Den Haag: Martinus Nijhoff, 1974.
____. *Totalité et infini: Essai sur l'extériorité*. Den Haag: Martinus Nijhoff, 1961.
SOUZA, Ricardo Timm de. "Lévinas e Adorno": Apontamentos Sobre Uma "Filosofia Judaica". *Estudios*, San José de Costa Rica, n. 34, 2017.
____. *Ética Como Fundamento 2: Pequeno Tratado de Ética Radical*. Caxias do Sul: EDUCS, 2016.
____. *O Nervo Exposto 2. Justiça & Sociedade: Revista do Curso de Direito do IPA*, n. 1, 2016.
____. (Dis)pensar o Ídolo. Responsabilidade Radical no Pensamento Contemporâneo. *Quadranti: Rivista Internazionale di Filosofia Contemporanea*, n. 2, 2014.
____. *Lévinas e a Ancestralidade do Mal: Por Uma Crítica da Violência Biopolítica*. Porto Alegre: EDIPUCRS, 2012.
____. *Kafka, a Justiça, o Veredicto e a Colônia Penal*. São Paulo: Perspectiva, 2011.
____. *Sobre a Construção do Sentido: O Pensar e o Agir Entre a Vida e a Filosofia*. São Paulo: Perspectiva, 2003.
____. *Totalidade & Desagregação: Sobre as Fronteiras do Pensamento e Suas Alternativas*. Porto Alegre: EDIPUCRS, 1996.

COLEÇÃO ESTUDOS
últimos lançamentos

340. *A Presença de Duns Escoto no Pensamento de Edith Stein: A Questão da Individualidade*
 Francesco Alfieri

341. *Os Miseráveis Entram em Cena: Brasil, 1950-1970*
 Marina de Oliveira

342. *Antígona, Intriga e Enigma*
 Kathrin H. Rosenfield

343. *Teatro: A Redescoberta do Estilo e Outros Escritos*
 Michel Saint-Denis

344. *Isto Não É um Ator*
 Melissa Ferreira

345. *Música Errante*
 Rogério Costa

346. *O Terceiro Tempo do Trauma*
 Eugênio Canesin Dal Molin

347. *Machado e Shakespeare: Intertextualidade*
 Adriana da Costa Teles

348. *A Poética do Drama Moderno*
 Jean-Pierre Sarrazac

349. *A Escola Francesa de Goegrafia*
 Vincent Beurdoulay

350. *Educação, uma Herança Sem Testamento*
 José Sérgio Fonseca de Carvalho

351. *Autoescrituras Performativas*
     Janaina Fontes Leite

352. *O Ciclo do Totalitarismo*
     Ruy Fausto

353. *As Paixões na Narrativa*
     Hermes Leal

354. *A Disposição Para o Assombro*
     Leopold Nosek

356. *É Preciso Salvar os Direitos Humanos*
     José Augusto Lindgren Alves

357. *Foucault e a Linguagem do Espaço*
     Tomás Prado

358. *Uma Poética em Cena: Meierhold, Blok, Maiakóvski*
     Reni Chaves

359. *O Cinema Épico de Manoel de Oliveira*
     Renata Soares Junqueira

360. *Tchékhov e os Palcos Brasileiros*
     Rodrigo Alves do Nascimento

362. *Amor e justiça em Emmanuel Lévinas*
     Nilo Ribeiro Júnior; Diogo Villas Bôas Aguiar;
     Gregory Rial e Felipe Rodolfo de Carvalho (orgs.)

Este livro foi impresso na cidade de São Paulo,
nas oficinas da Mark Press, em setembro de 2018,
para a Editora Perspectiva.